新装版

# お礼状・季節のご挨拶・お見舞いの書き方

浅倉龍雲 著

一筆箋とはがきの100作例

日貿出版社

# はじめに

私は平均して一日二通くらいのペースで手紙を書いています。もっとも手紙といっても、そのほとんどがはがきや一筆箋です。また、特徴になっていることは、季節のカットを自分で描いたはがきに文面を書いていることです。以前は封書もよく書きましたが、この頃は、そのほとんどがはがきです。なにしろ、毎日の暮らしがたいへん忙しいので、封書のように長文を書くスタイルよりも、簡素に仕上がるはがきのほうが、気軽で愉しいし、小さいスペースにテーマをしぼって書くことで、手先と、頭をフル回転しますので、心身ともにいきいきとします。

この本には、はがきのこころ、書き方のポイント、カットの入れ方などの実例をたくさんあげながら説明しました。使えそうな文章などが有りましたら、まねてもらって、自分なりの表現に取り入れて頂いて構いません。そして、一人でも多くの人がはがきや一筆箋を書くことの楽しさを味わって頂けたらと思います。

しかしながら、はがきを絵と書で自由自在に表現していくには、どうしても年月がかかります。先ず一日一通を目標にしてチャレンジして行けば、必ずや近い将来愉しい日々がくると思われます。

巷には、はがきや手紙を書く方法の通り一辺倒のマニュアル本が溢れていますが、今回、私が作ったこの様なスタイルの本は、未だ一冊も出版されていないのが現状です。実践に即した本が望まれるところではないかと思い、その要望に応えたつもりです。

ここに掲載した作品は実際に書いて出したものばかりです。二通書いて一通は相手へ、一通は手元に残したものです。ですから、たいへんリアルに読んでいただけるものと思われます。

注意書きでは文面の心得なども書き込みましたので、はじめてはがきを書く人にもその心得などがわかっていただけるものと思われます。この本を通して、一人でもはがき美人に多くの方がなれるよう期待しております。

目次



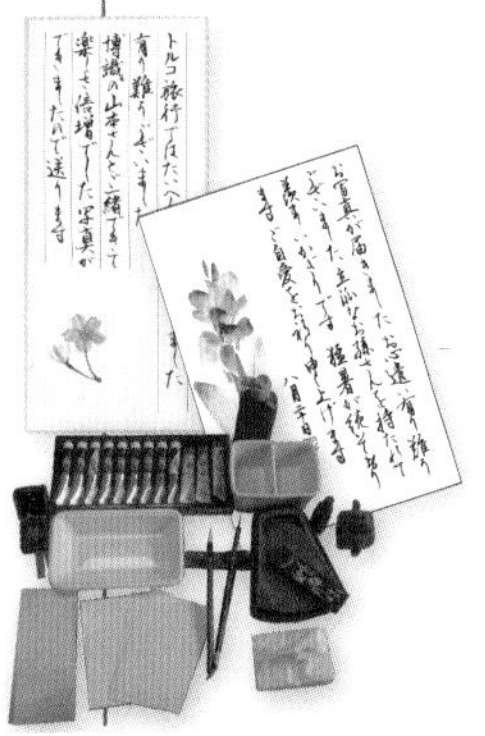

## 第4部「はがき」のお便り……51



## 第5部「はがき」のお礼状……93

# はがき・手紙の魅力

はがきや手紙のいちばんの魅力は、長期間とどめておけることです。そして、何度でも繰り返して読み返して感動を味わうことができます。

また、口に出してはとても言えそうにないことでも、はがきや手紙ならば素直に書くことができ、電話などでは伝えることができない、書き手の気持ちを言葉以上に伝えることができるのです。

このように、はがきや手紙のもつ効果を示すいい話を少し紹介します。

先ず始めに私の実体験からご紹介します。

## 【中村ツユ子さんからの手紙】

私の生徒さんのお母さんが病気になり二週間ほど入院をしていたときの話です。ちょうどその頃私の5冊目の本『心にしみる言葉のはがき絵』を出版して間もないときでしたので、それをお母さんに見てもらうつもりで生徒さんが病院に届けたそうです。そのお母さんの隣に中村ツユ子さんという85歳になるご婦人が入院していて、偶然に私のその本を借りてご覧になったそうです。今までこんな本になるご婦人が入院していて、偶然に私のその本を借りてご覧になったそうです。今までこんな本に出会ったことがなく、是非すぐに譲ってほしいと言われたそうですので、一〜二日して新しい本を買って生徒さんが届けたところ、たいへん喜んでおられたそうです。私もそんなに喜んでもらっているのでしたらと、一通の礼状はがきを書きました。その二日後くらいに、返信がありました。「…主人93歳、私85歳で共々の病院生活で淋しく思っていたところに、この本を頂きまして、毎日、毎日楽しく見させていただいております・・・」といった内容でした。この手紙を読んで、かえって私の方が感動しまして、何かして上げられることはないだろうかと考えて、以前に出版した『浅倉龍雲の墨彩はがき絵』をプレゼントすることにし、早速持って行ってもらいました。ツユ子さんは大変恐縮していたそうですが、最後は拝むように喜んで貰ってくれたそうです。

私は、なによりも、このファンレターに感動し、心が動きました。「何かして上げられたら…。」と思ったのです。もしこのことが、電話だったらどうだったでしょうか。「ああ、そうですか、それは有り難うございます」とその時の感謝の言葉だけで終わっていたように感じられるのです。何かをして上げたいという具体的な行為まで発展しなかったように感じられます。

このように、手紙やはがきには、電話では到底伝えることのできない、書き手の心を言葉以上に伝えることができるという、不思議な力があるのです。

その後、そのツユ子さんから礼状のはがきが届き、本をいただきました。退院したら「葉書記絵」の勉強をしたいという旨のことが書いてありました。

## 【はがきで就職内定した話】

西日本工業大学の大学院二年生のA君が、六月に入り就職活動も真っ盛りの中、どうしても受験したいと考える硝子関連の企業がありましたが、もうすでに内定者が決まっているとのことでした。

本人は建築の勉強をしている学生なので是非面接だけでもとお願いしたところ、福岡の支店にて面接していただけることになりました。

そこで彼は、まず3つの「かく」を実践しました。一つ目は、「汗をかく」です。

何事も現場が大切であると考え、その会社の硝子を使用した建築物を自分の足で見て周りました。お休みを利用して、北九州市近辺のみならず長崎周辺まで足を伸ばしてその会社の研究をしていました。

次に「恥をかく」です。実践活動などを通し自分を磨きました。

そして最後は「文字をかく」です。

面接終了後、早速自分のために貴重な時間とチャンスをいただいたことを「はがき」に託し、心をこめてお礼状を発送しました。もちろんマニュアル本に載っているような文章でなく、その学生の顔が見える温かい気持ちをはがきに込めたのでした。

後日、会社から連絡があり、もうすでに内定者は決めて採用を終了しようと思っていたのだが、お礼状をいただいたのは西日本工業大学の学生1名だけだったこと、そしてそのはがきには人の心を伝える力があり、あなたを是非採用したいとおっしゃっていただいたということでした。

デジタルでは伝えることができない「はがき力」ではないでしょうか？

# 第1部 基本技法

◎一筆箋の基本・はがきの基本
◎お便りの心得・お礼状の心得◎絵の描き方
◎書と絵のための道具・筆の扱い方
◎基本的な線の練習◎漢字・漢字の練習
◎「書」の書き方◎はがきの表書き

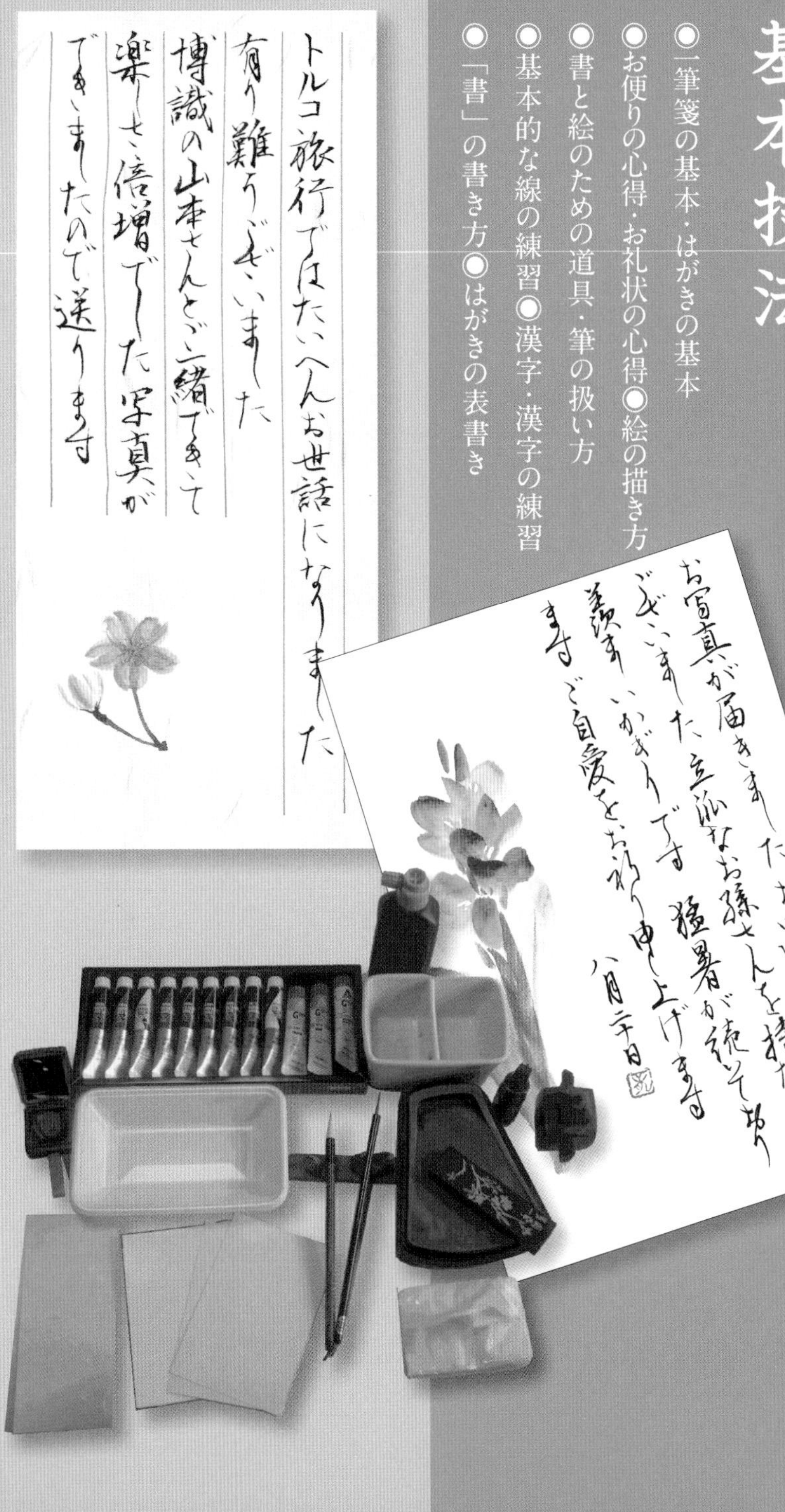
トルコ旅行ではたいへんお世話になりました
有り難うございました
博識の山本さんとご一緒できて
楽しさ倍増でした写真が
できましたので送ります
お写真が届きました お心遣い有り難う
ございました 立派なお孫さんを持たれて
羨ましいかぎりです 猛暑が続きそうです
ますご自愛をお祈り申し上げます
八月二十日

# 一筆箋の基本

【書き方のポイント】

カットを描いたものに書く場合、字数が制限されますので、決まりきった挨拶などは抜きにして、自分の伝えたいことを短くストレートに書くことが大切です。短い文章で、心のこもった自分らしい言葉で表現するといいですね。

【描き方のポイント】

一筆箋に描くカットはあまり大きく描かない方がよいようです。全体の三分の一位の大きさが使いやすく構成しやすいでしょう。季節の挨拶を書かないので、その時期のものにします。

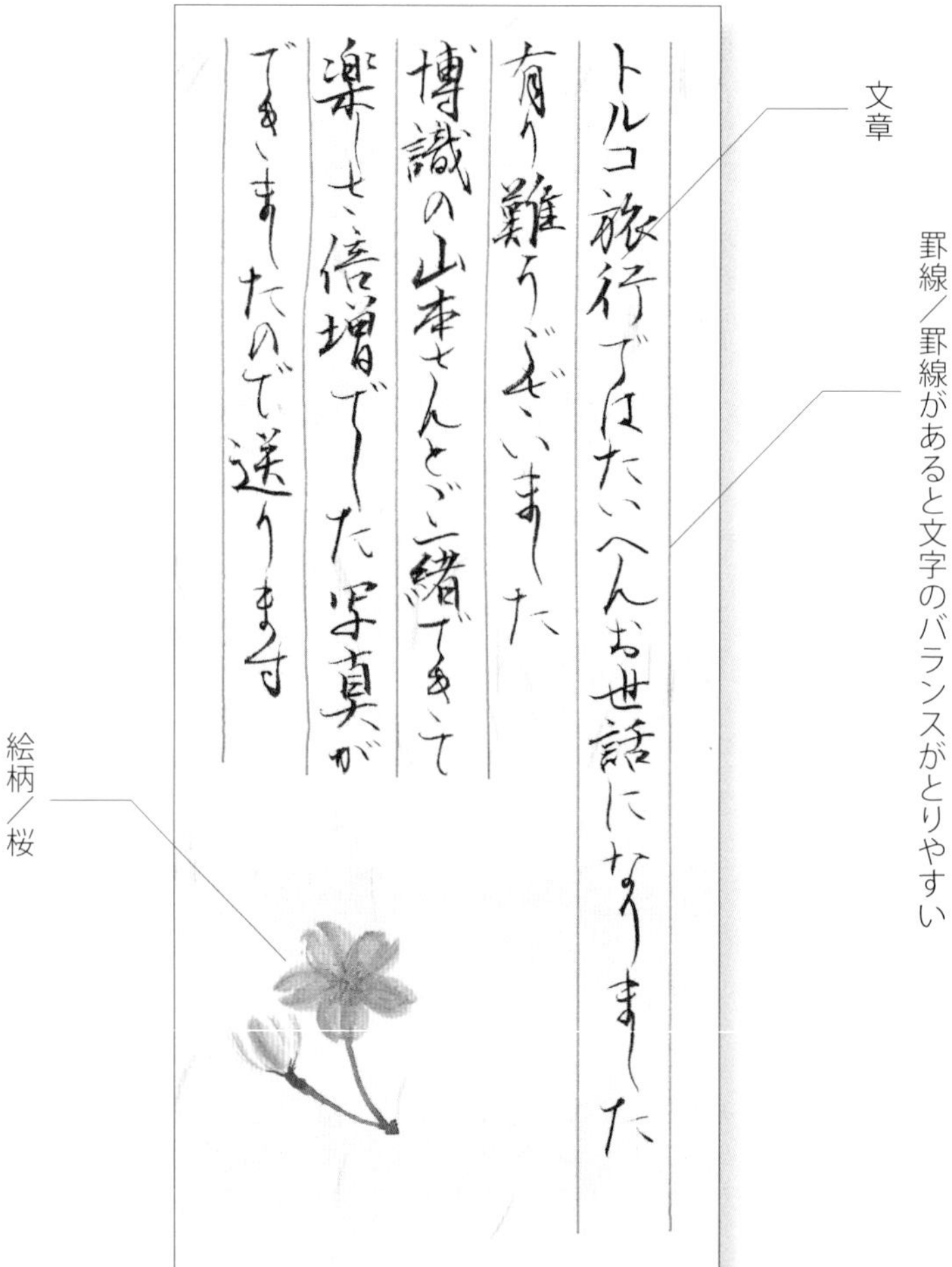

トルコ旅行ではたいへんお世話になりました
有り難うございました
博識の山本さんとご一緒できて
楽しさ倍増でした写真が
できましたので送ります
文章
罫線／罫線があると文字のバランスがとりやすい
絵柄／桜

# はがきの基本

【書き方のポイント】

大切なことは絵が必要とする領域と字の必要とする領域が重ならないことが大切です。互いに付かず離れずといった構成が、すっきりとして美しく見えます。

【描き方のポイント】

絵柄は自分が出す季節のものにしますが、相手がどんな立場にあるかによって色合いを考えます。もし、傷心しているときであれば、少し落ち着いた色合いにし、相手が慶事のときであれば、少し派手な色合いにしても構いません。

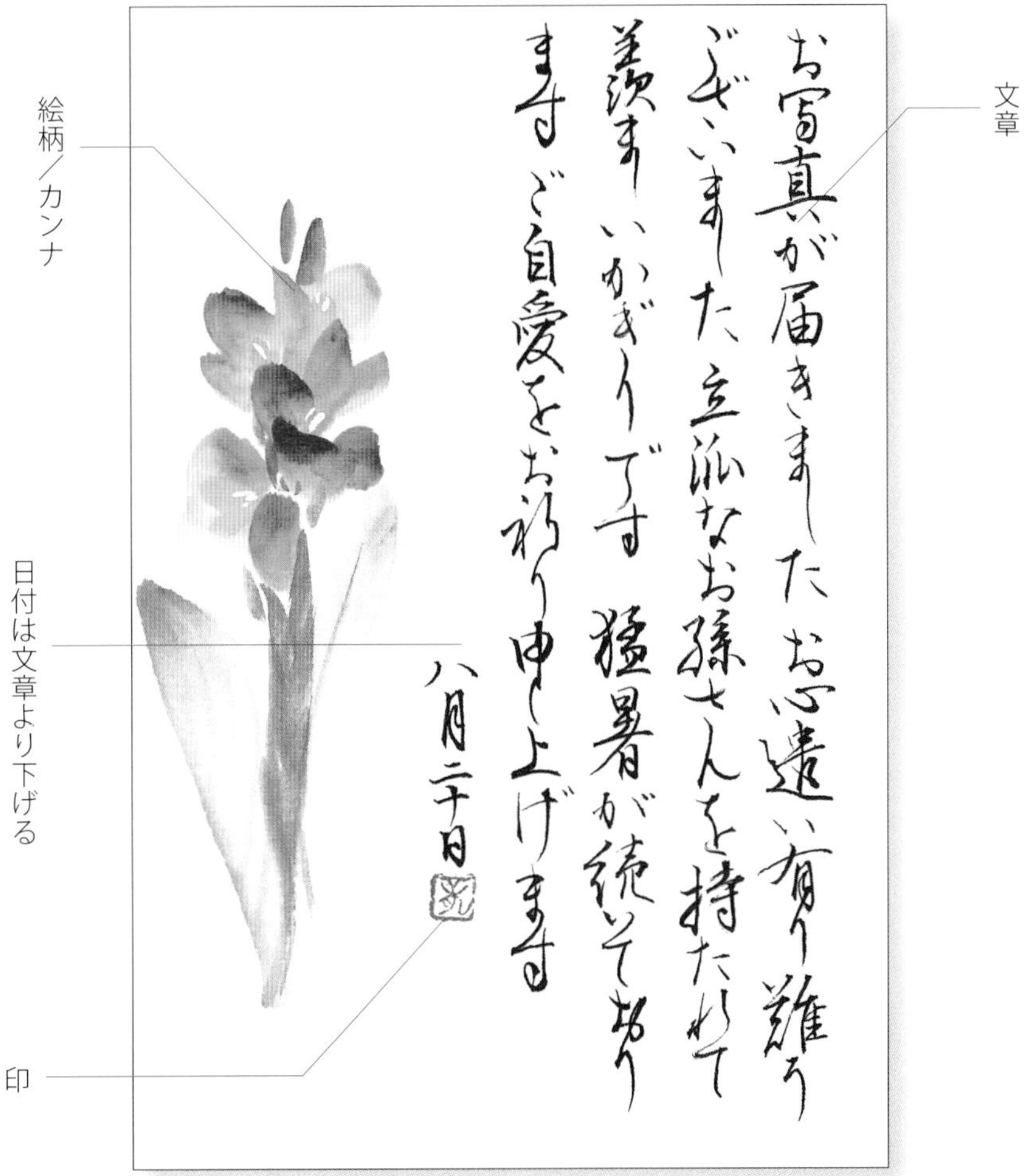
文章
絵柄／カンナ
日付は文章より下げる
印
お写真が届きました お心遣い有り難う
ございました 立派なお孫さんを持たれて
羨ましいかぎりです 猛暑が続いており
ます ご自愛をお祈り申し上げます
八月二十日

# お便りの心得

【書き方のポイント】

自分勝手な崩し字はしないこと。相手が読めるように書くことが大切です。

相手の名前を最初に入れる場合、本文よりも少しだけ大きく書きます。

【描き方のポイント】

挿絵の「表」にあたる部分は桜の絵の右上ですので、この辺りは広く開ける方が窮屈にならないですみます。絵と字は互いに譲り合うような構成を心がけてください。

絵と字は互いに引き立てあうような構成がベストです。もらったはがきを飾ってみたいと思わせるようなかきぶりでありたいところです。

〈お便り〉

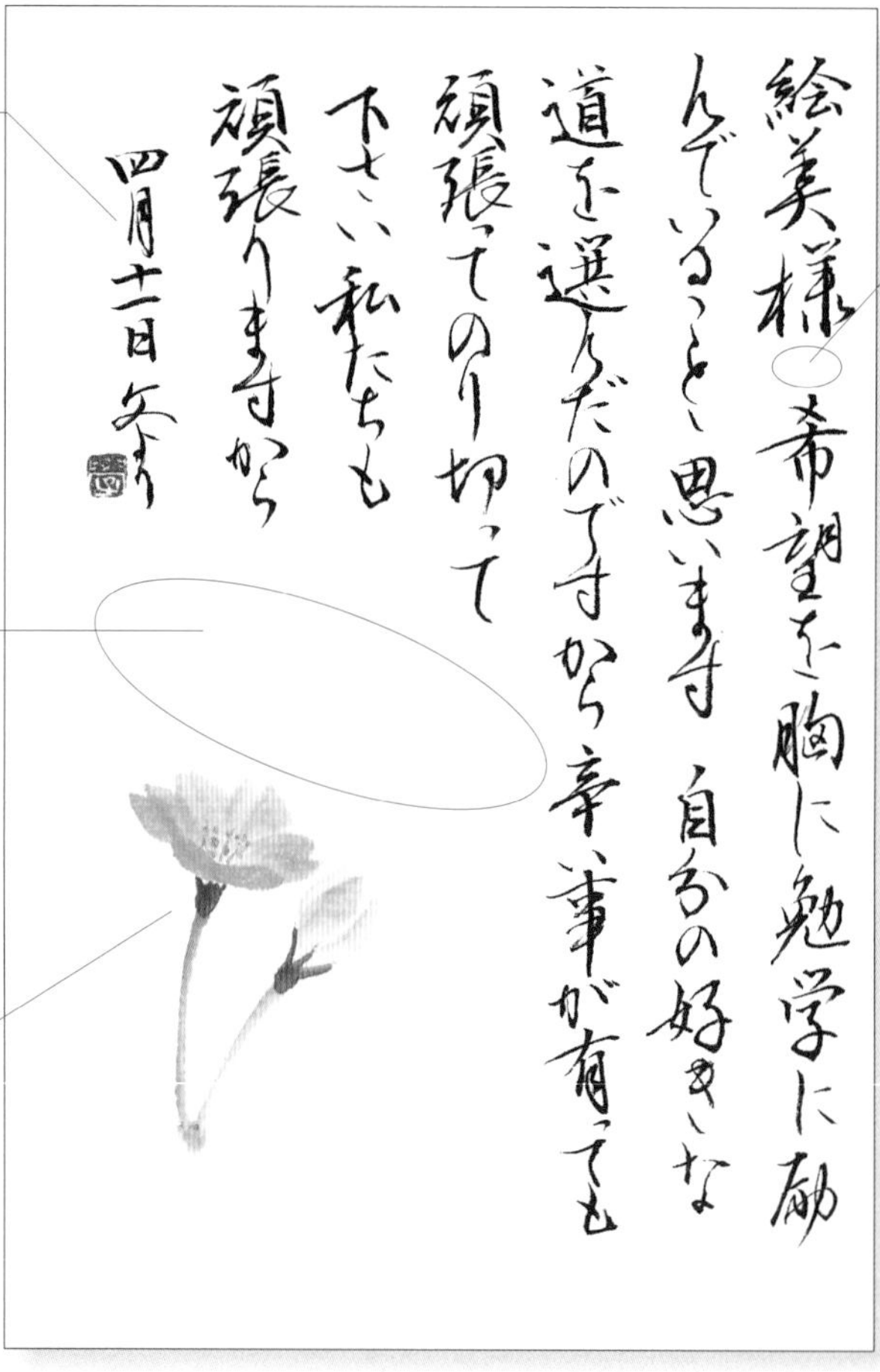

絵美様
希望を胸に勉学に励んでいることと思います
自分の好きな道を選んだのですから辛い事が有っても
頑張ってのり切って下さい
私たちも頑張りますから
四月十二日 文より


相手の名前と文章の間をあける

日付を入れる

絵の「表」にあたる部分このあたりの空間は広く空ける

季節や内容に見合った絵を入れる
絵柄／桜

# お礼状の心得

【書き方のポイント】

まず、短く結論から書きます。ここではお礼を言うのが主ですから、必ず「有り難うございます」と述べましょう。具体的な言葉がかければそれを書くというのが理想です。

本文を書いて、最後に日付を書くのが理にかなっていますが、構成上、窮屈になりそうでしたら、作例のように書いてもいいです。日付を書けない時は、表書きの切手の下あたりに書きましょう。

【描き方のポイント】

手前にくる花弁や葉は濃い目にし、奥の方にいくにしたがって、淡くなるように彩色し、濃淡をつけて立体的に表現するときれいに見えます。

〈お礼状〉

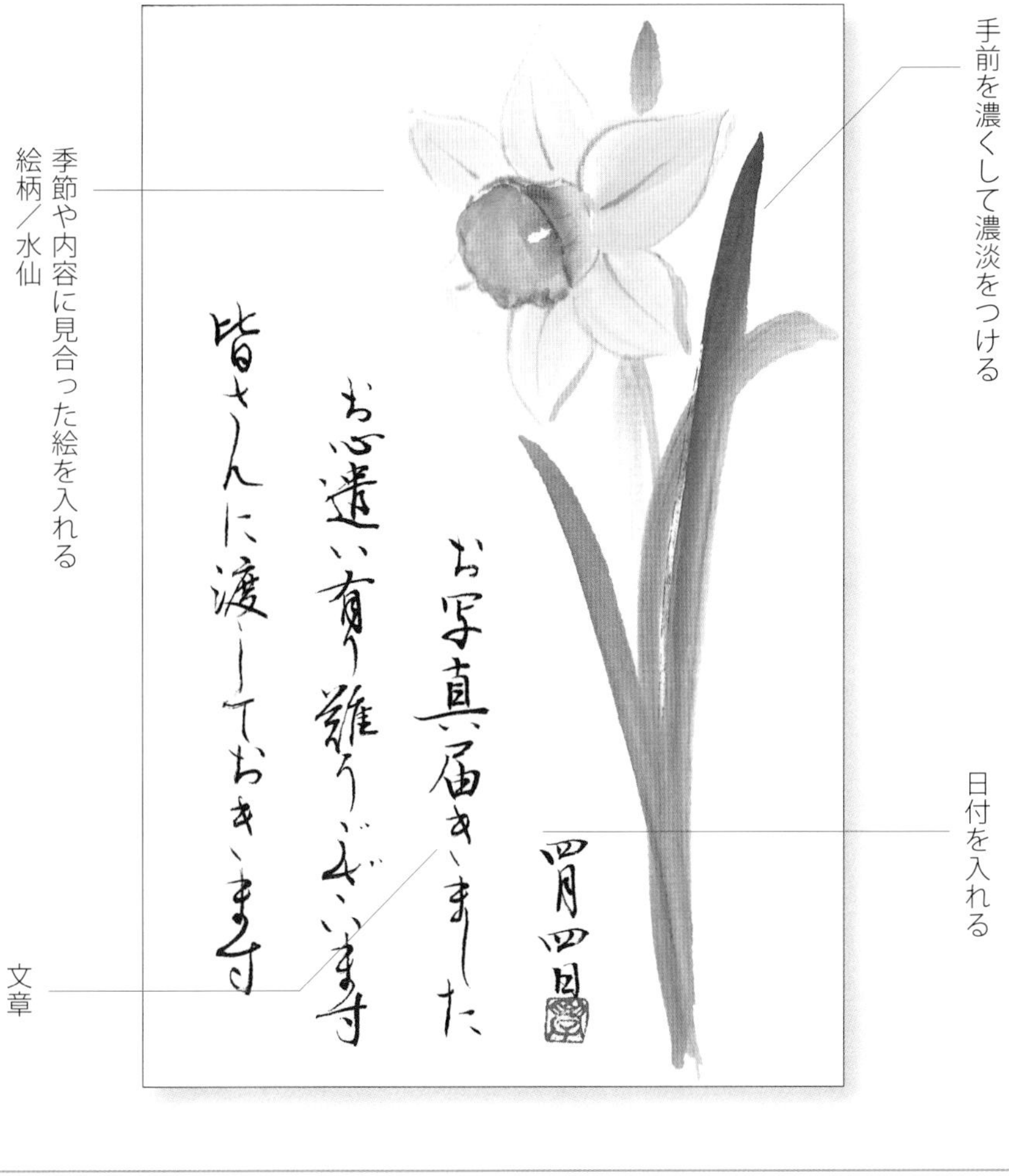

手前を濃くして濃淡をつける
季節や内容に見合った絵を入れる
絵柄／水仙
お写真届きました
お心遣い有り難うございます
皆さんに渡しておきます
四月四日
日付を入れる
文章

# 絵の描き方

【描き方のポイント】

考え方の流れとして、

1／絵柄の大きさを決めます。文を書くのが前提の場合は画面の三分の一〜四分の一位の大きさで描きます。

2／花であればどの角度から見た形がいちばん奇麗かを確認します。

3／主役の花、脇役の花、その他の花を決めます。

4／緊張感のある絵にするか、ムードを大事にする絵かを決めます。

【テーマ解説】

今回はムードを大事にした表現をすることにしましたので、基本色は紫色系の色合いにしました。

●使用した絵具／バイオレット（アクリラ）、ホワイト、ゴールド（ともにアクリラガッシュ）

絵柄／鉄線

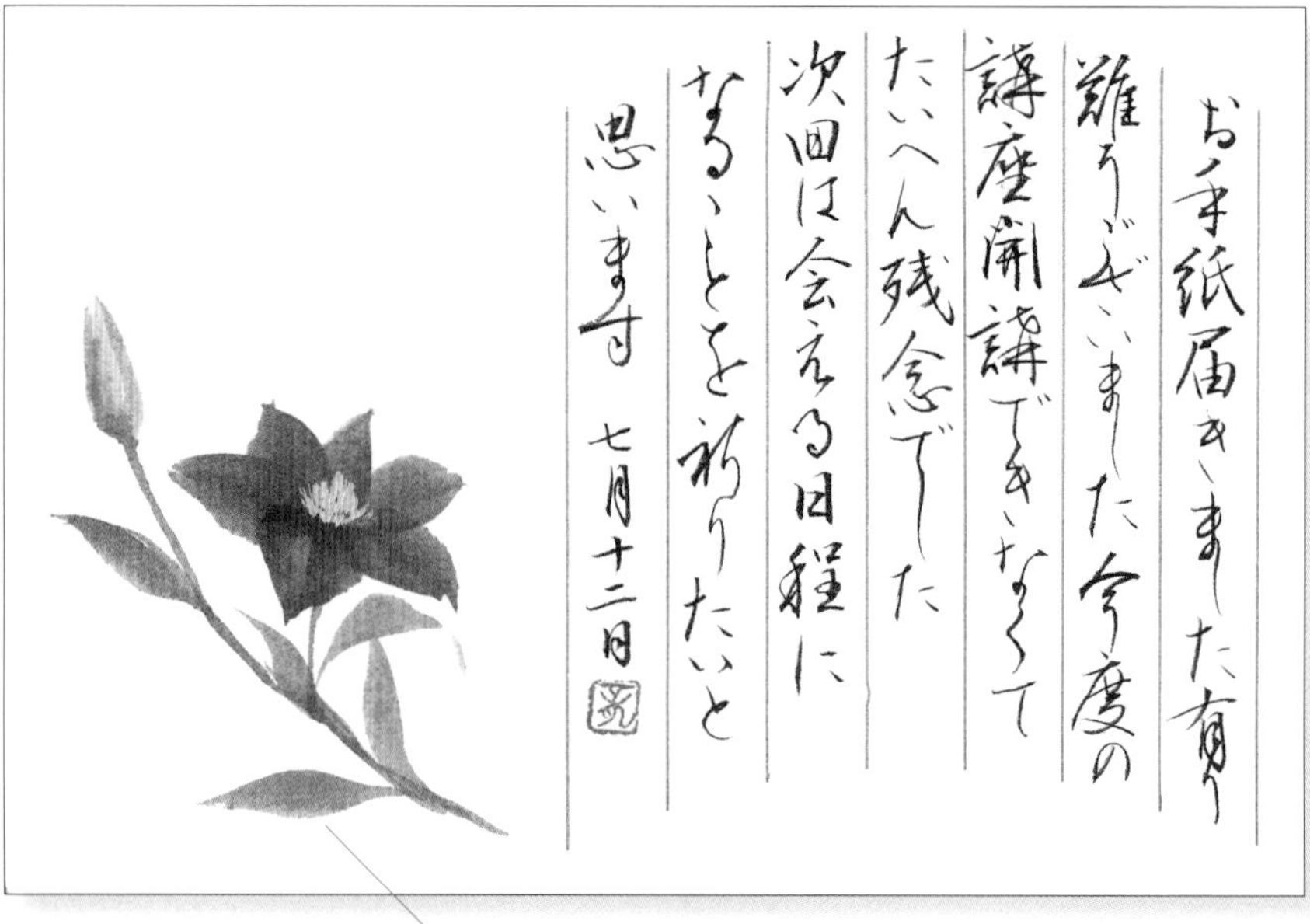
お手紙届きました有り
難うございました今度の
講座開講できなくて
たいへん残念でした
次回は会える日程に
なることを祈りたいと
思います
七月十二日

葉は花をかかえこむように描く

（アクリラは透明から半透明、アクリラガッシュは全色不透明のアクリル樹脂絵具）
●使用した墨／油煙墨

【絵の解説】

1／基本の筆づくり（穂先に行くにしたがって濃紫色）をしておき、一番手前の花びらの右側面を描き、左側面を描きます。

2／左右の花びらを描き、奥の花びらを描きます。次につぼみを描きます。大切なことは、最初に作った筆づくりのまま、最後のつぼみまで、絵具の付けたしをしないようにして、自然なグラデーションで表現します。

3／淡墨で茎を描き、葉を添えます。

4／金色と白色でしべを描きます。


〈鉄線の描き方〉

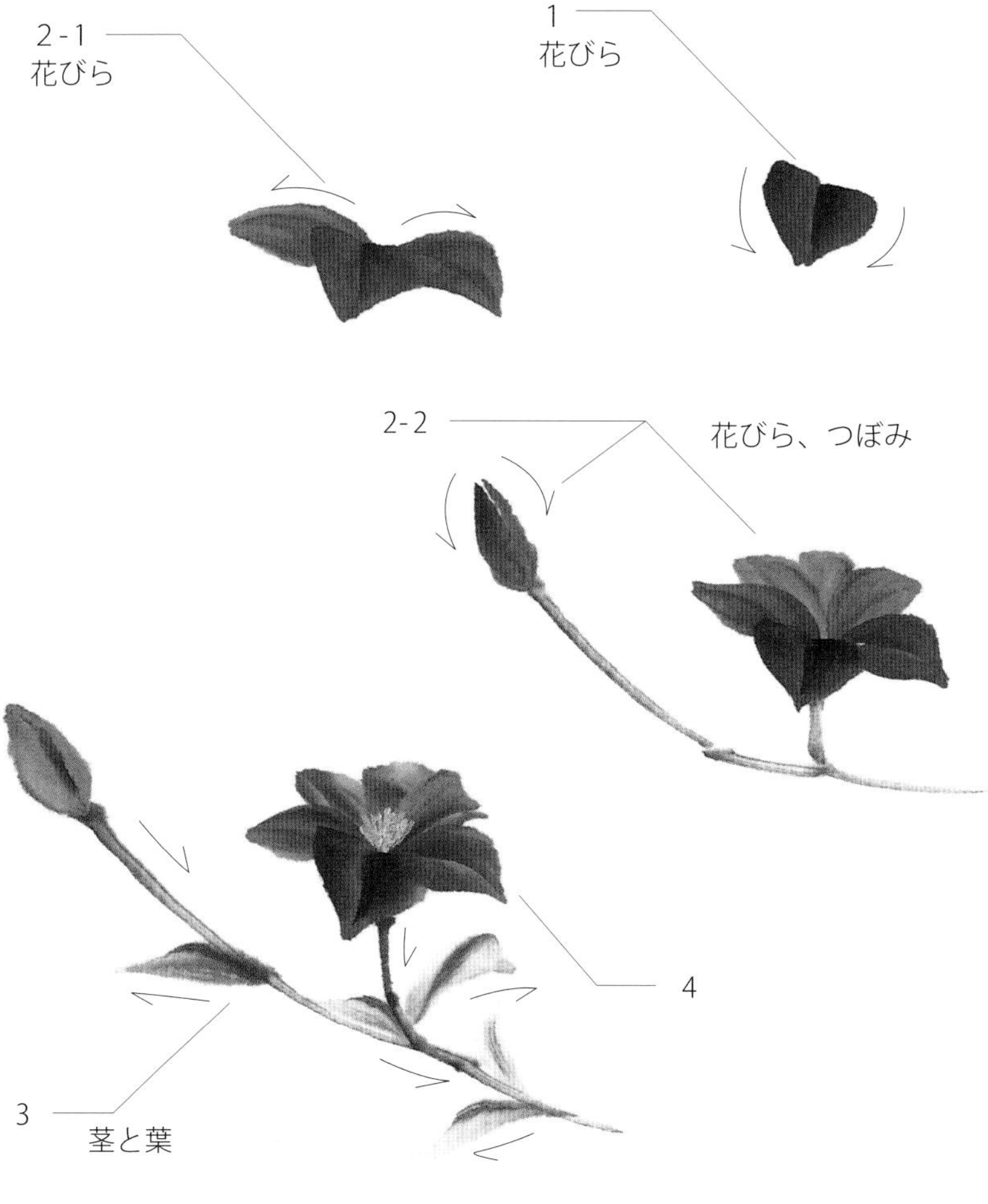

# 書と絵のための道具

**筆**／面相系の細字用の筆。自分が書きやすいと思ったもので構いません。**絵筆**／市販のつけたて筆の小を二、三本。**紙**／様々な種類の紙があり、書いてみてどれくらい滲むかを確認しておきます。**墨**／字を書く場合はあまり滲んでほしくないので磨墨液ではなく市販の墨液を使用。絵を描く場合も市販の墨液です。**印と印泥**／印影が正確に出るよう印泥を使用。**絵の具**／アクリル水彩絵の具十二色。その他アクリルガッシュを随時買い足します。**筆洗**／豆腐の空き容器で構いません。**筆ふき**／ポケットティッシュが便利。**パレット**／食品用の発砲スチロールのトレイが便利です。

〈道具の種類〉

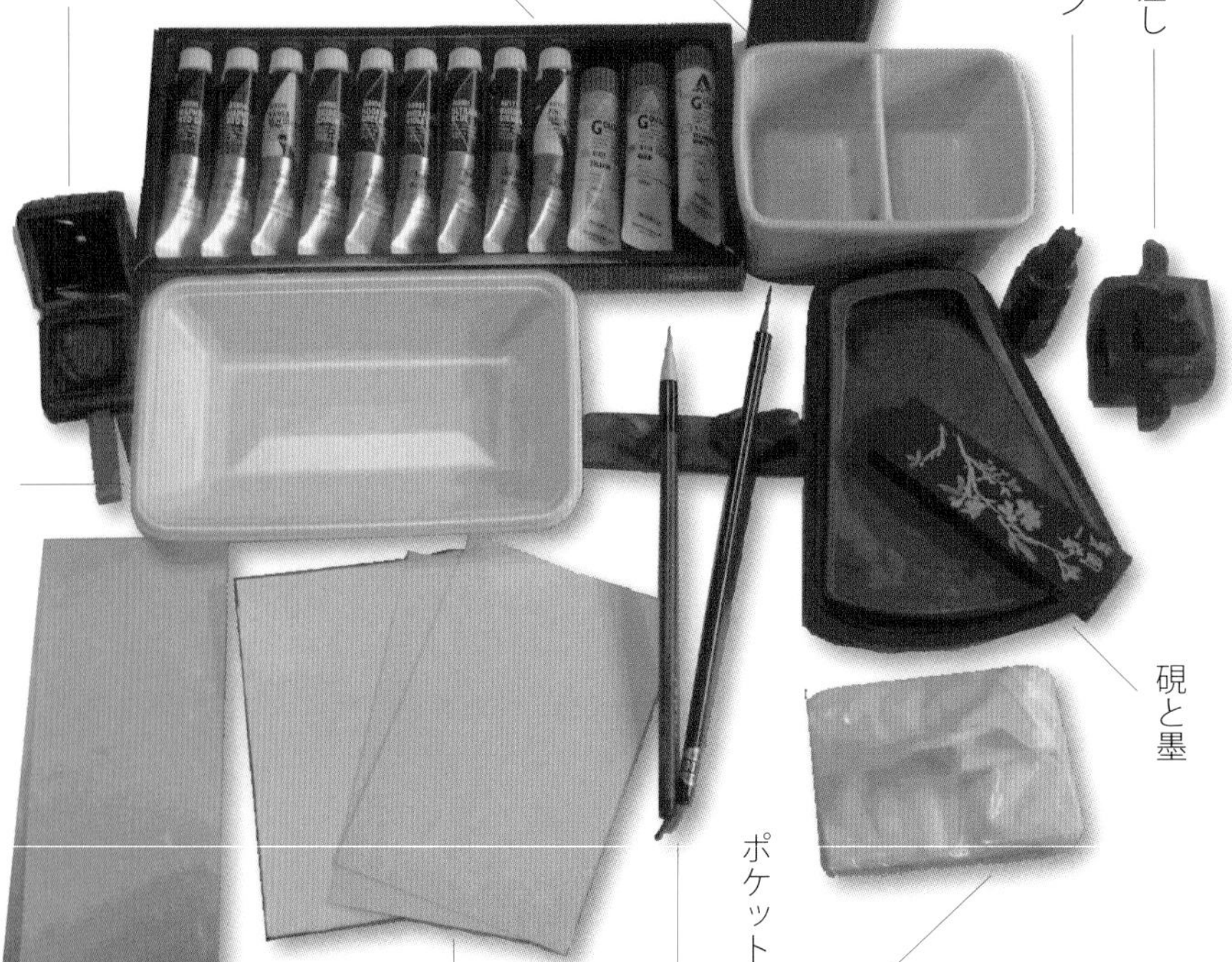
墨液
フェルトペン
※はがきの縁取りをするときに使います
水差し
アクリル水彩絵の具「アクリラ」一部ガッシュ
筆洗
印と印泥
パレット（発砲スチロール）
硯と墨
ポケットティッシュ
筆（右）
絵筆（左）
はがき
一筆箋

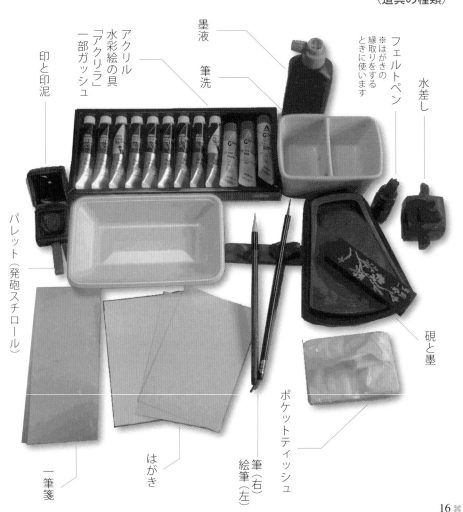

# 筆の扱い方

【基本運筆】

基本の運筆は直筆と側筆です。

直筆は紙面に対して直角にして線をかきます。穂の側面に濃く絵の具を付けることで、様々な線質が生まれます。

側筆は筆をねかせた形で、運筆します。広い面のグラデーションを表現できます。また、傾ける角度によって描く幅も調整できます。

下記に表現しているような形のものを自由自在にかければ、様々な表現が可能になります。ここでは墨でしか表現していませんが、絵の具を使っても同じです。

〈基本運筆〉

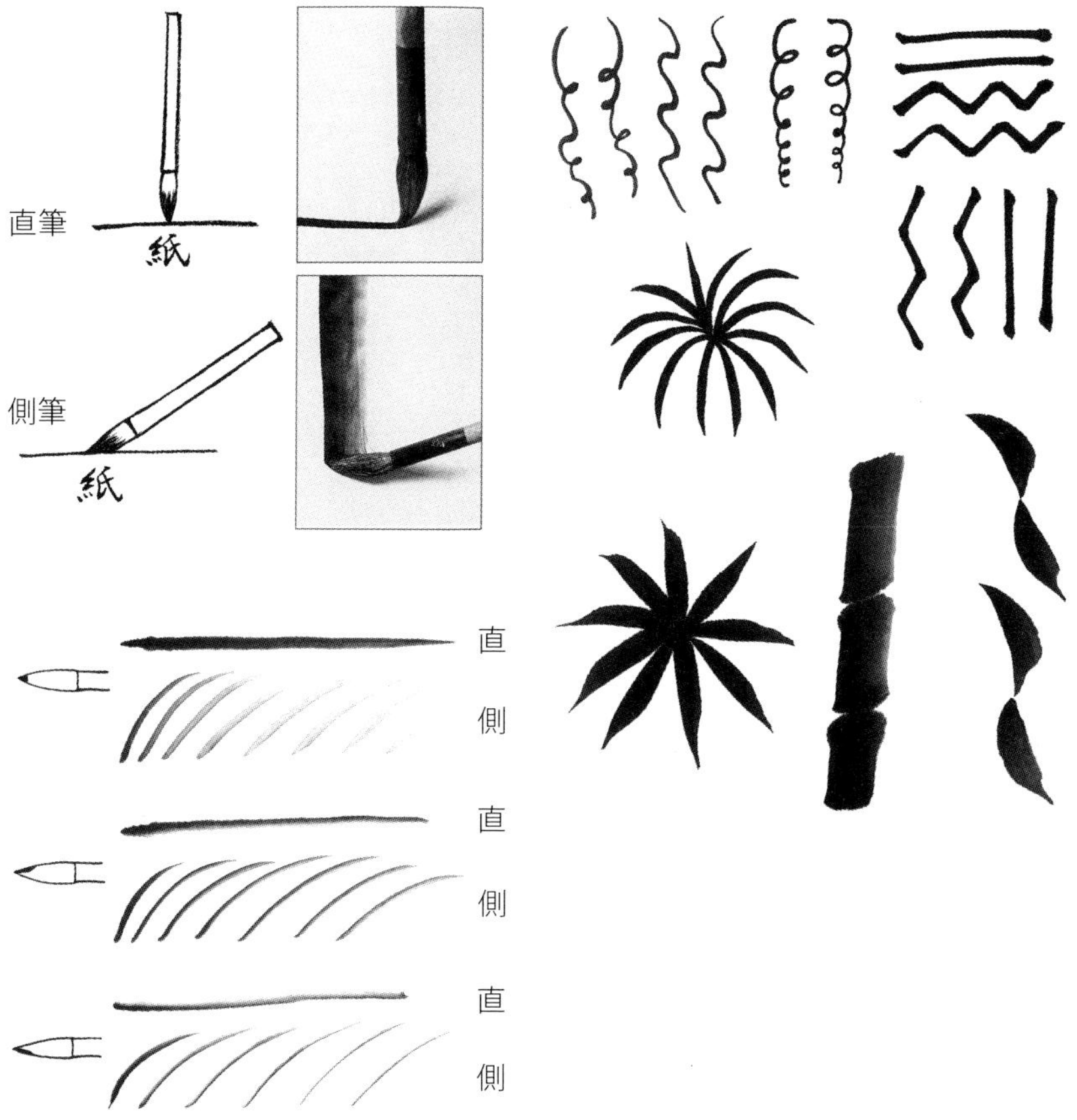

# 基本的な線の練習

【かなの線の特徴】

かなは空間から入り、空間に出るというのが基本です。下記に書いているような線が特徴ですので、しっかり練習をしてみましょう。ここでは、取り上げていませんが、単体（ひらがな単一のもの）が基本ですので、単体をよく練習してください。かなの書き方の本はたくさん出版されていますので、それを参考にされるとよいでしょう。

〈基礎の線の練習〉

曲線

回転

単体の練習

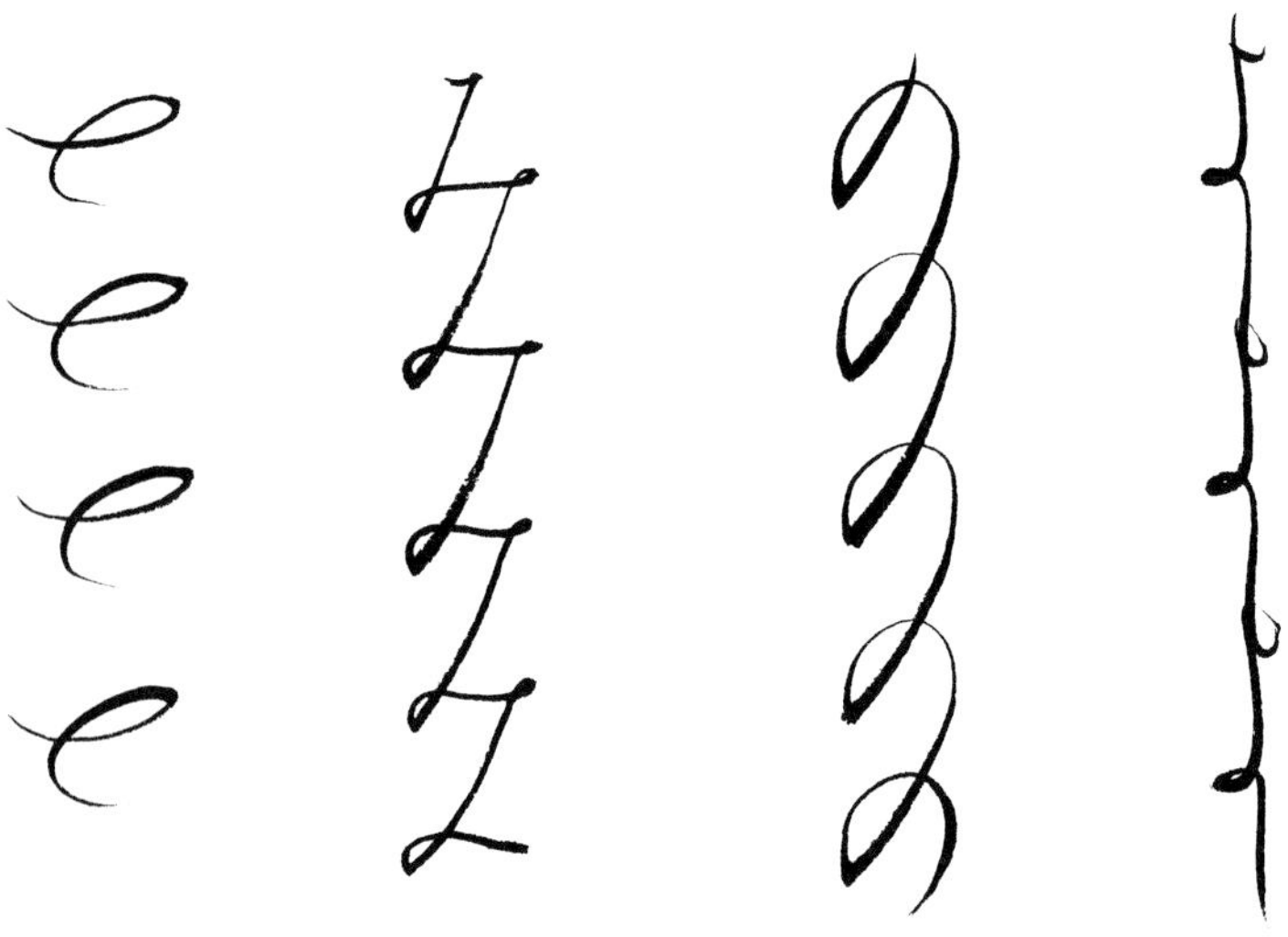

【かなの連綿ポイント】

単体が書けるようになりましたら、次は連綿が書けるように練習してください。かなは続けやすいところを続けるというのが基本です。また、二文字から三文字くらい続けるのが、書くリズムがいちばん整いやすいです。続けにくいところを無理に続けると見栄えもよくありません。

続ける文字の上側の文字の単体の70%くらい書き終えたところで、次の文字の最初の部分につなぐようにすると自然な流れの美しい連綿となります。下に掲げた例は手紙文などでいちばん使われるものです。しっかりと練習してください。

〈かなの連綿〉

1
2
3
4
5

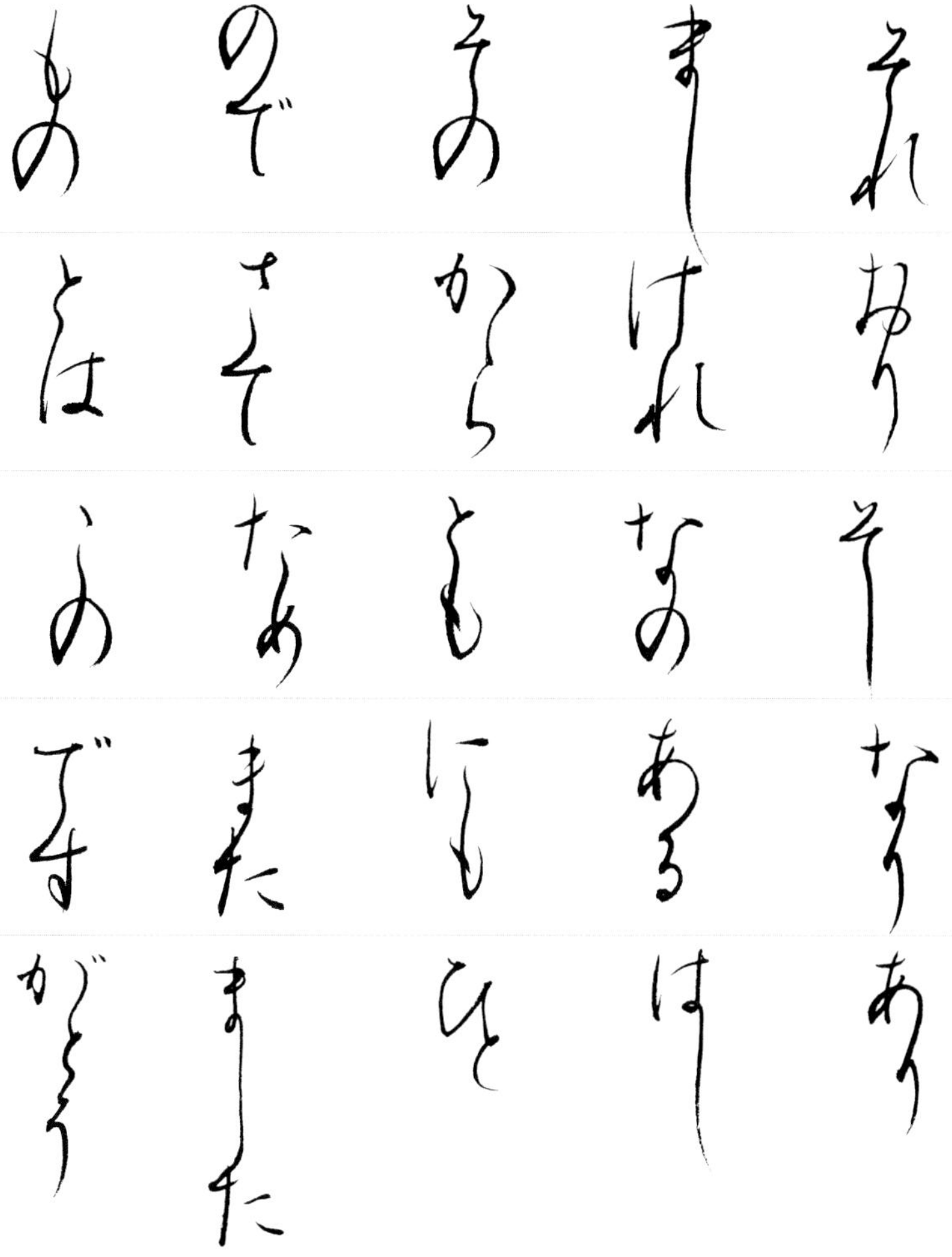

# 漢字（行書体）

**【行書（漢字）の練習ポイント】**

漢字の書体でいちばん多いのが行書体で楷書に近い行書を楷行書、草書に近い方を草行書といいその中間部分の行書を正行書といいますが、厳密な区別はありません。ただ、手紙文などで使う行書は相手が読みやすくするため、楷行書～正行書を書くようにします。一般的にどのように崩すかの特徴を下記に示しましたので、よく理解してください。

　行書ではすべての線と線をつなぐのではなく、「最終画をつなぐ」と覚えておきます。例えば三を書く場合二画目と三画目をつないでいます。また、日にしても三画目と四画目をつないでいます。このように最終画をつな

〈行書の練習〉

草書　草行　正行　楷行　楷書

行書

1. 楷書の字形をやわらげ、少しふところを広げる程度でよい。

2. 見て騒がしくない程度に線と線を続ける（へんやつくりのかたまりの部分の最終画を続ける）。

3. 線と線とを改めないで書く。つまり一画づつ離さずに一気に各部分をまとめて書く。

4. はねや払いは止めにして続けやすくする。

# 漢字（行書）の練習

ぐと行書になります。

自然な流れに従って線を短絡して次の画に連絡したりします。楷書では線を払うところを止めにしたりします。

下記に示している漢字の崩し方が分かるようになれば、波状的に崩し方が分かります。例えば「休」という字を崩せれば、人偏の崩しができるので「他」や「位」なども崩せるようになります。また旁の木の崩しができると、「林」などが崩せるようになります。このようにして、崩せる字が波状的に増えていき、どのような文字でも崩せるようになります。

〈行書の練習〉

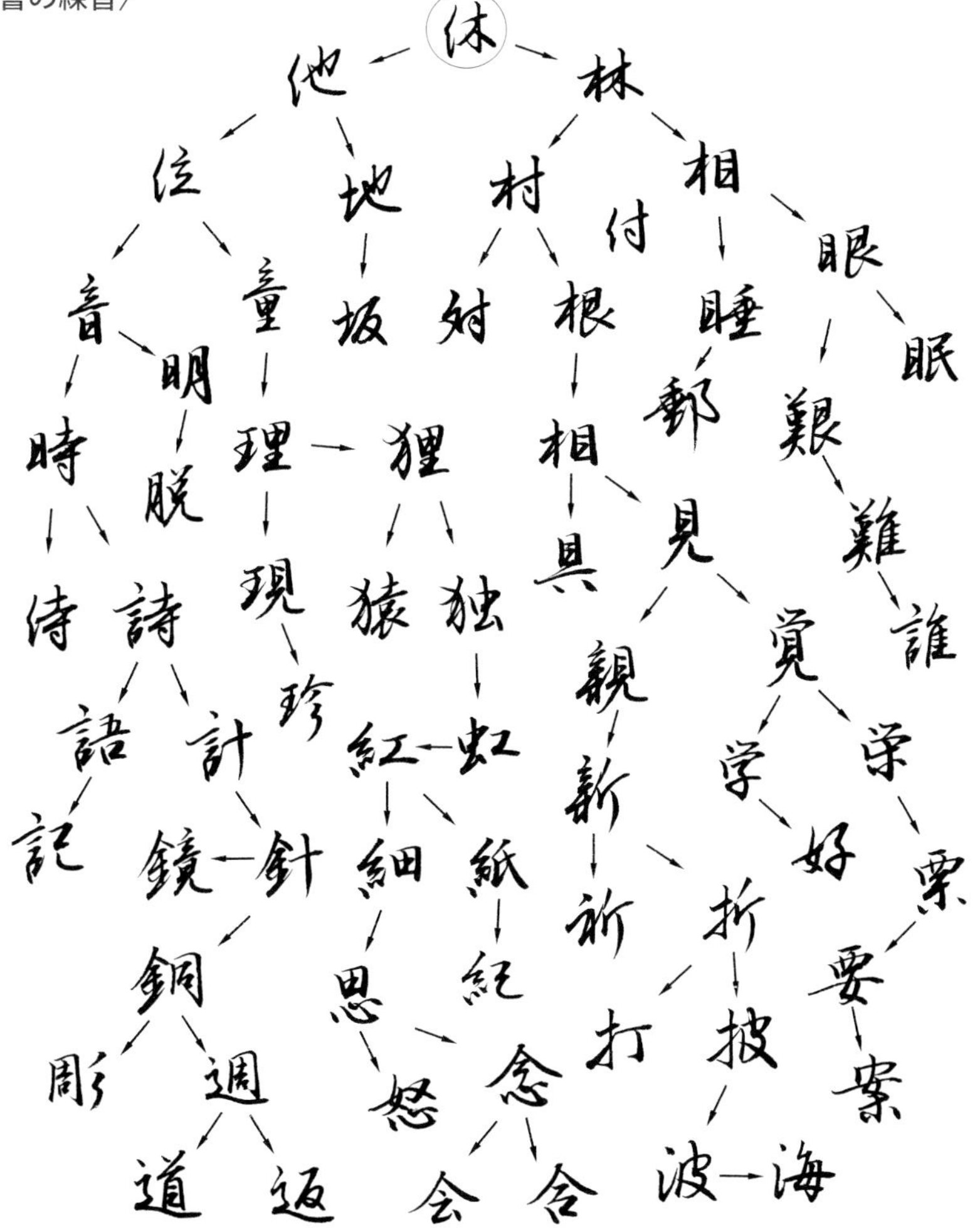

**【書き方のポイント】**

漢字とかなの大きさの比率は約10対7位が良いです。かなの大きさを三種類に分類して書くとよいです。大きく書く文字は「わ・れ・み・ろ・や・ね・え・ん」で、小さく書く文字は「よ・め・る・こ・ど・も・ら」です。その他の文字は中間の大きさにします。

文字間を詰めて書くと縦の流れが協調されます。しかしながら、あまりに詰めすぎると息苦しくなりますから、適度に粗密を付けながら書きます。

相手の名前を大きく書くのは、誰しも自分の名前を大きく書かれていると嬉しいものですので、理にかなってます。

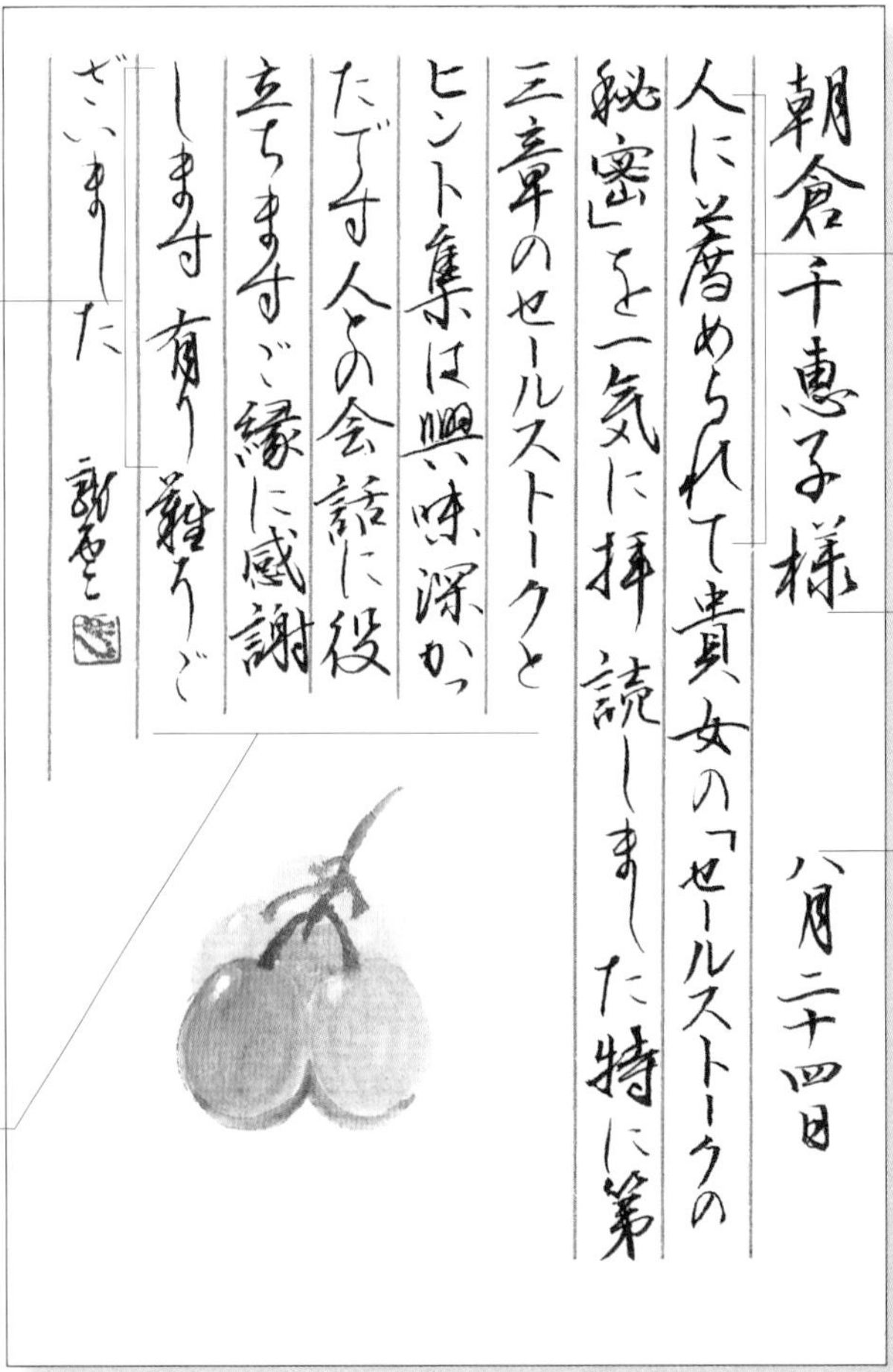


文字間を同じにしないことで自然の流れをつくることができる。

姓名は大きく、また日付とのアキは広めにしメリハリをつける。

漢字とかなの比率は10：7位にする

絵とのバランスを考え書を書く部分をあらかじめ決めておく

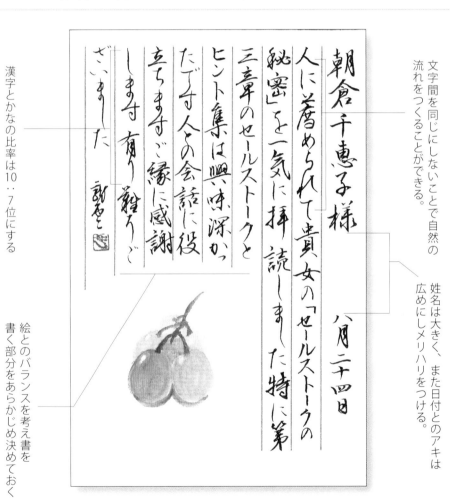

日付が最初の行になっているのは、最終行に日付を書いて、差出人の名前を書いて印を押したら、構成上、下に下がりすぎると思い、落款だけ捺して、日付は右下に書きました。この方がすっきりすると思います。

練習見本は漢字の崩しとかなの連綿の仕方を示しています。

様の文字は氏名よりも少し大きめに書きます。

行書は「最終画をつなぐ」ように書きます。

連綿は自然につなぎやすいところをつなぎます。

〈練習見本〉

朝倉千恵子様 著 貴女

秘密 気 拝読 特 第 章

集 興味 深 会話 役立 縁

感謝 られ です ます まし

# はがきの表書き

【表書きのポイント】

表書きのおおよその字の大きさは、宛名10、宛先7、差出人住所3位にすると調和が取りやすいでしょう。

書き始めは、中央の相手の姓名から一番大きな文字で書き始めます。そうすると残されたはがきの左右の空間が決まり、住所の文字の大きさも決まってきます。住所から書きはじめた場合、字数が多いときは文字の大きさに気を付けないと、姓名を左の隅の方に書くことになり、あまりいい構成とは言えません。

また、住所の番地なども郵便局員さんが読みやすいようにしておく方が、迷子のはがきにならなくて済みます。

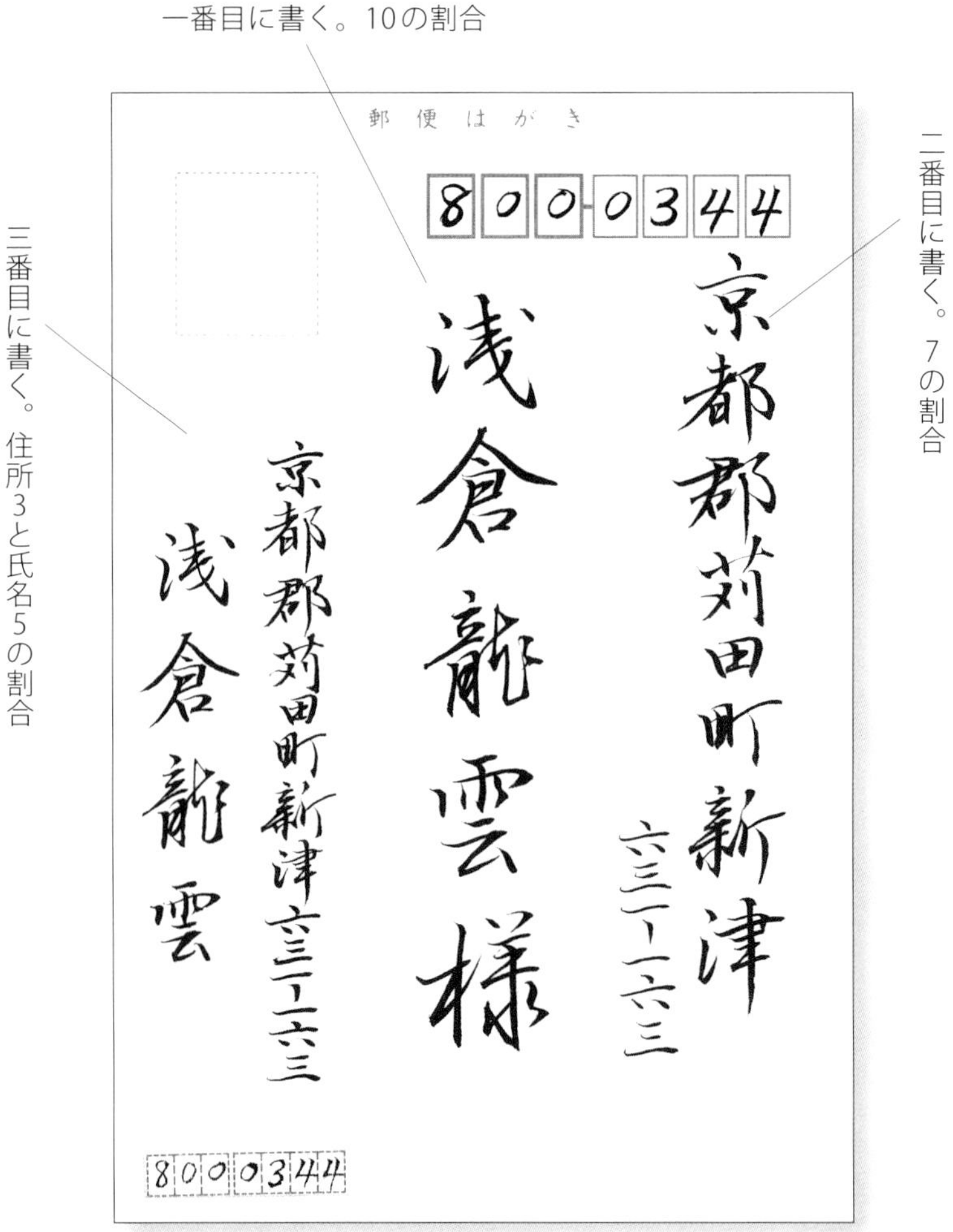
一番目に書く。10の割合
二番目に書く。7の割合
三番目に書く。住所3と氏名5の割合
郵便はがき
800-0344
京都郡苅田町新津
六三ー一六三
浅倉龍雲様
京都郡苅田町新津六三ー一六三
浅倉龍雲
8000344

# 第2部

# 「一筆箋」のお便り

オリジナル一筆箋には、書く時節の絵柄を描き、それに、ひと言添えますので、形式的な挨拶などは省略して、言いたいことだけを手短にまとめて書きましょう。

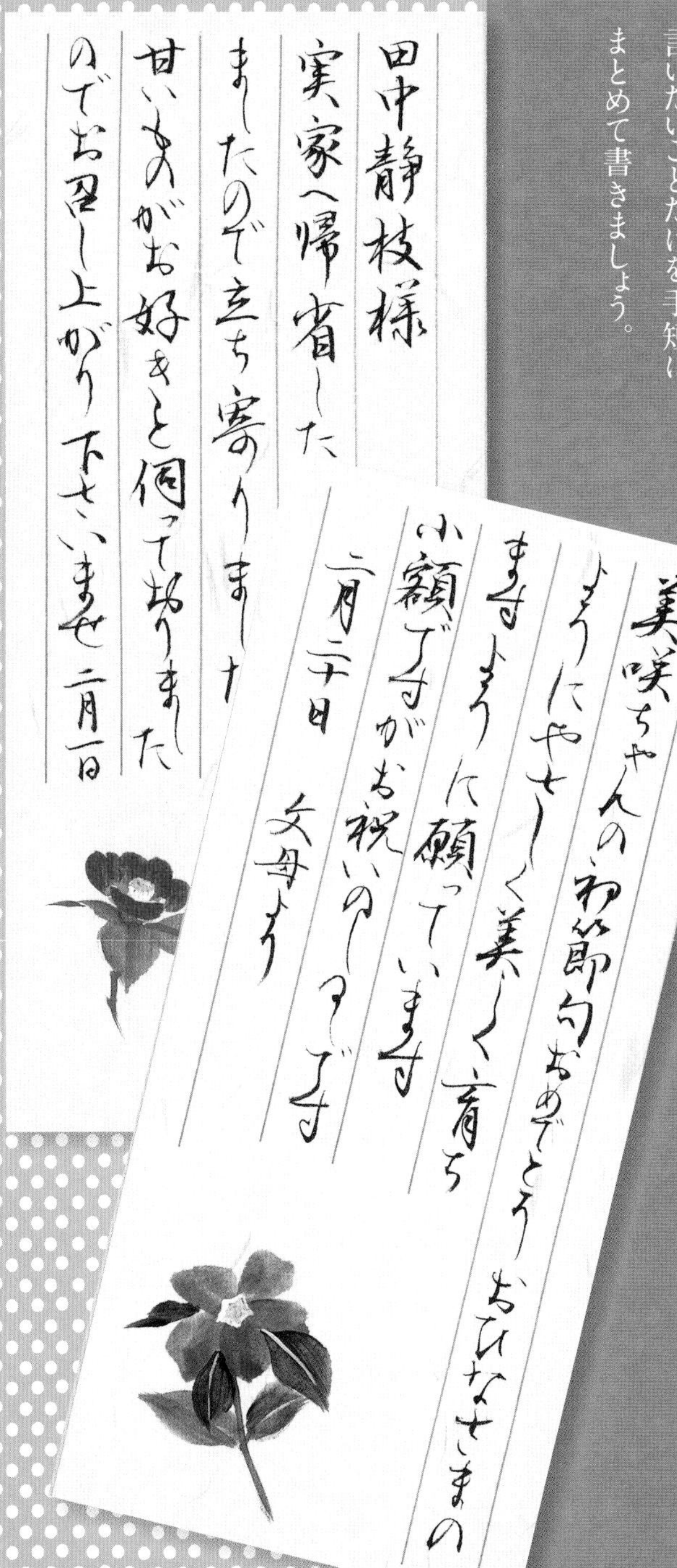
田中静枝様
実家へ帰省しましたので立ち寄りました
甘いものがお好きと伺っておりましたのでお召し上がり下さいませ
二月一日
美咲ちゃんの初節句おめでとう
おひなさまのようにやさしく美しく育ちますように願っています
小額ですがお祝いのしるしです
二月二十日
父母より

# 帰省みやげに添えて

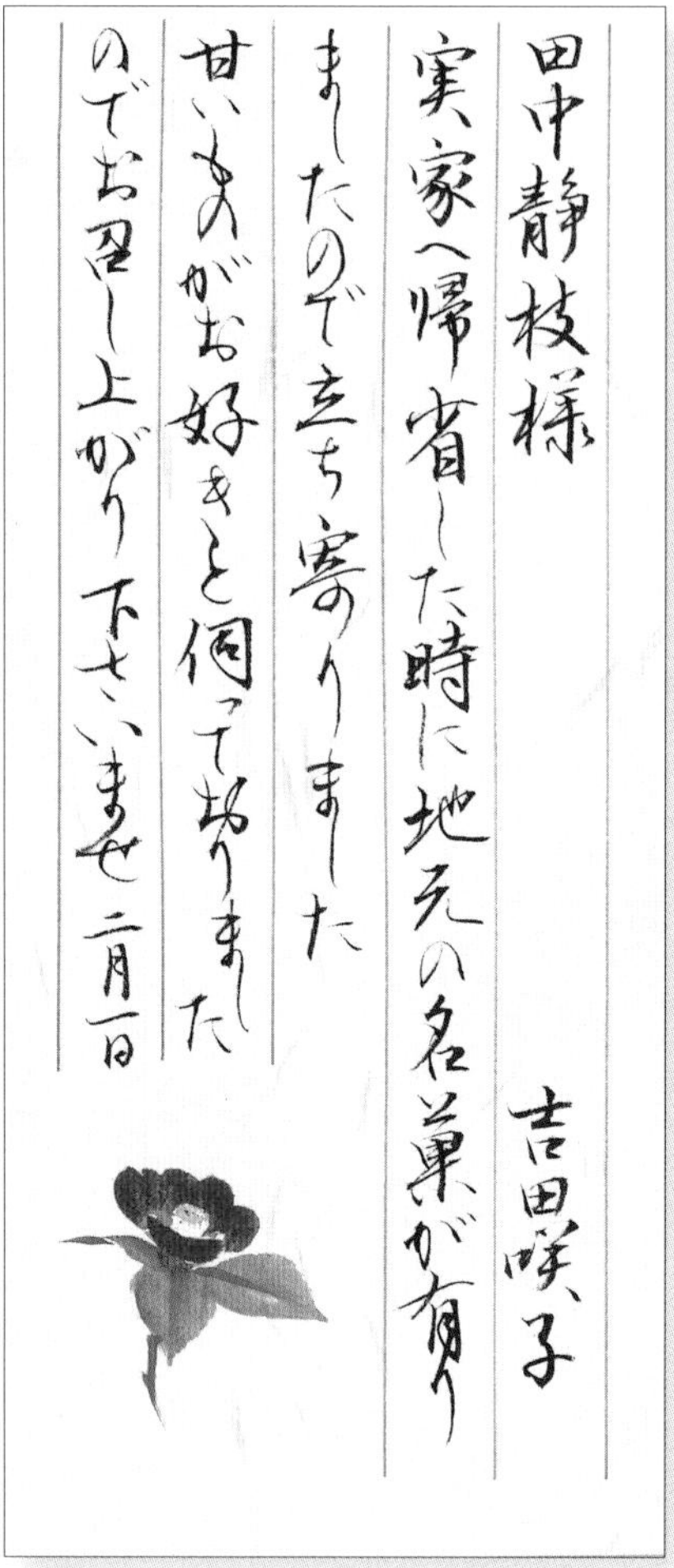
田中静枝様
実家へ帰省した時に地元の名菓が有り
ましたので立ち寄りました
甘いものがお好きと伺っておりました
のでお召し上がり下さいませ　二月一日
吉田咲子

【全体構成】椿の花が咲いている上側の空間を余裕をもって空けておきます。


【文面】

「田中静枝様　実家へ帰省した時に地元の名菓が有りましたので、立ち寄りました。甘いものがお好きと伺っておりましたので、お召し上がり下さいませ。二月一日
　吉田咲子」

　一筆箋は五行位がいちばん書きやすいように感じられます。罫線を引くテンプレート（製図用具）などを作っておくとオリジナルの付箋が作れますので便利です。

【絵柄】

カットは藪椿の花です。

# 初節句おめでとう

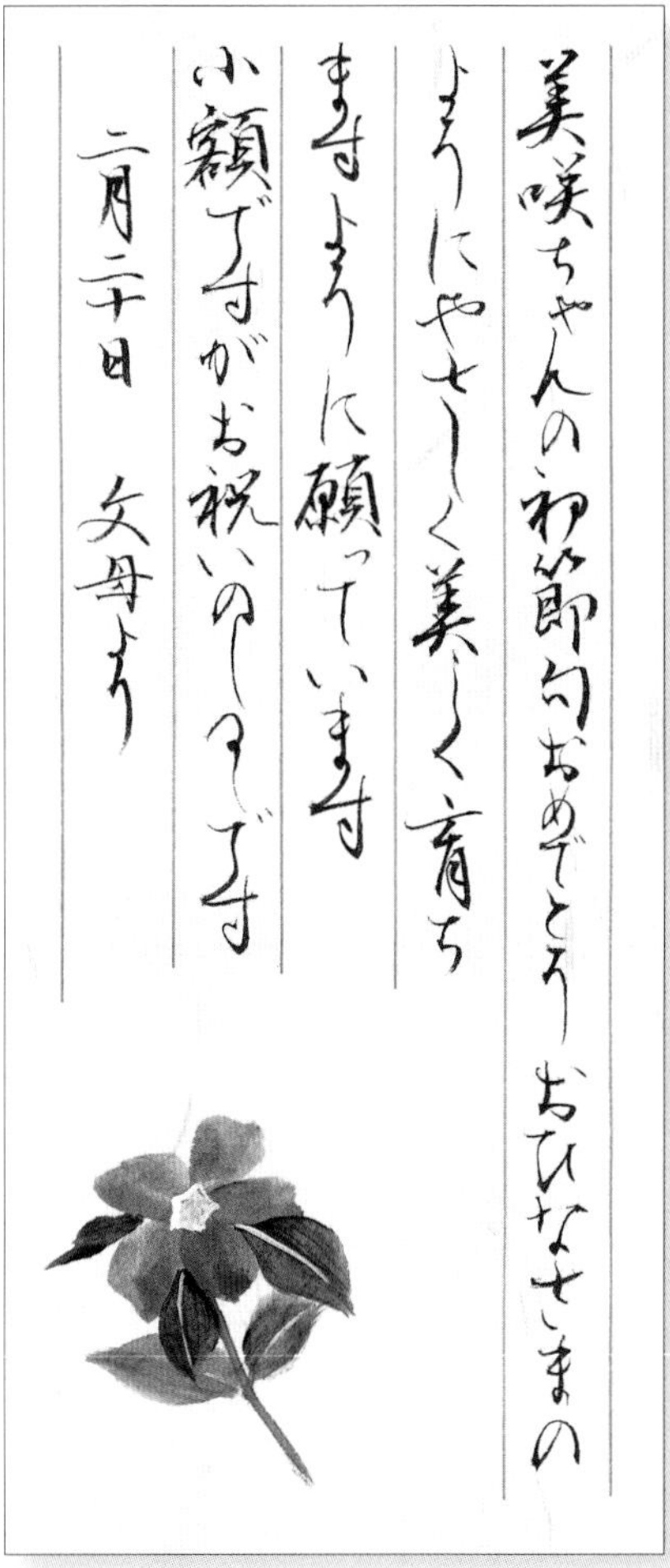


【全体構成】絵の空間を4行分とりました。少し大きめにカットを入れられます。

【文面】
「美咲ちゃんの初節句おめでとう。おひなさまのようにやさしく美しく育ちますように願っています。小額ですが、お祝いのしるしです。二月二十日　父母より」

罫線を書いておくと、罫線ぎりぎりまで大きく書けますが、罫線のない場合は、右隣の字の大きさによって字を書きますので少し小さめになります。

【絵柄】
カットはツルニチニチソウの花です。

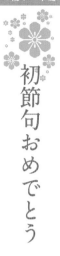

# 取引先へ、贈り物に添えて

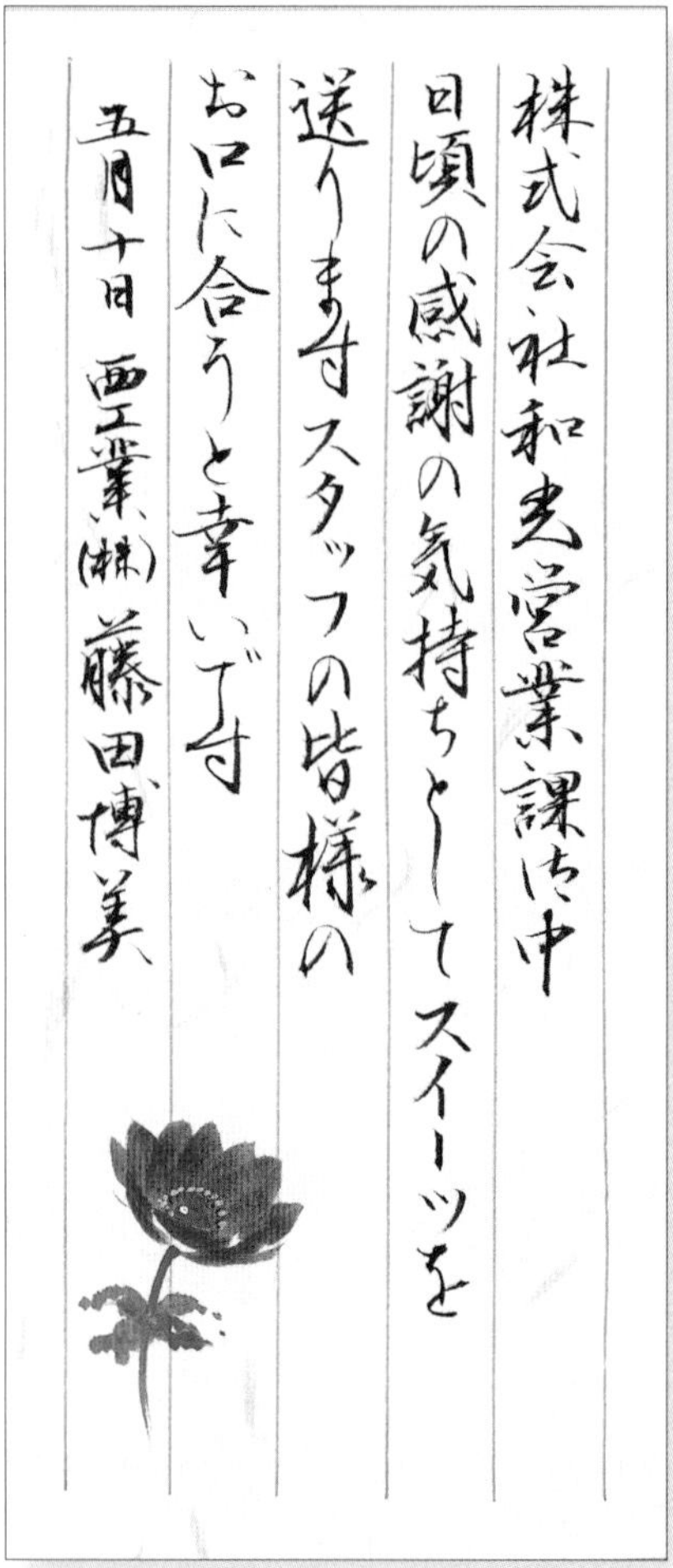
株式会社和光営業課御中
日頃の感謝の気持ちとしてスイーツを
送ります スタッフの皆様の
お口に合うと幸いです
五月十日 西工業(株) 藤田博美

【全体構成】予め赤色の罫線を入れていた付箋に絵柄を描きました。絵を朱色系にしたのは、下の罫線が目立たないようにと考えたからです。

【文面】
「株式会社和光営業課御中
　日頃の感謝の気持ちとして、スイーツを送ります。スタッフの皆様のお口に合うと幸いです。五月十日　西工業㈱藤田博美」
　株式会社のところで、相手様の場合は（株）○○ではなく、株式会社○○と書きます。逆に自分のところは（株）○○と略しても構いません。文章の「送ります」のところは、「選びました」でもよいです。

【絵柄】
カットはアネモネです。

# 会社の同僚へ、お土産に添えて

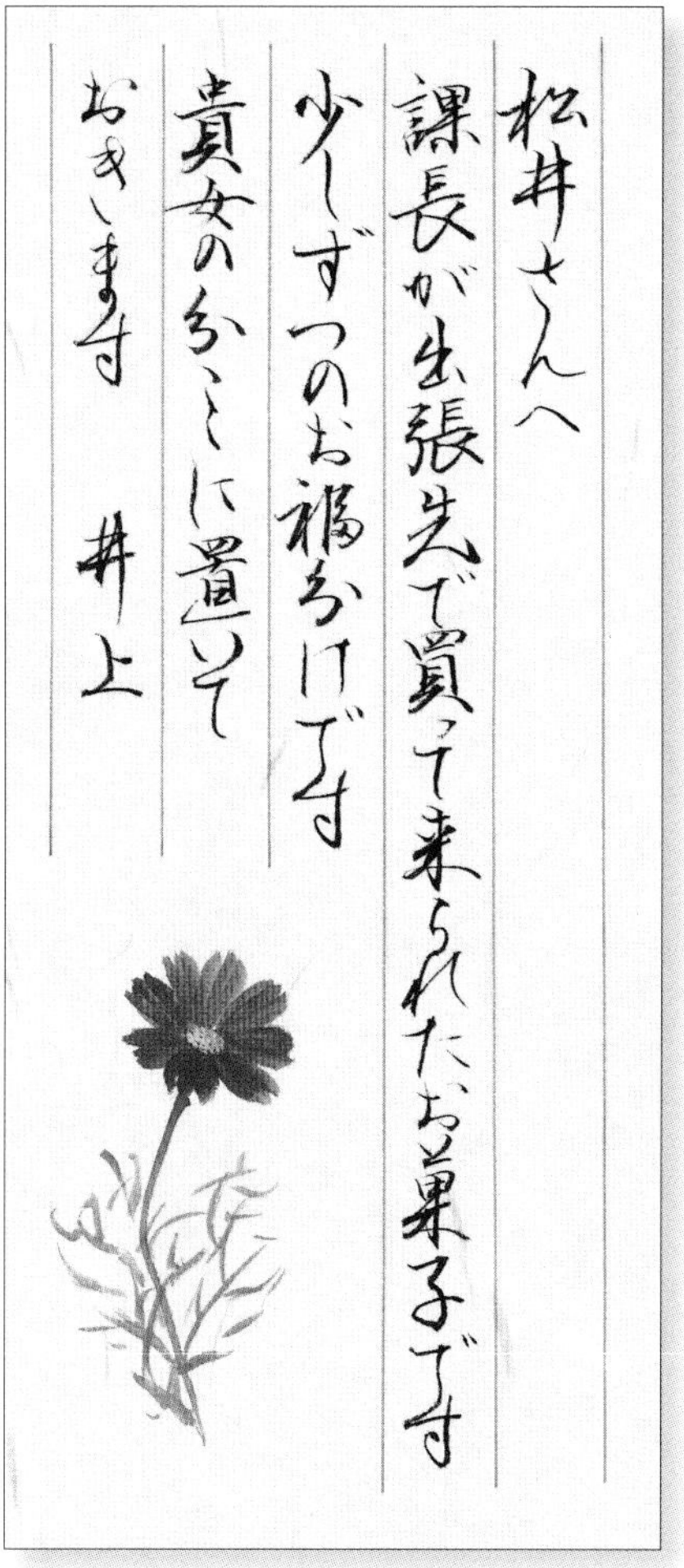
松井さんへ
課長が出張先で買って来られたお菓子です
少しずつのお福分けです
貴女の分ここに置いて
おきます　井上

【全体構成】絵を描いた後に、赤の罫線を書くとき、絵の表側（ここでは花の咲いている向き）は、広く空間を空けておきます。字と絵でコラボレーションした結果として美しさを表現します。

【文面】
「松井さんへ　課長が出張先で買って来られたお菓子です。少しずつのお福分けです。貴女の分ここに置いておきます。　井上」

人から頂いたものを、知り合いに分けるときは、「お福分け」と書きます。また、頂いた方からは、おすそ分けと書きます。書き方として大事なところですので押さえておきたいところです。

【絵柄】
カットはコスモスです。

# 病気見舞いに添えて

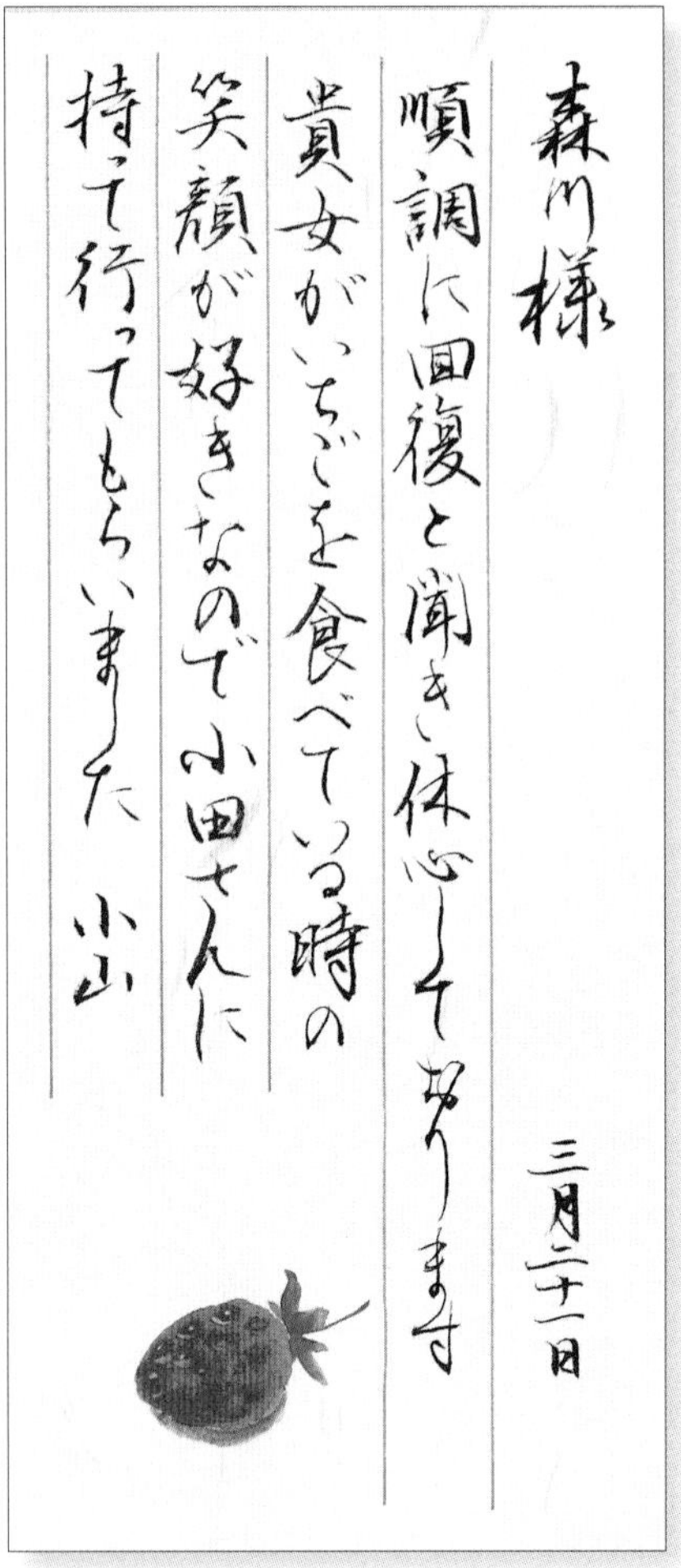
森川様
順調に回復と聞き休心しております
貴女がいちごを食べている時の
笑顔が好きなので小田さんに
持って行ってもらいました　小山
三月二十一日

【全体構成】相手を活気づける色合いとして赤系の色にしました。イチゴの陰に青色を使いましたが、これは、赤色をより鮮明に見せるためにした選択です。

【文面】
「森川様　順調に回復と聞き休心しております。貴女がいちごを食べている時の笑顔が好きなので、小田さんに持って行ってもらいました。小山　三月二十一日」

病気見舞いの贈り物は難しいところです。食べ物に制約があったりしますので、事前に調べておくことをお勧めします。また、ゆっくりとご静養してくださいという言い回しはしないようにしてください。病人は一日でも一分でも早く退院したいと思っていますので「ごゆっくり」は禁句です。「一日も早いご退院を祈ります」の方がよいです。

【絵柄】
カットはイチゴです。

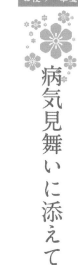

# 昇進祝いに添えて

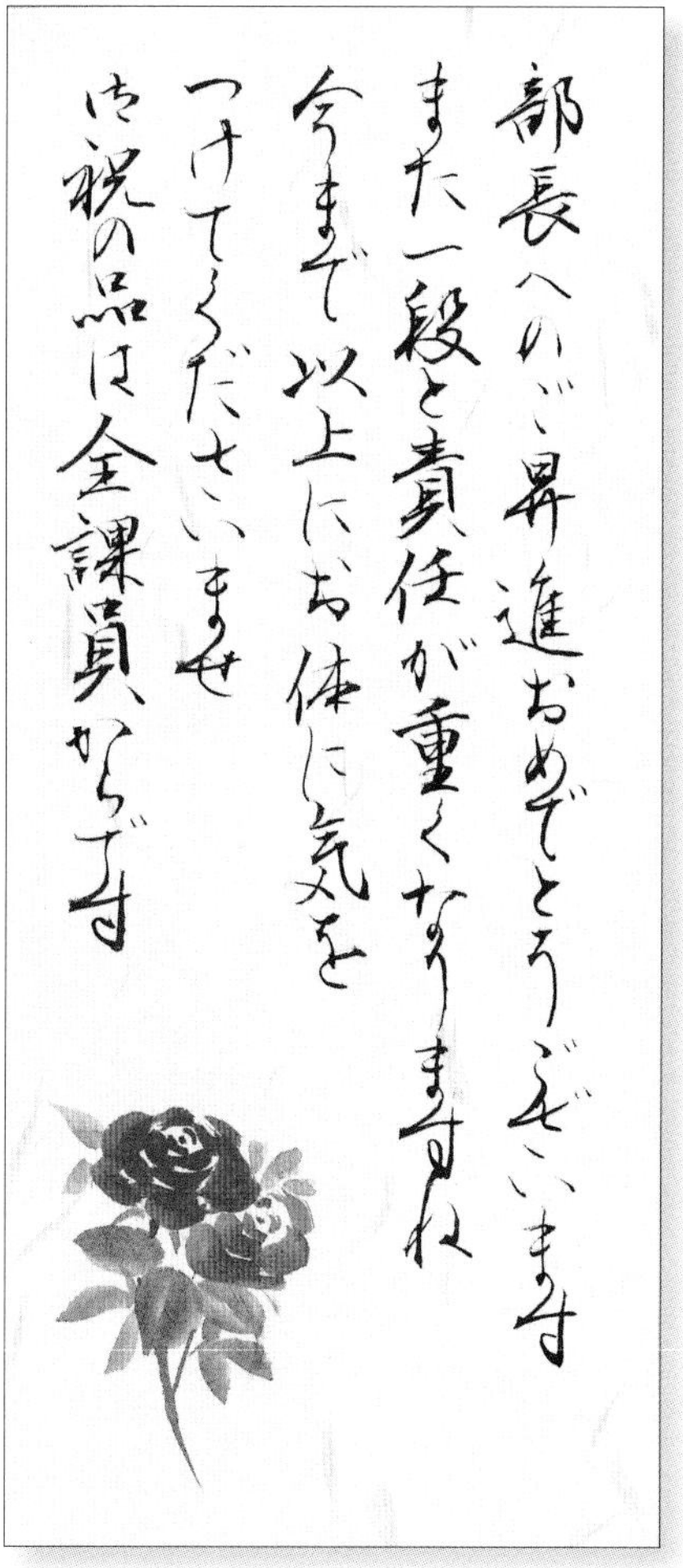
部長へのご昇進おめでとうございます
また一段と責任が重くなりますね
今まで以上にお体に気を
つけてくださいませ
御祝の品は全課員からです

【全体構成】罫線のない場合は字の中心になるところに淡く鉛筆で引いておき、それに沿って字を書いていきます。字が乾いてから、鉛筆の線を消します。


【文面】

「部長へのご昇進おめでとうございます。また一段と責任が重くなりますね。今まで以上にお体に気をつけてくださいませ。御祝の品は全課員からです。」

　気のきいた表現を見つけたり、思い浮かんだときは、すぐにメモをしておきます。私は、言葉のメモ帳というのを作っていて、それに書き残しております。何かの時にぱらぱらとめくって、いい文章を探すようにしています。


【絵柄】

カットはバラです。

# お土産に添えて

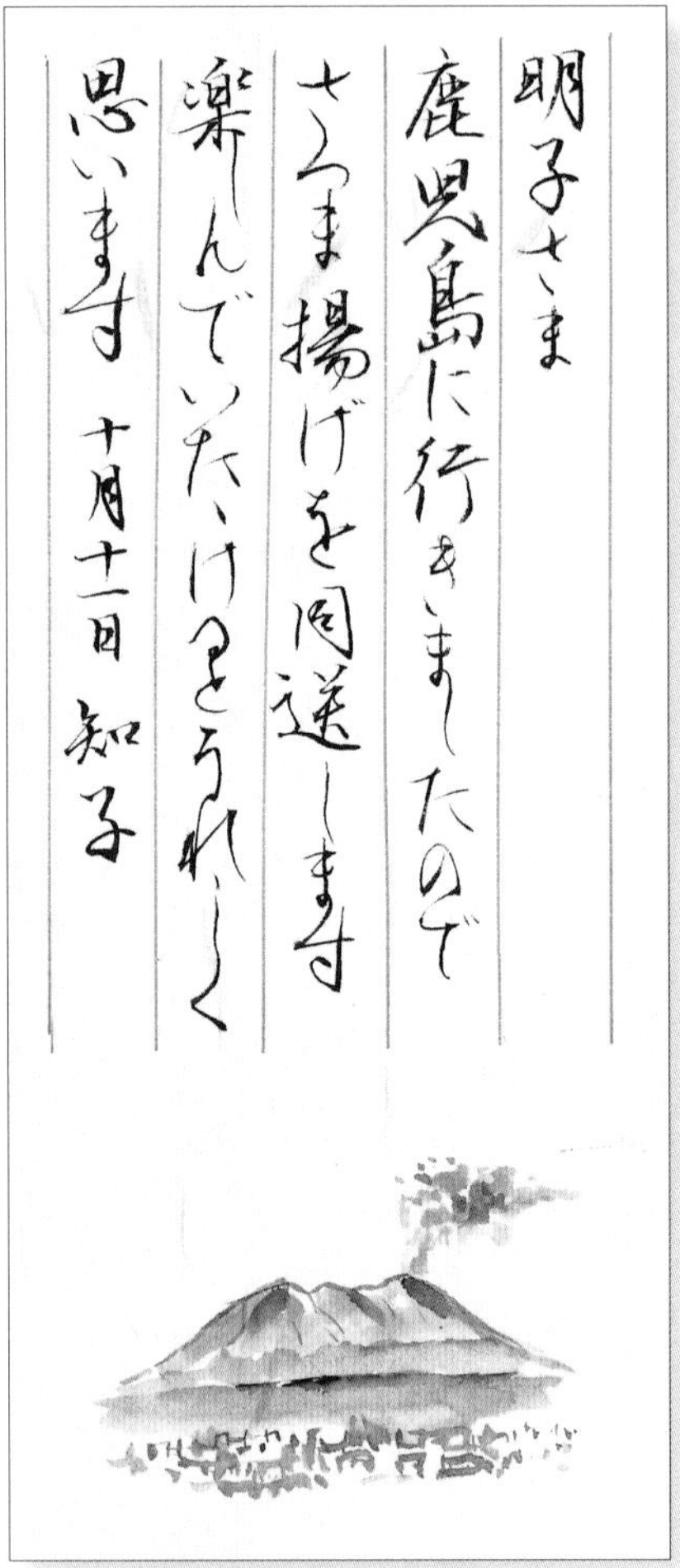
明子さま
鹿児島に行きましたので
さつま揚げを同送します
楽しんでいただけるとうれしく
思います　十月十日　知子

【全体構成】文面を主にした場合絵柄の占める割合は１／３から１／４位がいちばん見栄えがいいようです。

【文面】
「明子さま　鹿児島に行きましたので、さつま揚げを同送します。楽しんでいただけるとうれしく思います。
十月十日　知子」

親しい友人あてに書く手紙と目上の人やお世話になった人に出す手紙では、言葉遣いや表現におのずと違いがあります。親しみやすさと、礼儀正しさ、この二つの使い分けが必要になってきます。

【絵柄】
カットは鹿児島の桜島です。

# 誕生日おめでとう

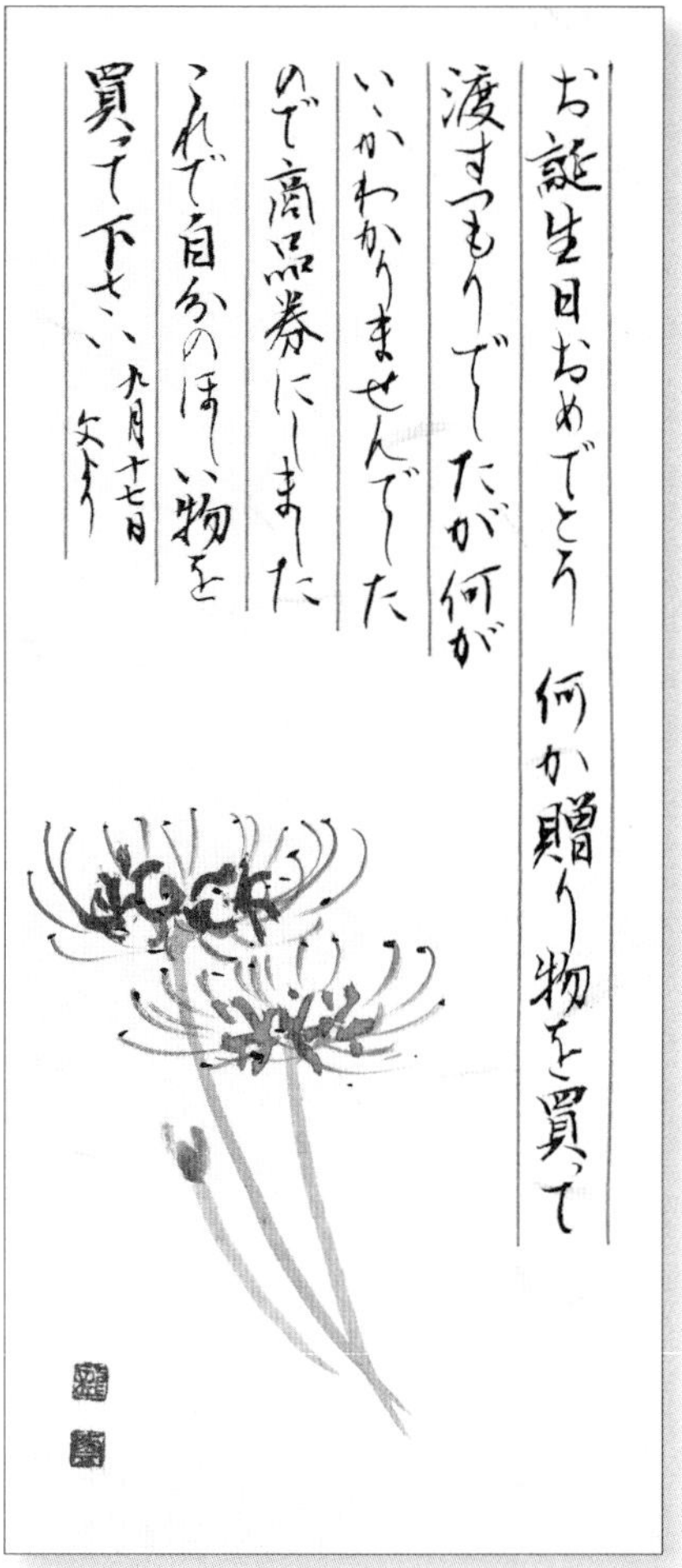
お誕生日おめでとう　何か贈り物を買って
渡すつもりでしたが何が
いいかわかりませんでした
ので商品券にしました
これで自分のほしい物を
買って下さい　九月十七日
父より

【全体構成】 年齢が若い場合は、崩し字が読めないこともありますから、そのあたりのことを考慮して誰でもが読めるような書きぶりにしたいものです。お祝いの文面ですのでカットは赤系の季節の花にしました。

【文面】
「お誕生日おめでとう。何か贈り物を買って渡すつもりでしたが、何がいいかわかりませんでしたので、商品券にしました。これで、自分のほしい物を買って下さい。九月十七日　父より。」

娘の誕生日祝いに入れたメッセージカードです。人に何か送る場合は、必ず添え書きをしたいものです。それが、教養ある人ですし、丁寧な生き方に通じるものだと思っております。

【絵柄】
カットはヒガンバナです。

# 誕生日のお祝いに添えて

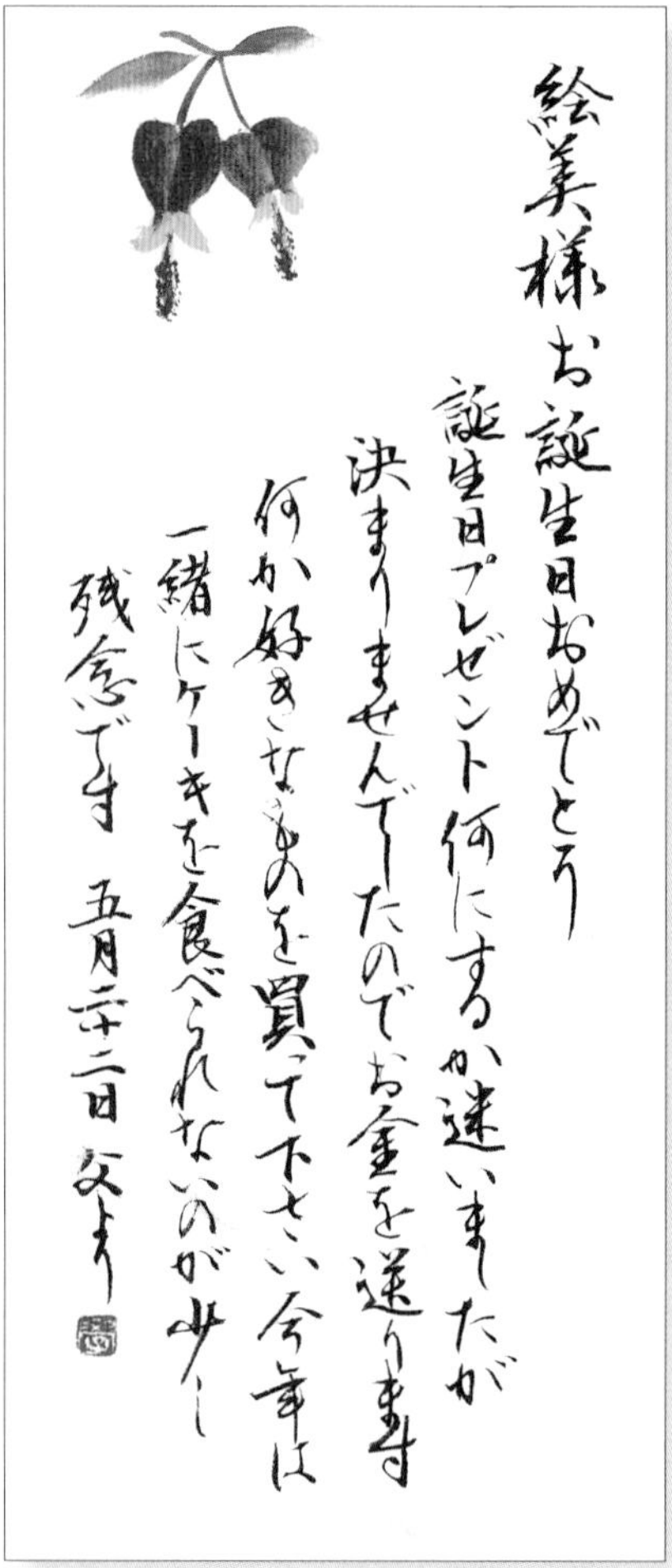
絵美様お誕生日おめでとう
誕生日プレゼント何にするか迷いましたが
決まりませんでしたのでお金を送ります
何か好きなものを買って下さい今年は
一緒にケーキを食べられないのが少し
残念です　五月二十二日　父より

【全体構成】一筆箋に書く行数は五行から六行位が一番使いやすいし、見栄えもします。カットの分だけ字数を割愛しなければいけませんので、端的な言葉の中に気持ちを込められるような書き方が求められます。

【文面】
「絵美様　お誕生日おめでとう。誕生日プレゼント何にするか迷いましたが、決まりませんでしたのでお金を送ります。何か好きなものを買って下さい。今年は一緒にケーキを食べられないのが少し残念です。五月二十二日　父より」

寮生活をしている娘の誕生日のお祝いメッセージで、封書に同封して送ったものです。一般的な書きぶりであれば、「お誕生日おめでとう。」を大きく書いて、一寸したメッセージを入れる方が綺麗に仕上がりそうです。

【絵柄】
カットはウキツリボクです。長く咲いている花なのでカットとしては重宝します。

# 贈り物に添えて

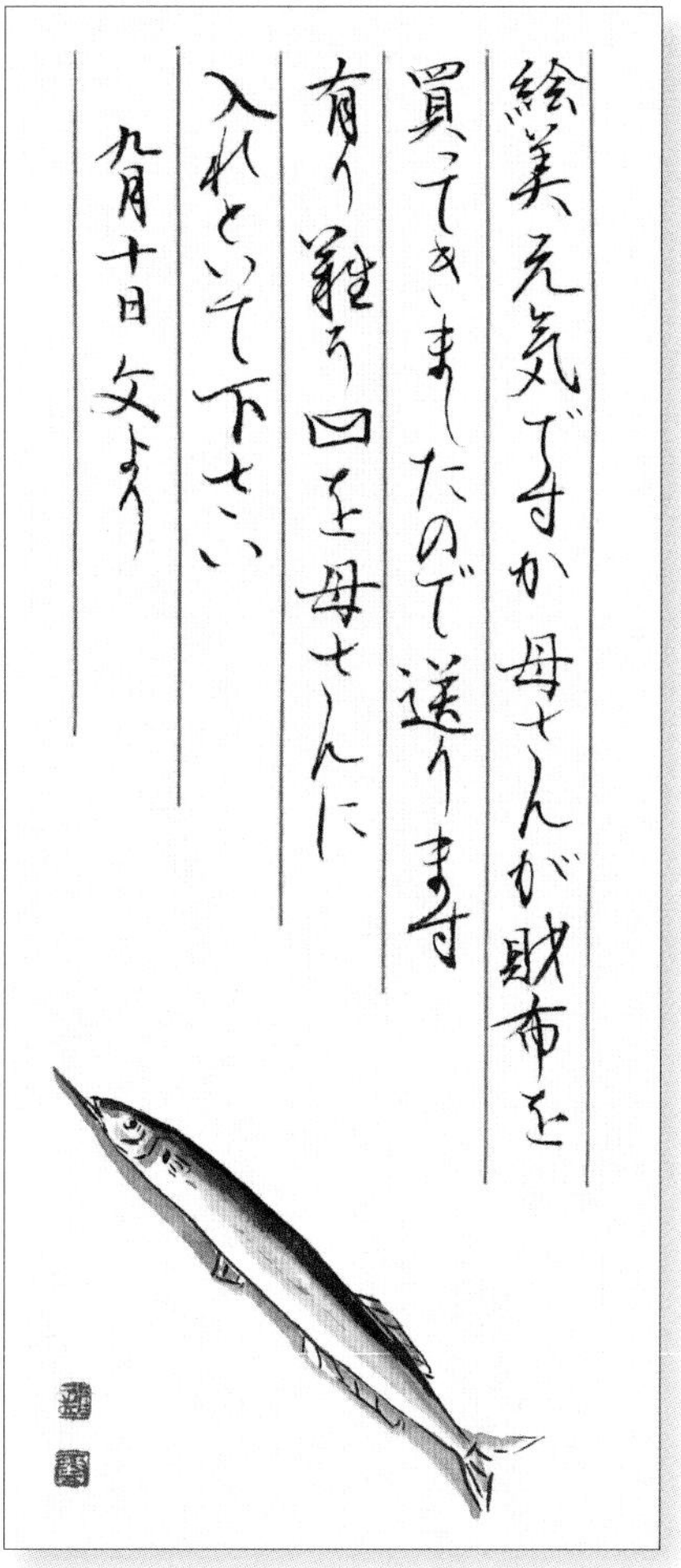
絵美元気ですか母さんが財布を
買ってきましたので送ります
有り難う〼を母さんに
入れといて下さい
九月十日 父より

【全体構成】この様なカットの場合、上下の空いた空間に字を書いていきますが、両方に書くと、目線が分散されて、少々うるさく見えますので、上下どちらかの空間にだけ字を書くようにしています。今回は上の空間だけに書いてみました。

【文面】

「絵美 元気ですか。母さんが財布を買ってきましたので送ります。有り難うメール（記号）を母さんに入れといて下さい。九月十日 父より。」

寮生活している娘が以前から財布を欲しがっていたので家内が買ってきて、送ることを頼まれ、小包に同封した一筆箋です。贈り物をする場合必ず手紙やメッセージカードを書いて送るのが原則です。お中元お歳暮をデパートから直接送ってくる場合が多くなりましたが、手紙やメッセージカードを入れた方がいいように思います。

【絵柄】

カットはサヨリです。

# お悔みに添えて

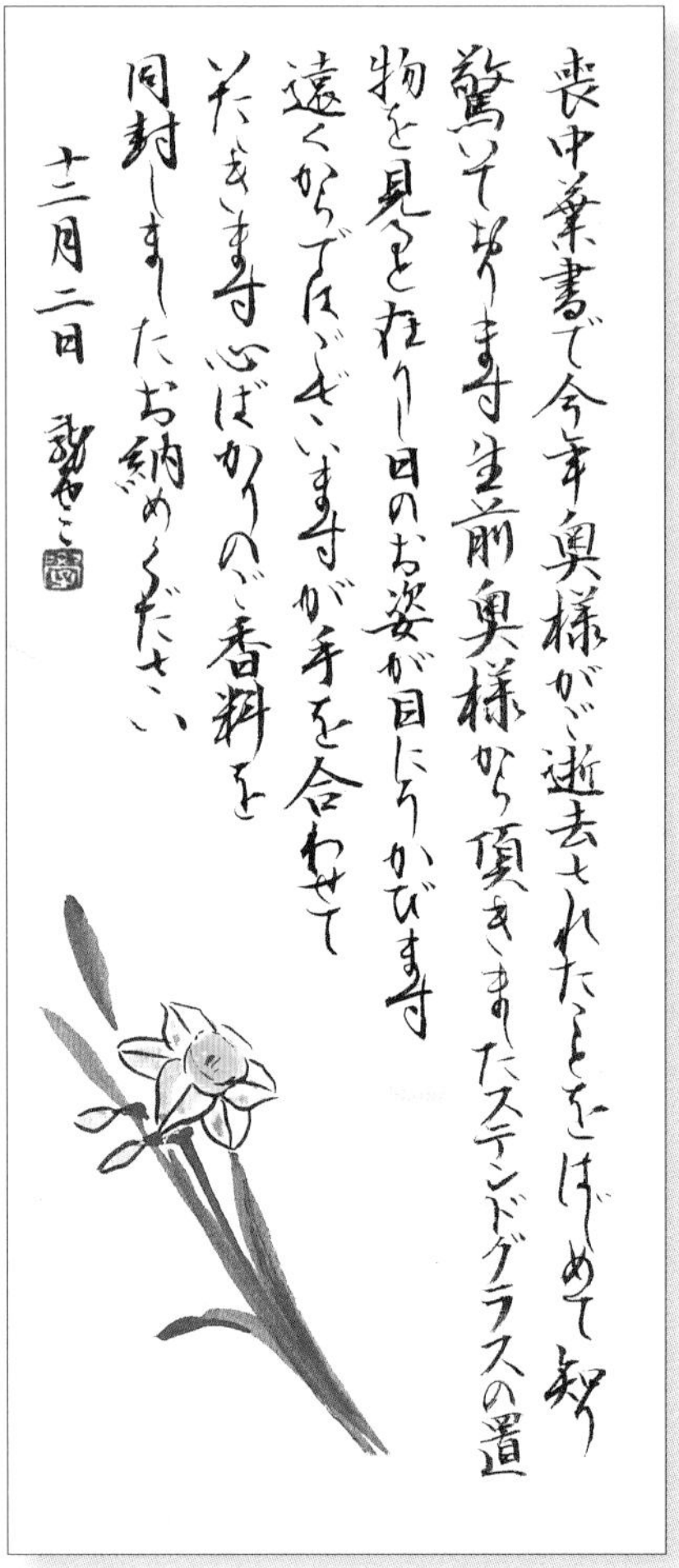
喪中葉書で今年奥様がご逝去されたことをはじめて知り
驚いております生前奥様から頂きましたステンドグラスの置
物を見ると在りし日のお姿が目にうかびます
遠くからではございますが手を合わせて
いただきます心ばかりのご香料を
同封しましたお納めください
十二月二日

【全体構成】字体は楷行書で読みやすく、特に丁寧な書きぶりにします。殴り書きだと却ってマイナスイメージになりかねません。

【文面】
「喪中葉書で、今年、奥様がご逝去されたことをはじめて知り、驚いております。生前、奥様から頂きましたステンドグラスの置物を見ると、在りし日のお姿が目にうかびます。遠くからではございますが手を合わせていただきます。心ばかりのご香料を同封しました。お納めください。十二月二日　龍雲」

以前、葉書記絵講座に来ていた生徒さんが亡くなっていて、ご主人から喪中の葉書を頂きましたので、ご香料の中に入れたものです。文面としては、悲しみを増幅させるような書ぶりはしないようにします。

【絵柄】
カットはニホンスイセンです。

# 出産祝い

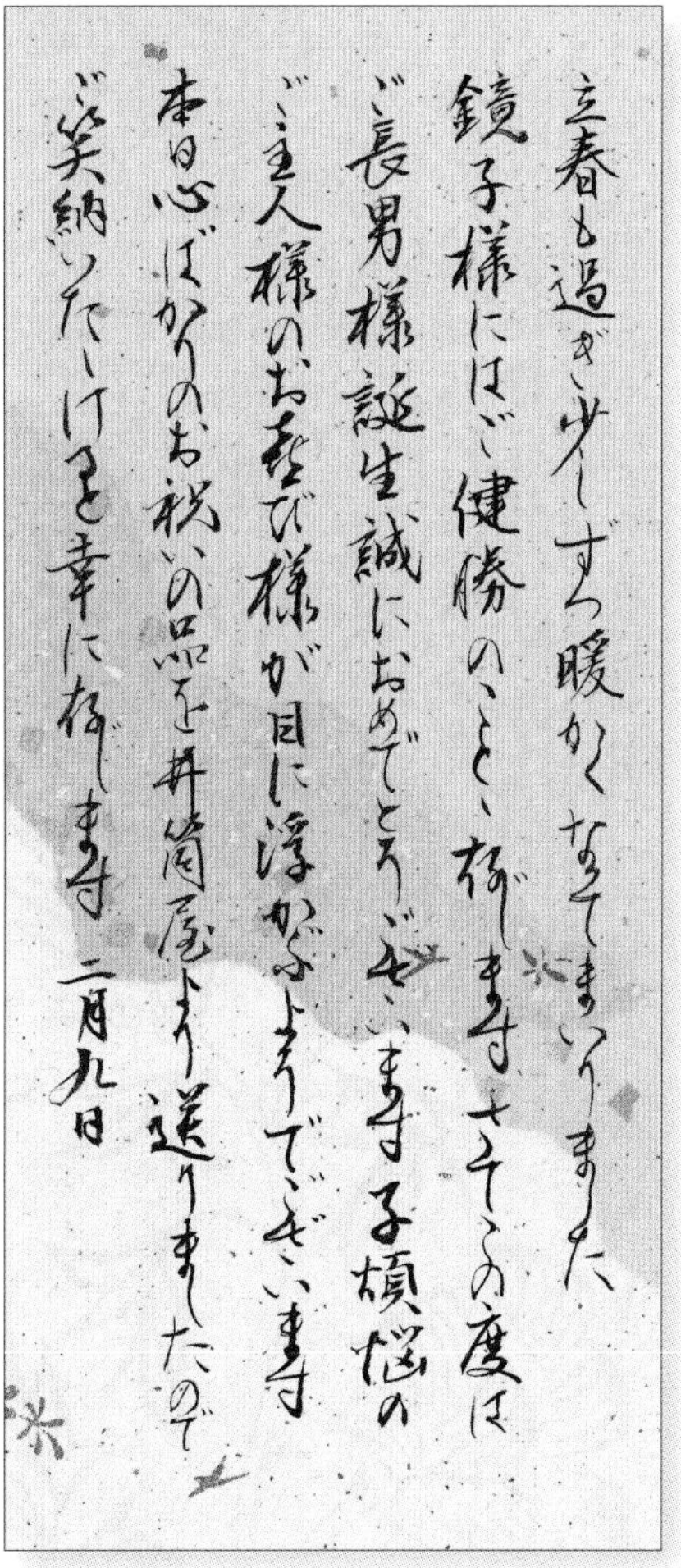
立春も過ぎ少しずつ暖かくなってまいりました
鏡子様にはご健勝のことと存じます　さてこの度は
ご長男様誕生誠におめでとうございます　子煩悩の
ご主人様のお喜び様が目に浮かぶようでございます
本日心ばかりのお祝いの品を井筒屋より送りましたので
ご笑納いただけると幸に存じます　二月九日

【全体構成】カットは描きませんでしたので、ちょっと長めに文章を書きますが、読みやすくするためには、文章の切れ目などで改行して構成しました。


【文面】

「立春も過ぎ少しずつ暖かくなってまいりました。鏡子様にはご健勝のことと存じます。さて、この度は、ご長男様誕生　誠におめでとうございます。子煩悩のご主人様のお喜び様が目に浮かぶようでございます。本日心ばかりのお祝いの品を井筒屋より送りましたので、ご笑納いただけると幸に存じます。

二月九日」

　誤字や脱字がないよう文字は丁寧に書きます。字が下手でも構いません。上手に越したことはないですが丁寧に書くことの方が重要です。


【絵柄】

カットはかな料紙が印刷された一筆箋です。

# 入院見舞いに添えて

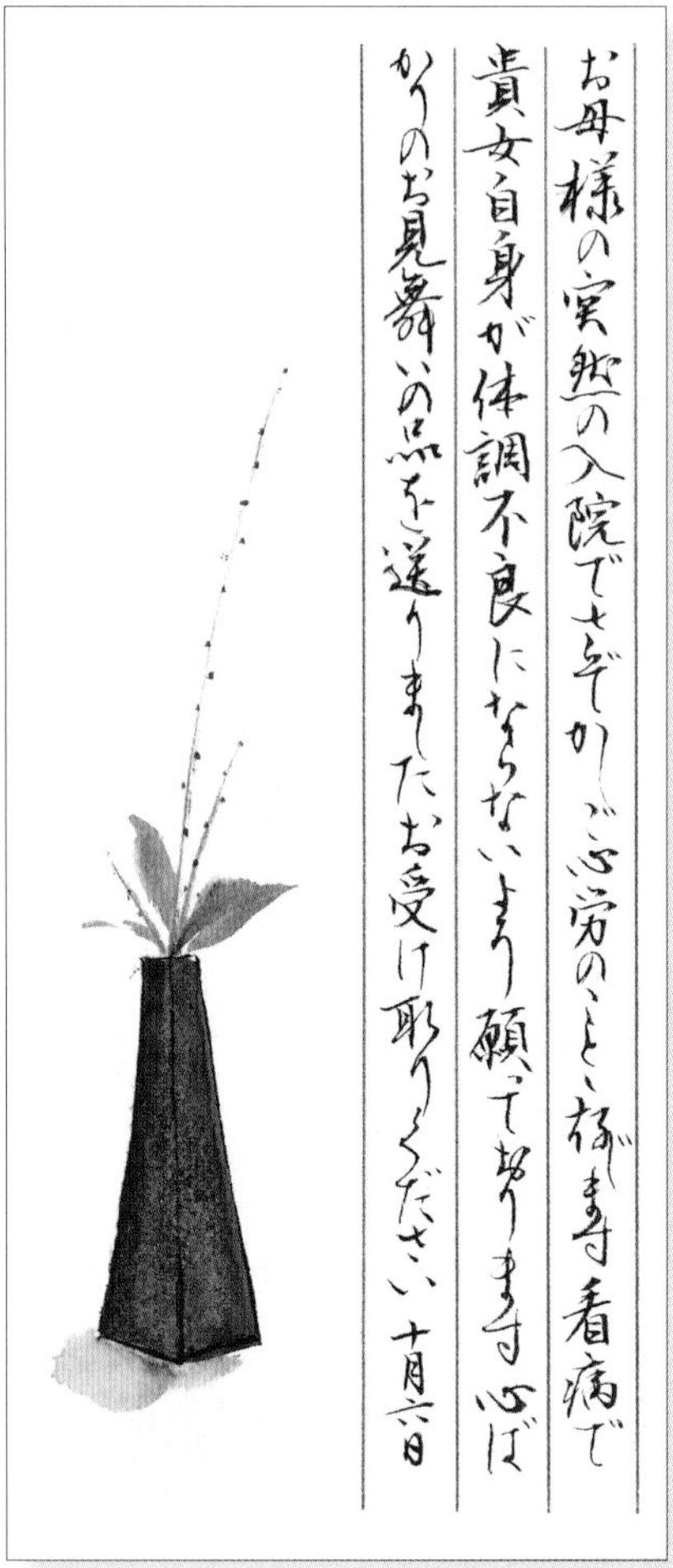
お母様の突然の入院でさぞかしご心労のことと存じます看病で
貴女自身が体調不良にならないよう願っております心ば
かりのお見舞いの品を送りましたお受け取りください 十月六日

【全体構成】相手の気持ちを察して、朱色などの明るい色合いは避けます。また、罫線も赤系よりも、落ち着きのある青系の色合いにします。ミズヒキの上の空間は絵の表になりますので空けておきます。

【文面】
「お母様の突然の入院でさぞかしご心労のことと存じます。看病で貴方自身が体調不良にならないよう願っております。心ばかりのお見舞いの品を送りました。お受け取りください。十月六日」

　一筆箋は、形式的な挨拶などは省略して言いたいことだけを手短にまとめて書きます。最近では美術館などでは、オリジナルのものも販売しているところもありますので、思いついたら直ぐに書けるように用意しておくとよいでしょう。

【絵柄】
カットは花瓶にミズヒキソウです。

# 原稿に添えて

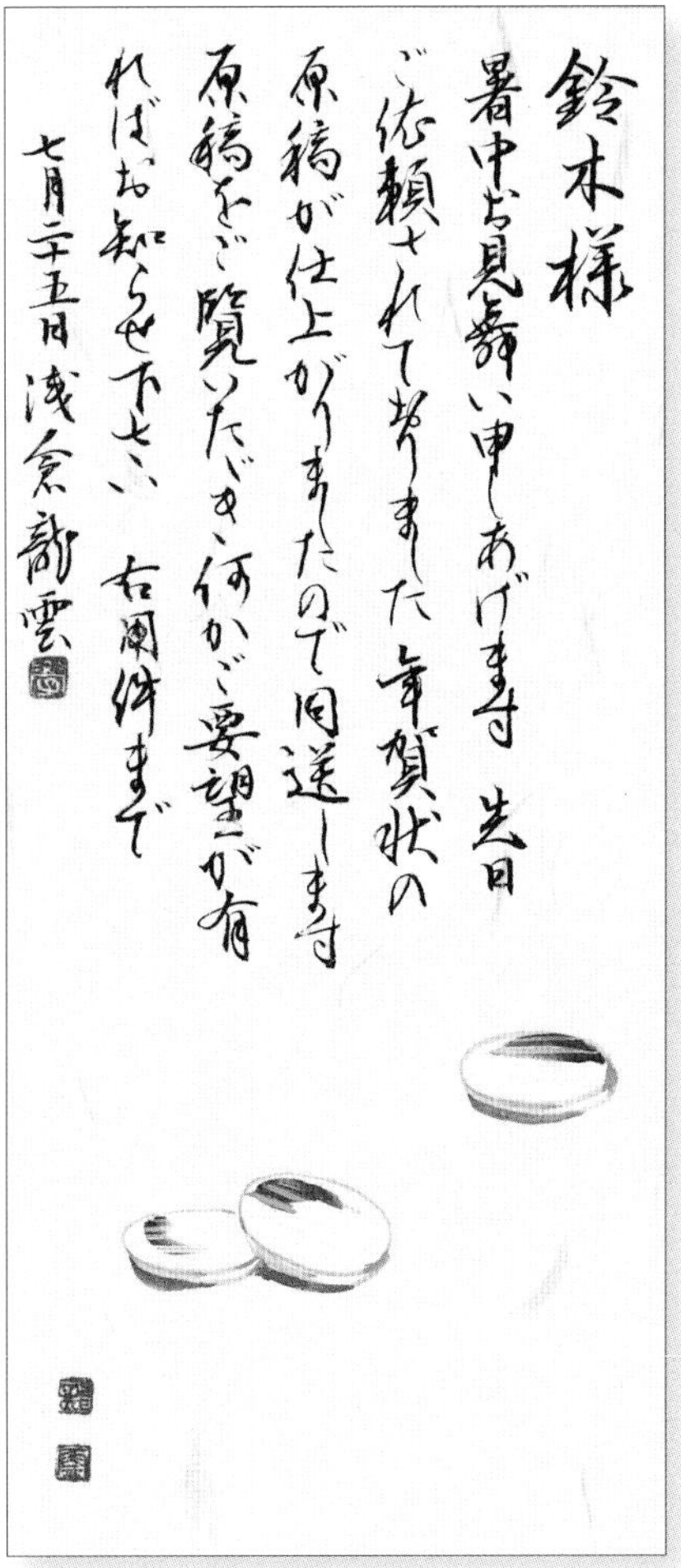


【全体構成】絵柄の領域が広いため、文字は少し小さめに書きました。文字を少し大きめに書くとしたら、季節の挨拶を書かずに、ずばり用件だけでもよいです。絵と字を配置したときの美意識で構成します。

【文面】
「鈴木様　暑中お見舞い申しあげます。先日ご依頼されておりました年賀状の原稿が仕上がりましたので同送します。原稿をご覧いただき、何かご要望が有ればお知らせ下さい。右用件まで。
七月二十五日　浅倉龍雲」

　書中見舞いと書けるのは、七月中旬の梅雨明けぐらいから立秋（八月七日ごろ）までです。以降に書く場合は、残暑見舞いとなります。

【絵柄】
カットはオハジキです。

# 母の日のプレゼントに添えて

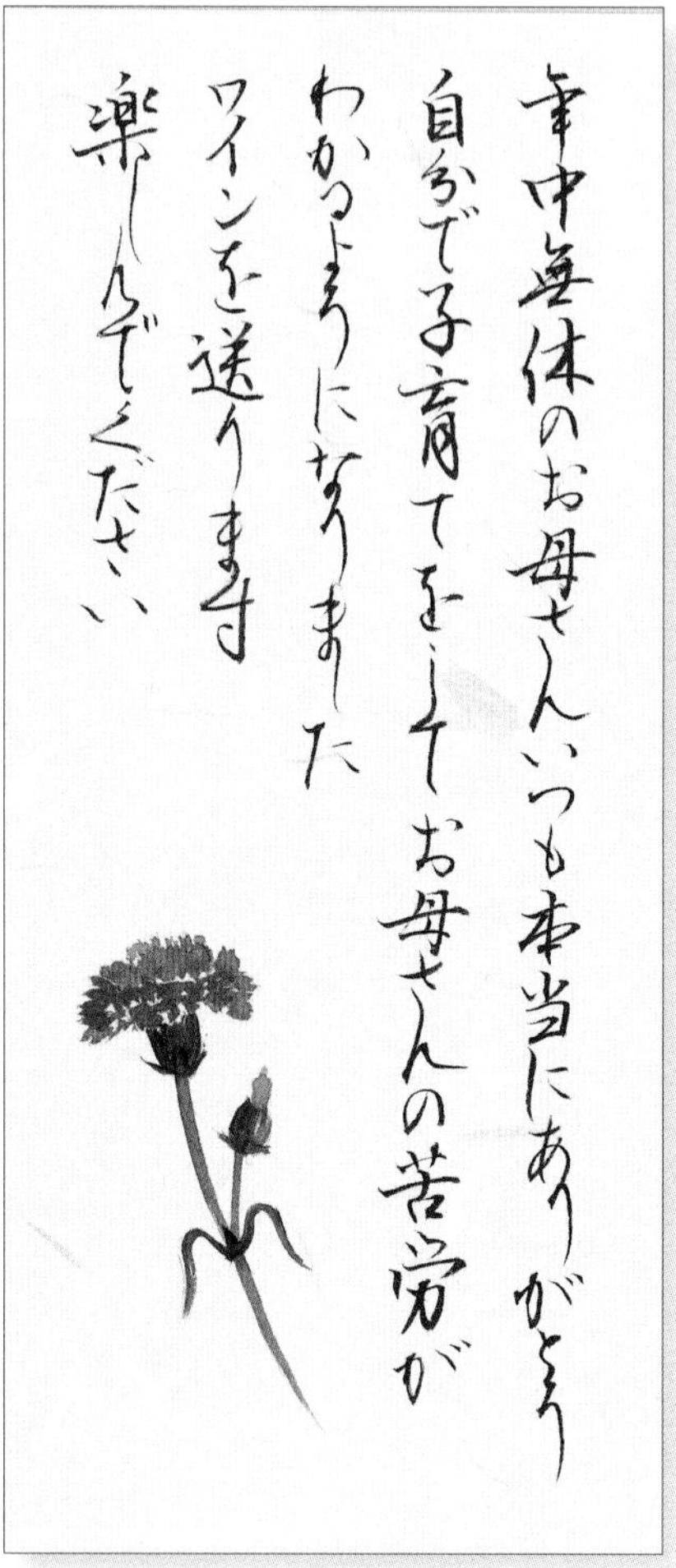
年中無休のお母さんいつも本当にありがとう
自分で子育てをしてお母さんの苦労が
わかるようになりました
ワインを送ります
楽しんでください

【全体構成】母の日の贈り物ですので、カーネーションの絵柄にしました。絵の表側は左上ですので、ここは広く空けた構成にします。

【文面】
「年中無休のお母さん　いつも本当にありがとう。自分で子育てをして、お母さんの苦労がわかるようになりました。ワインを送ります。楽しんでください。」

本来、品物を手渡しするときは、何か言葉を添えて渡すはずです。その言葉の代わりになるのがひと言手紙です。贈り物にひと言添えてあれば、受け取った人の喜びは倍増するはずです。無言で送ることはしないようにしましょう。

【絵柄】
カットはカーネーションです。

# 第③部

# 「一筆箋」のお礼状

お礼状は「矢を射るがごとく」できるだけ早く出すのが、相手への思いやりです。
ここでは、様々なシーンで
書いたものを紹介します。

鈴木様にはご健勝に
さて今年もお中元を
気持ちばかりのもので
スタッフの皆様で楽しんで
いただけると幸いに存じます
七月十五日

たくさんのみかんが届きました有り難うございました
家族が多いので助かります
使っていただけ カレンダー同送します
ると幸いです
十二月十三日

# 同僚へのお礼

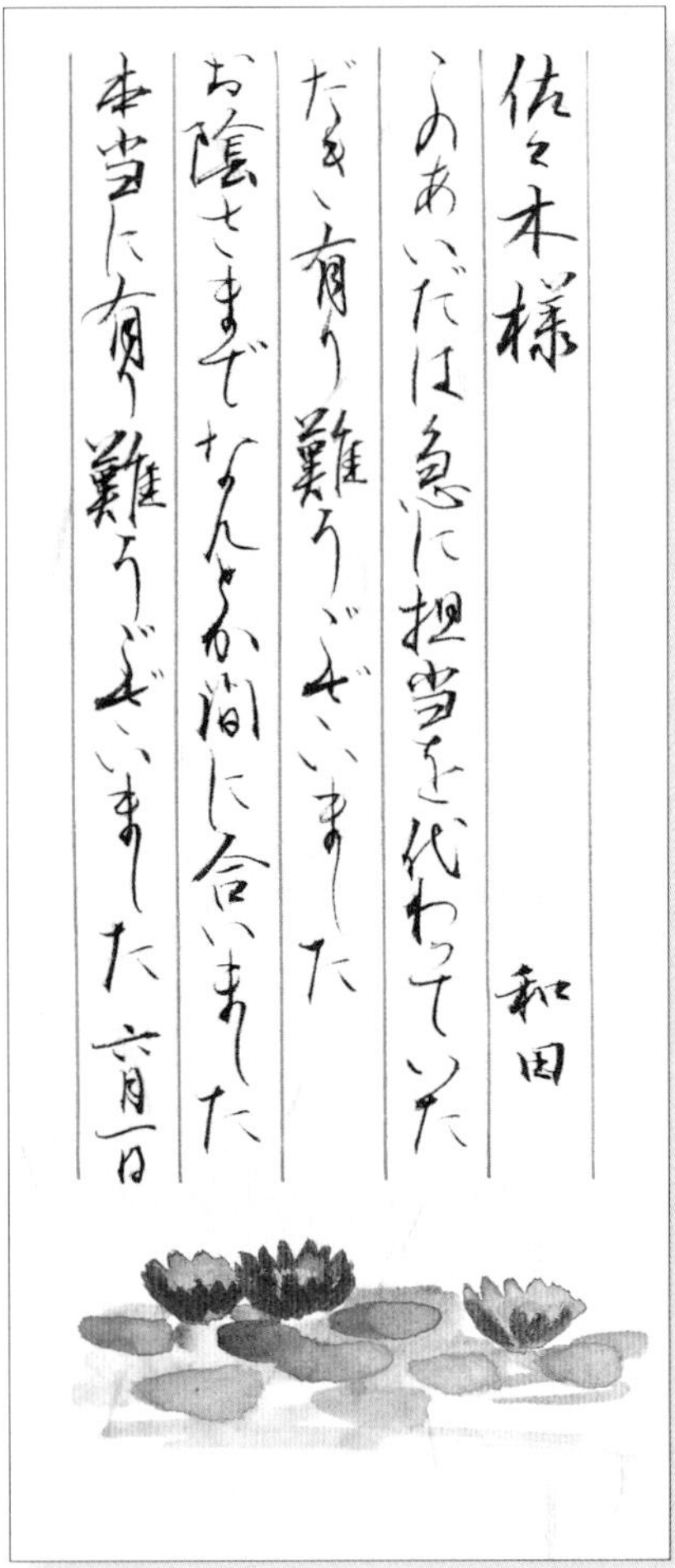
佐々木様
このあいだは急に担当を代わっていただき
有り難うございました
お陰さまでなんとか間に合いました
本当に有り難うございました
六月一日
和田

【全体構成】日付を書いて、名前を書く場所がなかったので、右下にしましたが、日付と名前の位置を入れ替えても構いません。相手の名前は自分の名前より少し大きく書くとまとまります。

【文面】
「佐々木様　このあいだは急に担当を代わっていただき有り難うございました。お陰さまでなんとか間に合いました。本当に有り難うございました。六月一日　和田」

西洋の諺で「いちばん早く年をとるのは有り難うです」というのがあります。ですので、一通の手紙の中で、有り難うというフレーズの言葉は何度使っても構わないと思いますし、本当に助かったんだなと思ってもらえます。

【絵柄】
カットはスイレンです。

# 快気内祝いに添えて

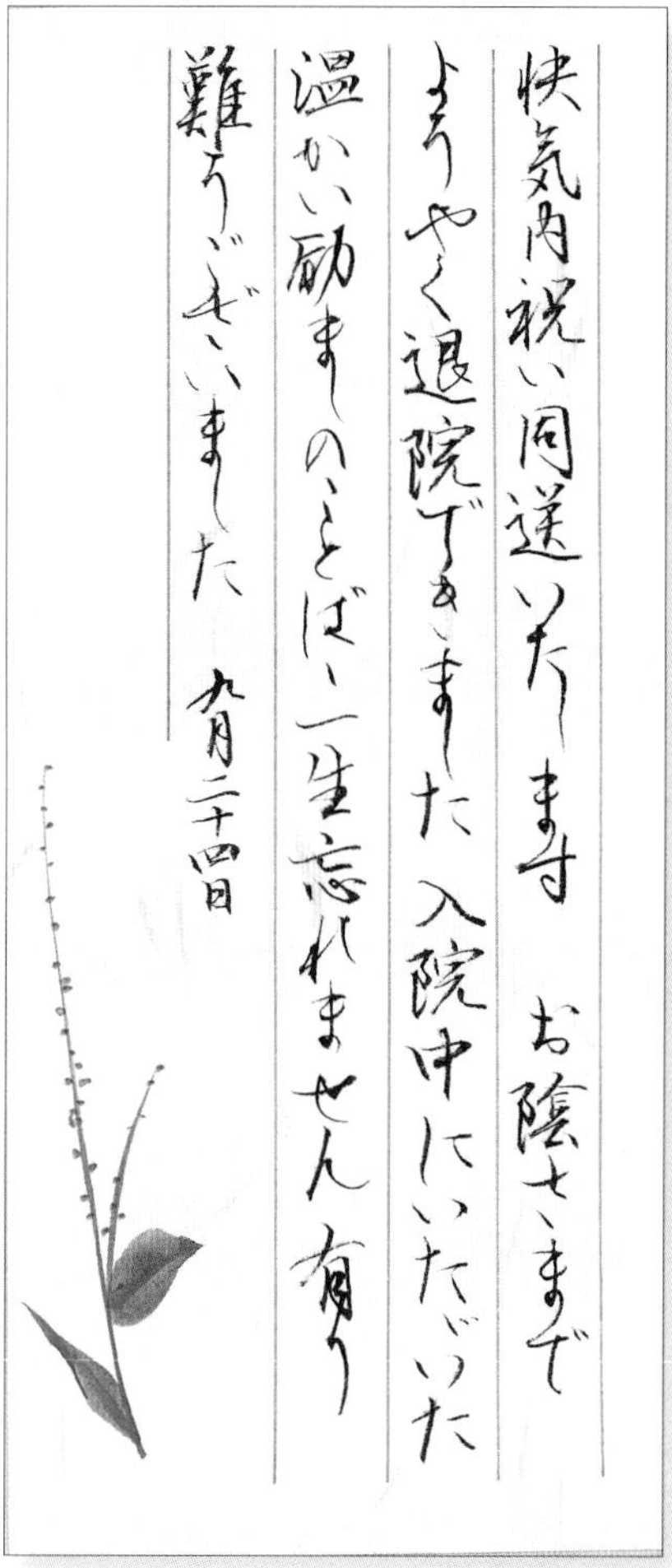
快気内祝い同送いたします　お陰さまで
ようやく退院できました　入院中にいただいた
温かい励ましのことばは一生忘れません　有り
難うございました　九月二十四日

【全体構成】左上の方の空間を空けることにより息苦しさがなくなります。めいっぱいに書き連ねないで余裕のある構成を心がけます。


【文面】

「快気内祝い同送いたします。お陰さまで、ようやく退院できました。入院中にいただいた温かい励ましのことばは一生忘れません。有り難うございました。九月二十四日」

　快気祝いの品物が届いたら、すぐに届いた旨の連絡を入れます。直接電話でもよいでしょうが、はがきを使って「焦らずに養生を」のひと言添えた文章にすればベストでしょう。


【絵柄】

カットはミズヒキソウです。

# 本の返却に添えて

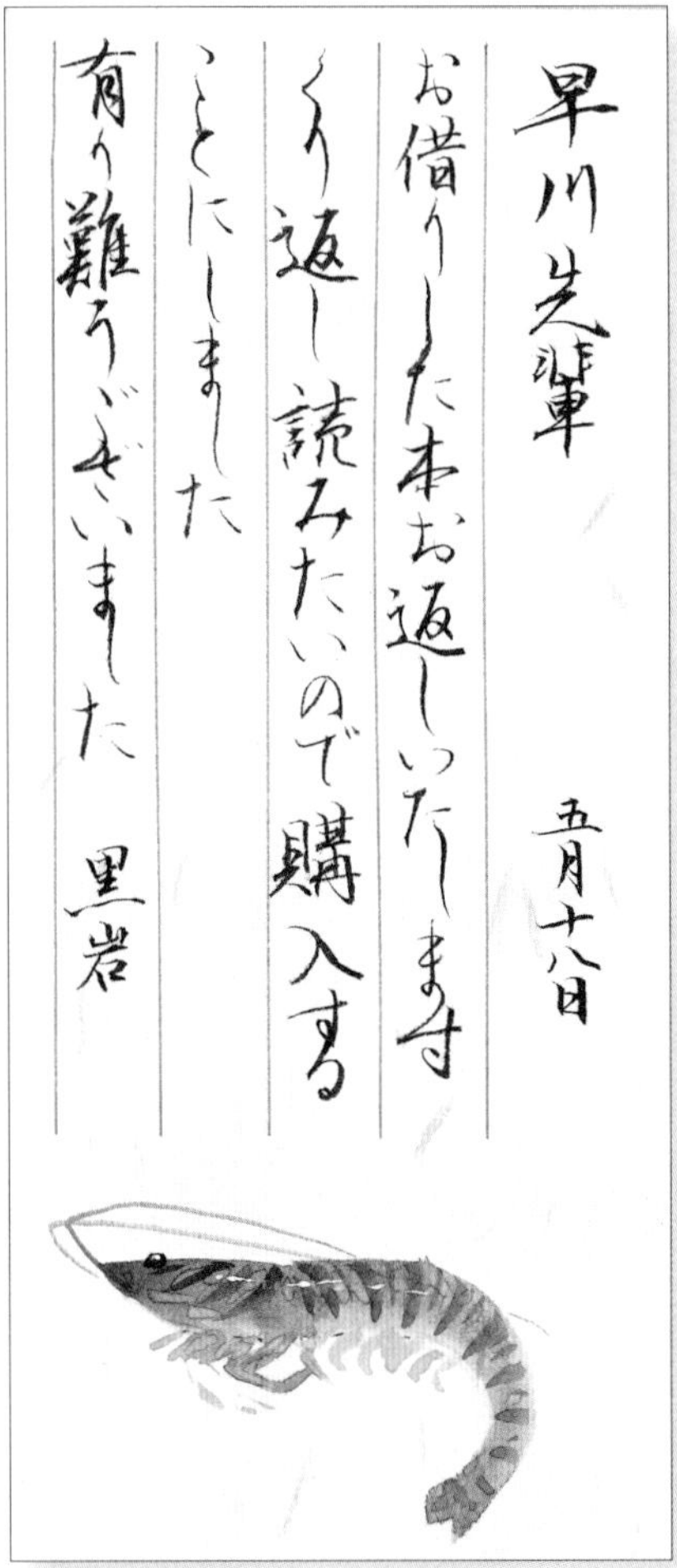
早川先輩
お借りした本お返しいたします
くり返し読みたいので購入する
ことにしました
有り難うございました　黒岩
五月十八日

【全体構成】一筆箋の場合カットが下にくることが多いので、書きやすいと思います。文章の末文の「です」「ます」は行頭にならないように収めることが大切です。

【文面】
「早川先輩　お借りした本お返しいたします。くり返し読みたいので、購入することにしました。有り難うございました。黒岩　五月十八日」

借りていた物を直接返却する場合は、何か言葉を添えて返すはずです。直接返せない場合は、郵便などを利用するはずです。そんなときは必ずお礼の言葉と何かひと言メッセージを添えたいところです。

【絵柄】
カットは車エビです。

# お世話になった人へ、写真に添えて

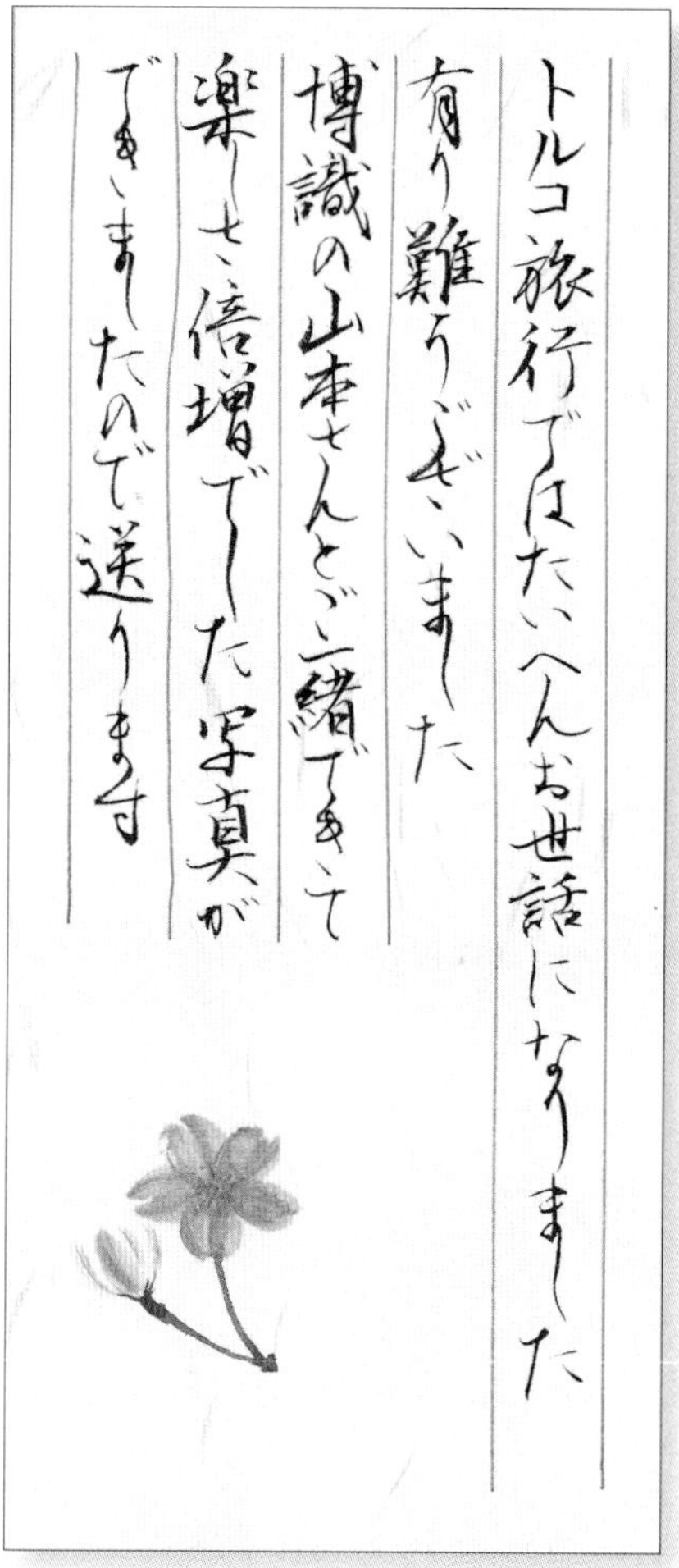
トルコ旅行ではたいへんお世話になりました
有り難うございました
博識の山本さんとご一緒できて
楽しさ倍増でした写真が
できましたので送ります

【全体構成】カットまわりの空間がしっかりとれているので、すっきりと見えると思います。

【文面】

「トルコ旅行ではたいへんお世話になりました。有り難うございました。博識の山本さんとご一緒できて、楽しさ倍増でした。写真ができましたので送ります。」

相手の持っているものの素晴らしさを書いておくと、いい手紙になります。そのことで、次に会った時はきっと送り手のことをしっかり覚えていてくれますので、いい人間関係を構築できます。

【絵柄】

カットは桜です。

# お世話になった人へ、商品券に添えて

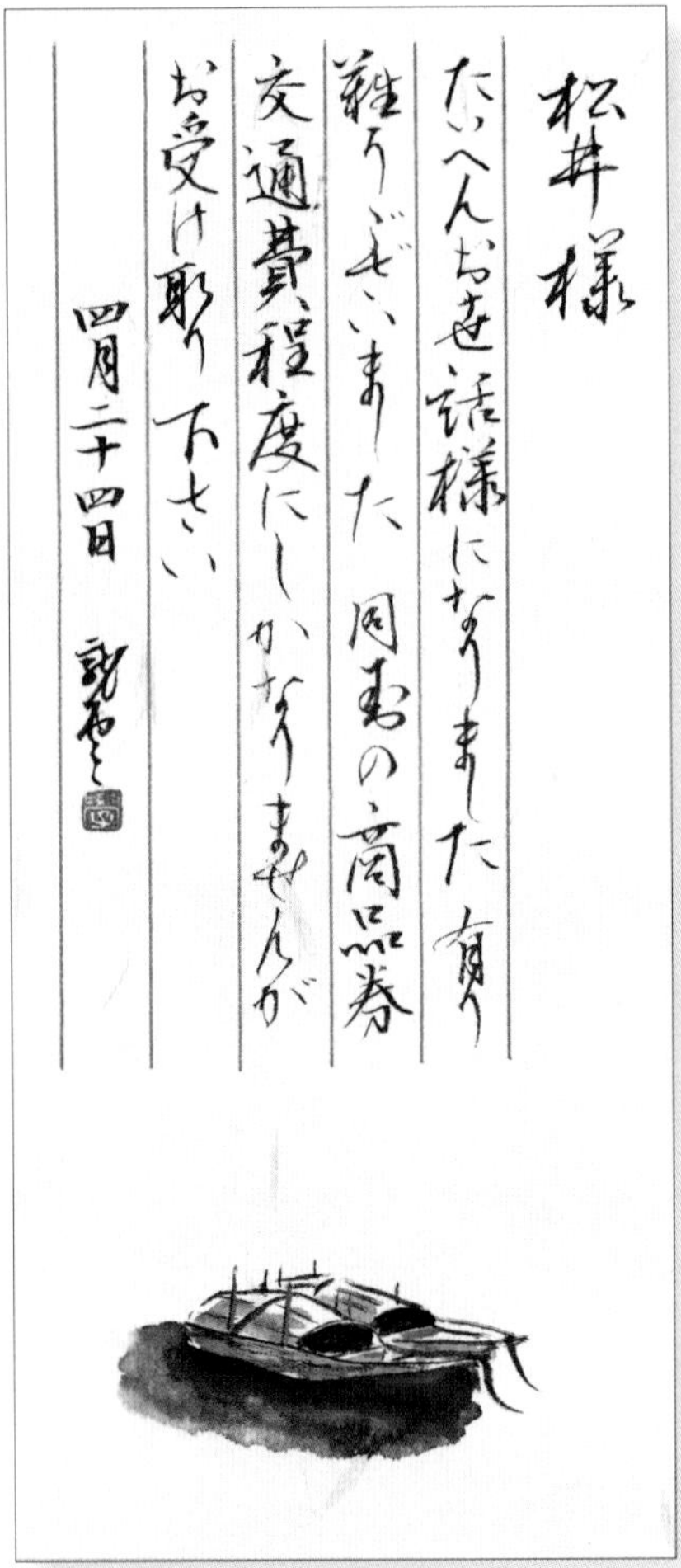
松井様
たいへんお世話様になりました有り
難うございました同封の商品券
交通費程度にしかなりませんが
お受け取り下さい
四月二十四日
龍雲

【全体構成】絵と字は互いに独立させ、互いに引き立て合う関係がベストです。それを実現するには、互いの勢力範囲である空間には立ち入らないことです。

【文面】
「松井様　たいへんお世話様になりました。有り難うございました。同封の商品券、交通費程度にしかなりませんがお受け取り下さい。四月二十四日　龍雲」

　書道の合宿に行った時に講座を代行して頂いた方へ送った文面です。相手様の名前は大きく書き、自分の名前は小さく書くというのが原則です。

【絵柄】
カットは中国の小舟のカットです。静かに落ち着いた雰囲気の時に使いたいカットです。

# CDを借りたお礼に添えて

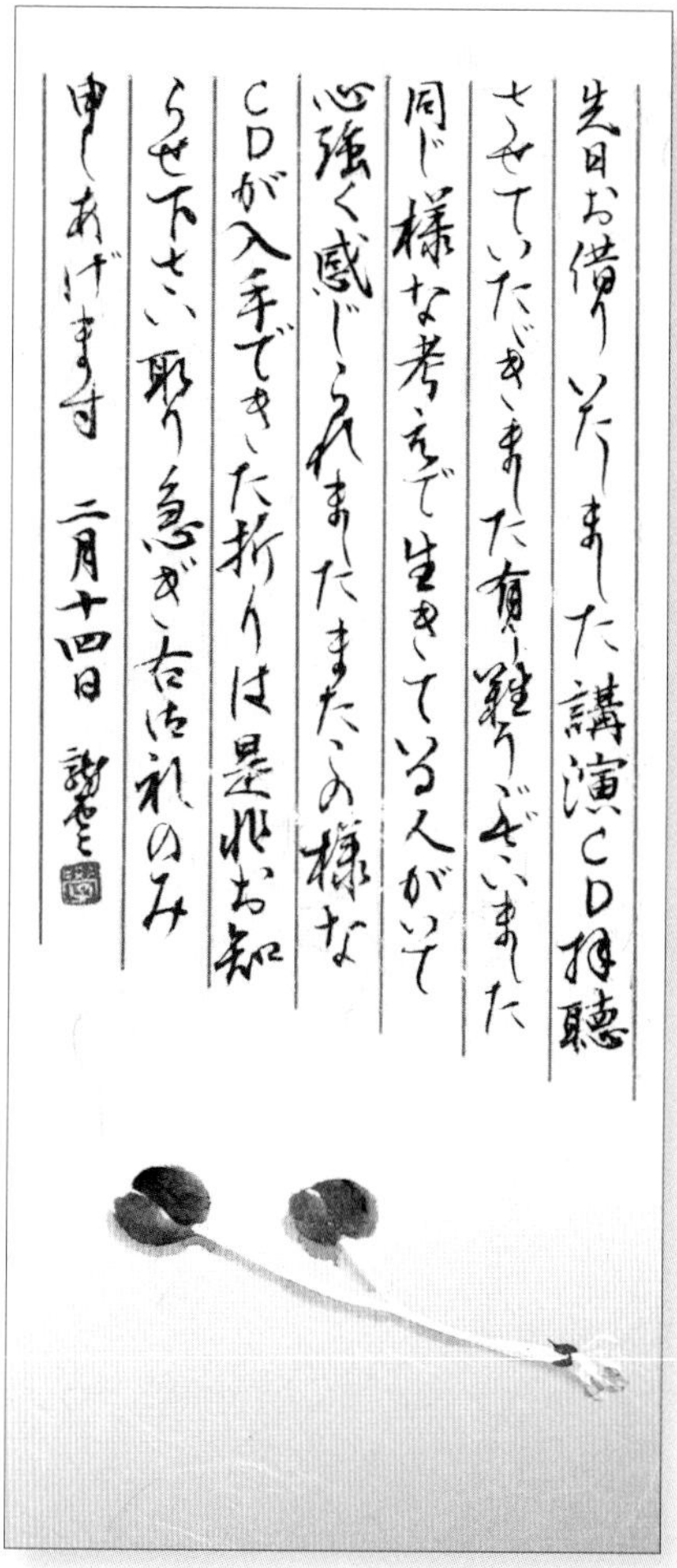
先日お借りいたしました講演CD拝聴
させていただきました有り難うございました
同じ様な考えで生きている人がいて
心強く感じられましたまたこの様な
CDが入手できた折りは是非お知
らせ下さい取り急ぎ右御礼のみ
申しあげます　二月十四日　龍雲

【全体構成】絵柄が左上の方へと構成されていますので、罫線もそれと並行に引いています。文章量が多いので、七行にしました。詰めすぎた感がありますが、カットの広い空間が息苦しさをすくってくれています。

【文面】

「先日お借りいたしました講演ＣＤ拝聴させていただきました。有り難うございました。同じ様な考えで生きている人がいて、心強く感じられました。またこの様なＣＤが入手できた折りは、是非お知らせ下さい。取り急ぎ右御礼のみ申しあげます。

二月十四日　龍雲」

一筆箋では、決まりきった挨拶は抜きにして、自分の伝えたいことを短くストレートに述べることが大切です。短い文章でも十分に気持ちは伝わります。逆に長々と書くと、気持ちが言葉に埋もれてしまうこともあります。

【絵柄】

カットはカイワレダイコンです。

# お中元に添えて

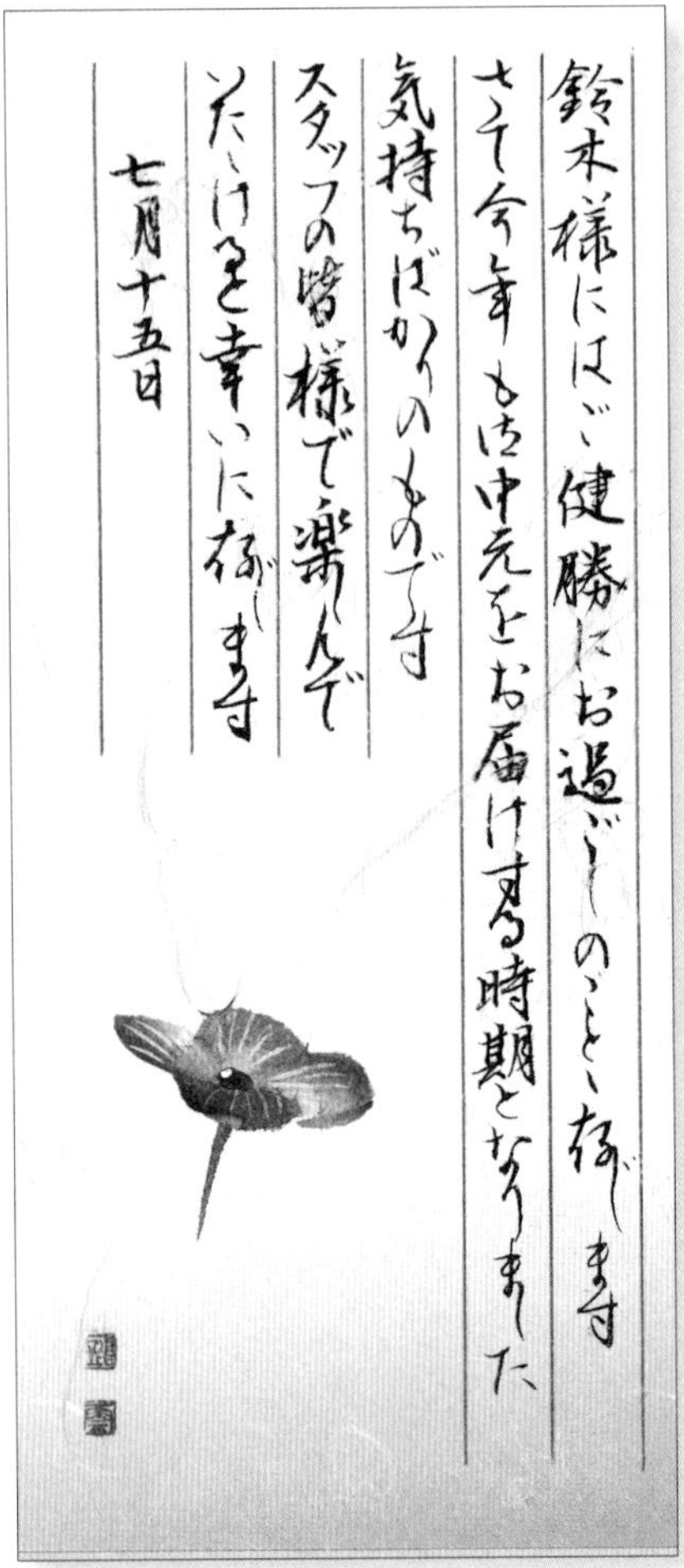
鈴木様にはご健勝にお過ごしのことと存じます
さて今年も御中元をお届けする時期となりました
気持ちばかりのものです
スタッフの皆様で楽しんで
いただけると幸いに存じます
七月十五日

【全体構成】絵柄の下の部分が広く空きすぎましたので、印を押すことにより、空間処理をうまくカバーできました。普通は日付の後に落款を入れるのですが…。こういった臨機応変の対応も必要です。

【文面】
「鈴木様にはご健勝にお過ごしのことと存じます。さて今年も御中元をお届けする時期となりました。気持ちばかりのものです。スタッフの皆様で楽しんでいただけると幸いに存じます。七月十五日」

　贈答品の中に入れた付箋です。家内が送ってくれるので、ひと言書いておいてくださいということでした。具体的な贈答品は知りませんでしたので、そのことには触れない書きぶりにしました。贈り物が決まっていればそのことについてひと言入れる方がいいと思います。

【絵柄】
カットは紫陽花の一輪です。

# 原稿料を拝受したお礼

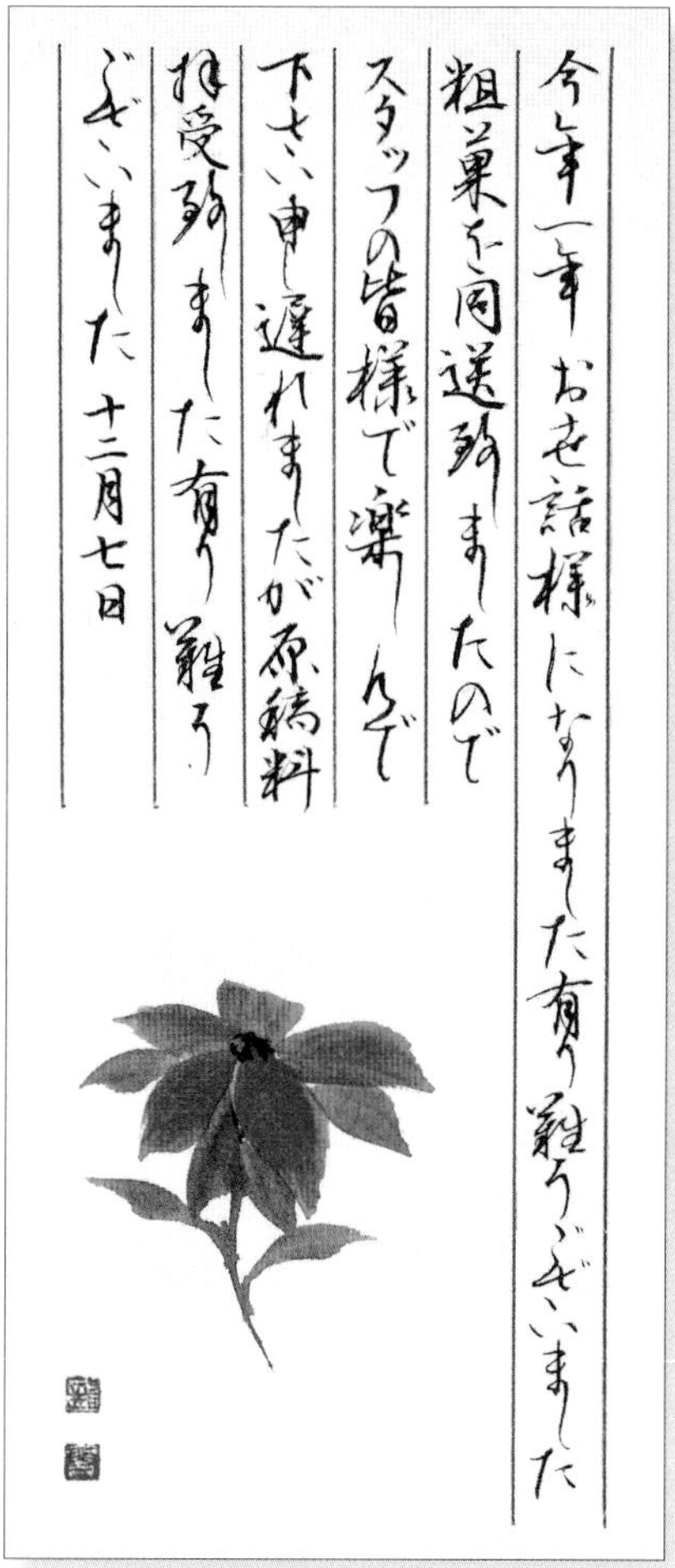
今年一年お世話様になりました有り難うございました
粗菓を同送致しましたので
スタッフの皆様で楽しんで
下さい申し遅れましたが原稿料
拝受致しました有り難う
ございました　十二月七日

【全体構成】これも絵柄の下の部分が広く空きすぎましたので、印を押しました。特にこのカットの場合は下の空きが左右同じ空間になっていますので、そのバランスを崩すことがいいと思い、このようになりました。


【文面】

「今年一年お世話様になりました。有り難うございました。粗菓を同送致しましたので、スタッフの皆様で楽しんで下さい。申し遅れましたが、原稿料拝受致しました。有り難うございました。十二月七日」

ある文章の達人が残した言葉で「短くかけ、ならば人は読む」と言っています。要するに俳句のようなものでしょうか。必要最低限で用を得た文章を書くことが大切です

【絵柄】

カットはポインセチアです。

# 贈り物のお礼に添えて

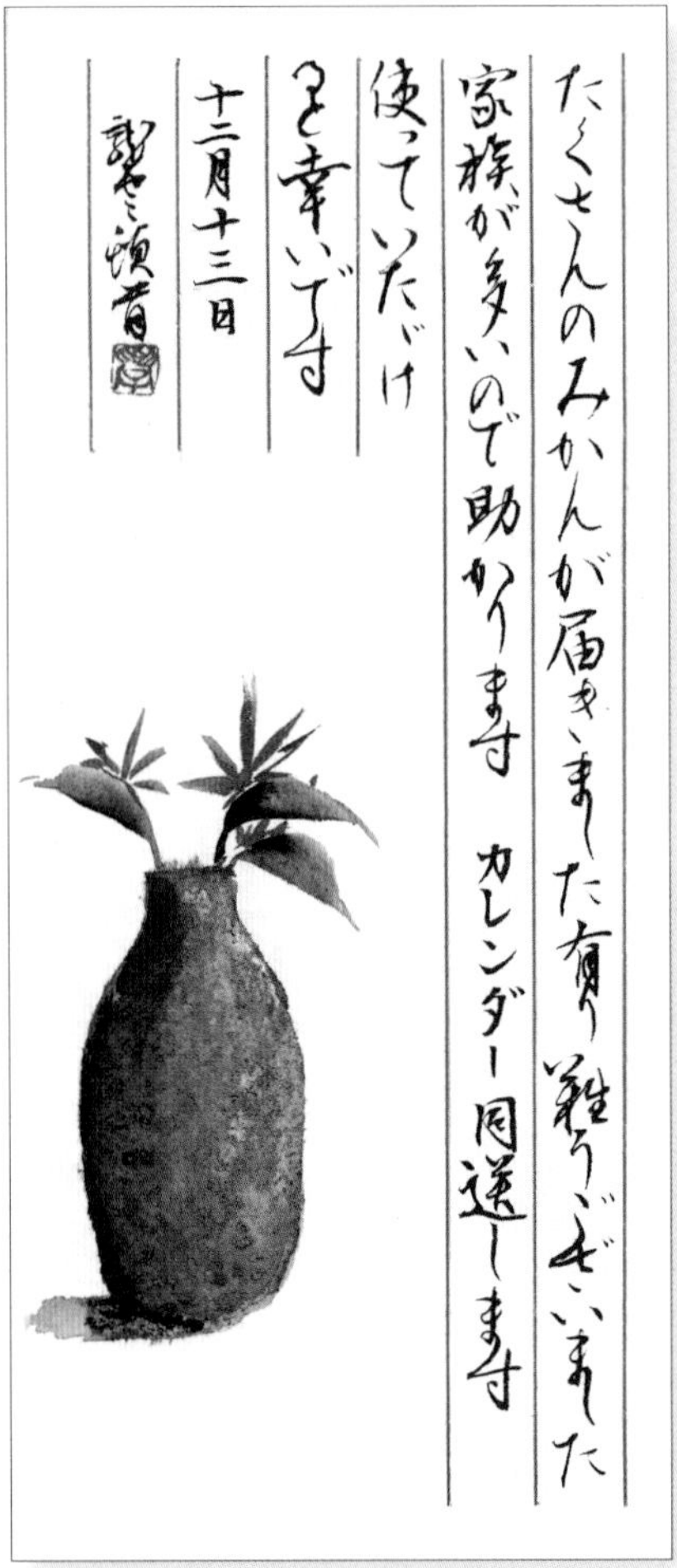
たくさんのみかんが届きました有り難うございました
家族が多いので助かります　カレンダー同送します
使っていただけ
ると幸いです
十二月十三日
龍雲頓首

【全体構成】比較的カットが大きいので、絵柄の外側の空間も広く必要です。結果として、短い文章で用を得る書き方が問われます。


【文面】

「たくさんのみかんが届きました。有り難うございました。家族が多いので助かります。カレンダー同送します。使っていただけると幸いです。十二月十三日　龍雲頓首」

「頓首」とは、中国の礼式で、頭を地面にすりつけるように拝礼することで、手紙文の末尾に書き添えて、相手に対する敬意を表す語です。


【絵柄】

カットは花器に極楽鳥花です。

# 第④部
# 「はがき」のお便り

はがきは細かい決まりやしきたりが少ないため気軽に書けますし、短い文章でそのときの気持ちを伝えることができます。

このページでは、はがきの特徴を活かした様々なシーンのはがきを紹介し解説します。

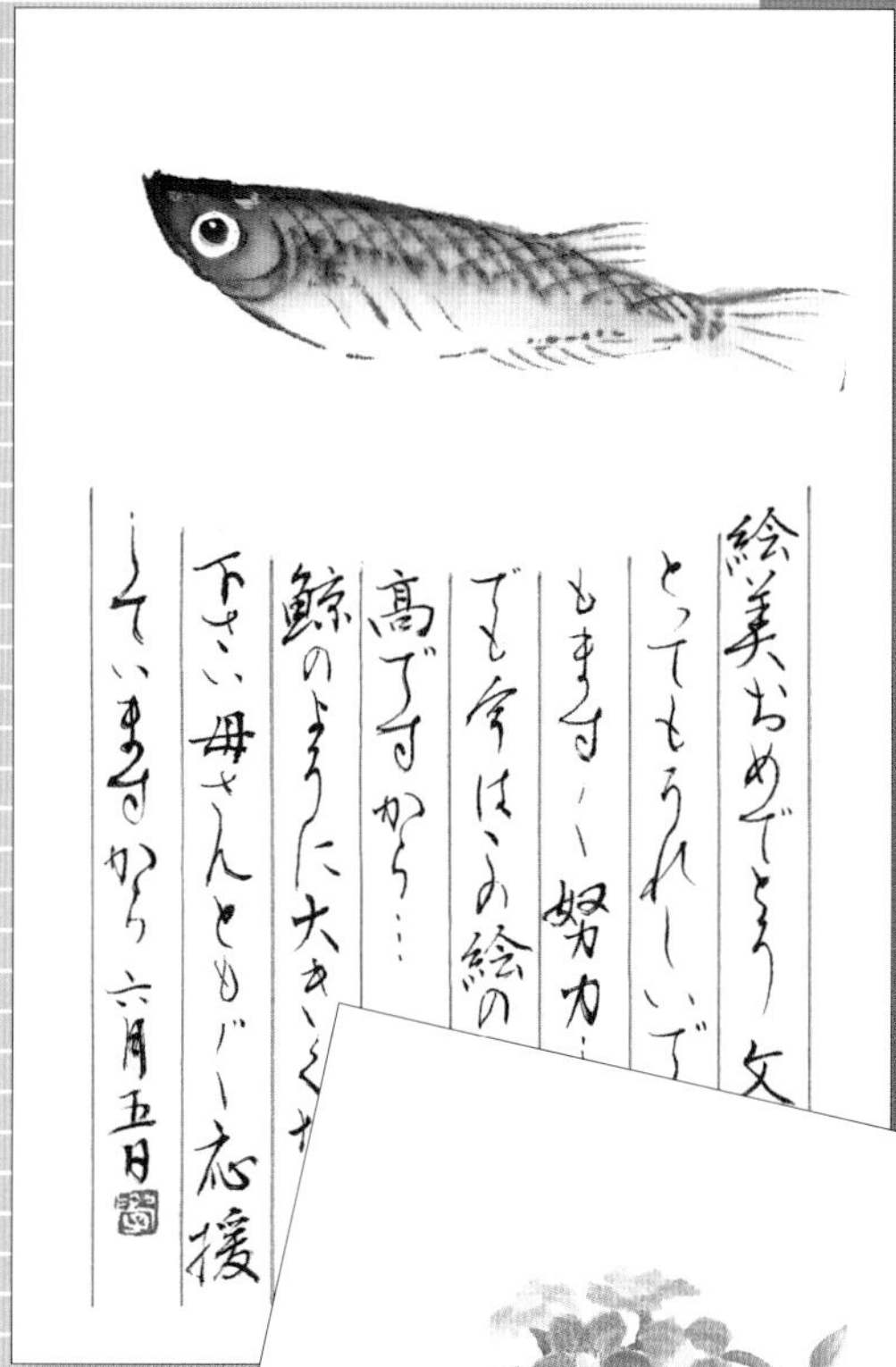
絵美おめでとう
六月五日

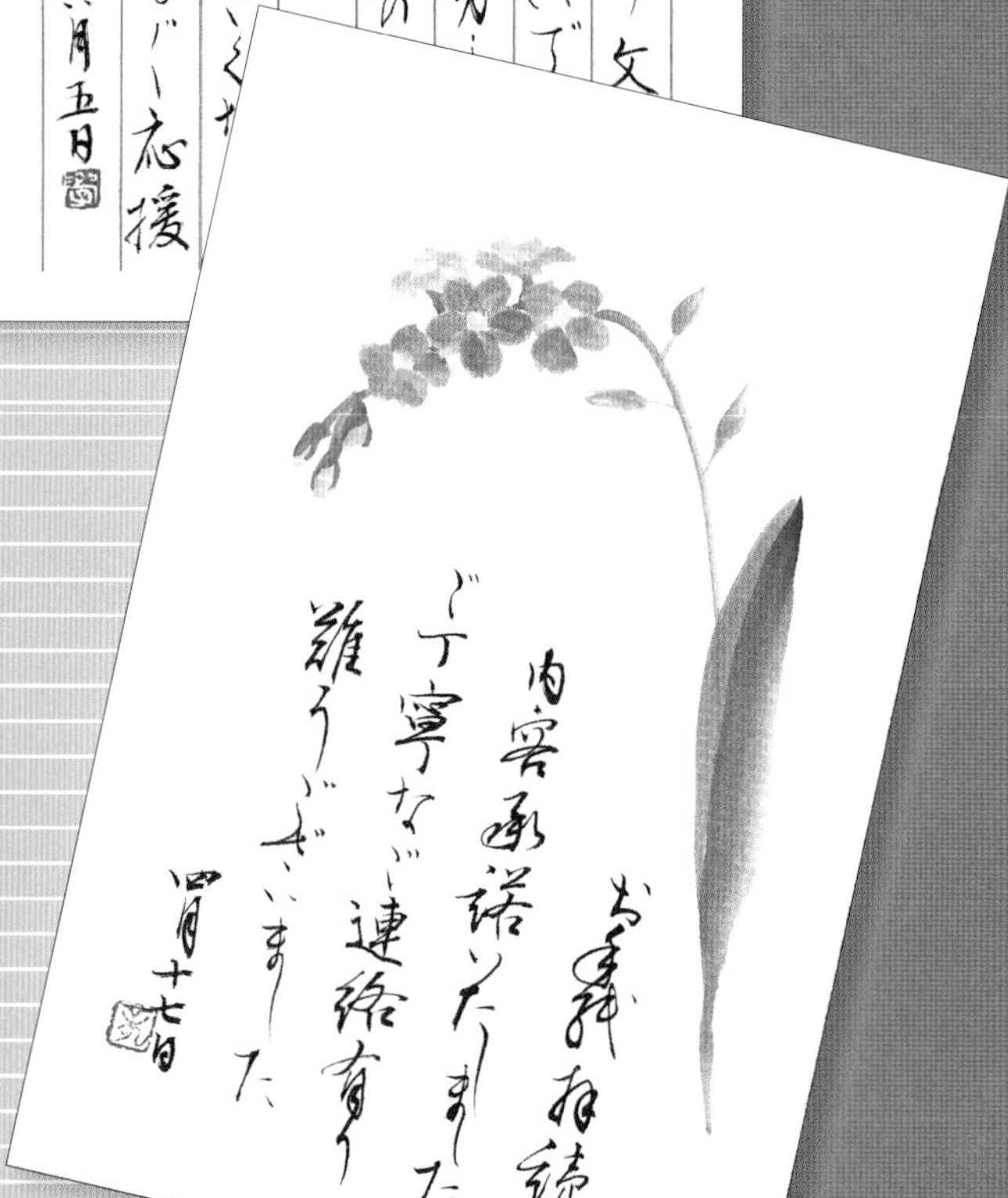
お手紙拝読
内容承諾いたしました
ご丁寧なご連絡
有り難うございました
四月十七日

# 人に再会した後に送る

昨日は意外なところでお会いしました
お元気な様子なによりです
お話しました発
表会ぜひ見に
来て下さい
四月十日

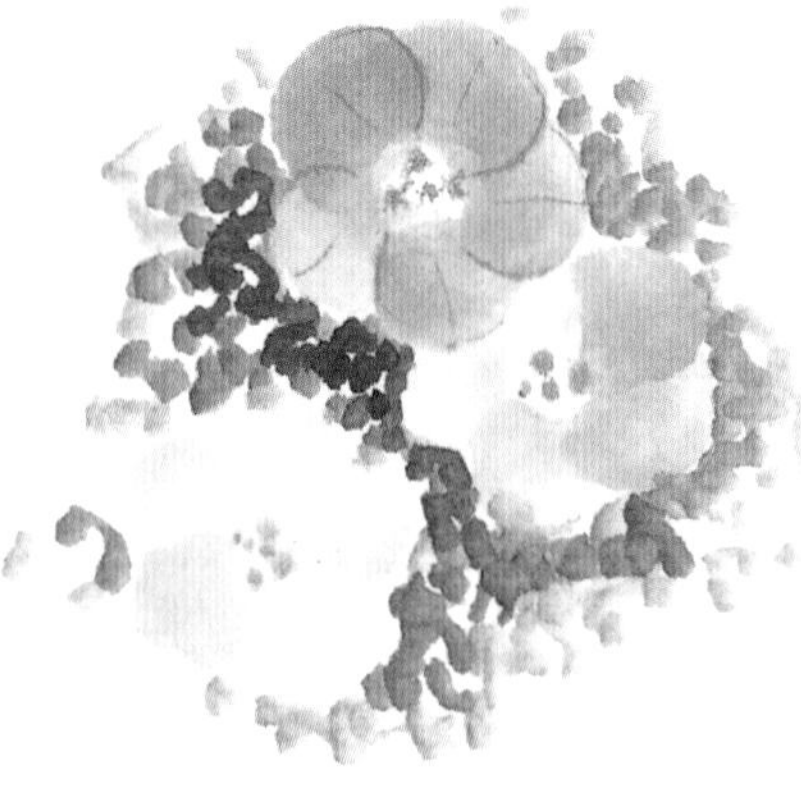

【全体構成】「藤流れ」(藤の花が垂れ下がっているような構成で書を書くこと)。あくまでカットと文字は互いに引き立つように構成します。付かず離れずの位置構成が大切です。品位をを出すよう気をつけたいものです。

1.
基本の筆づくり（穂先にいくに従って薄青色＝青色と白色の混色を濃く）しておき、花びらを五枚描きます。

2.
疎密を考えて密なところに主の花を濃く、疎なところに脇の花を淡く描きます。

3,
淡い青色に墨を少し混ぜた色で、花の輪郭を描きます。淡墨で花の中心のしべを描きます。

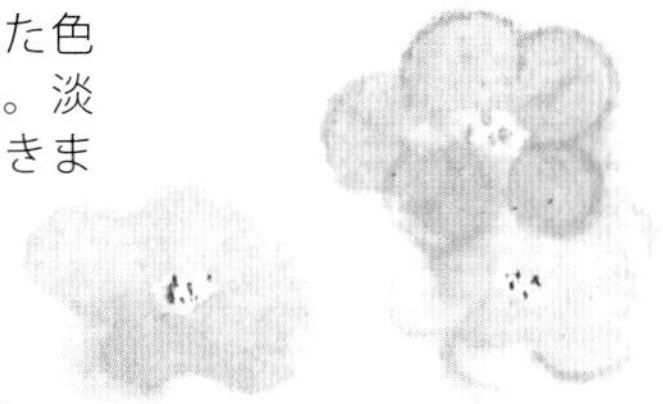

4.
基本の筆づくり（穂先にいくに従って濃緑色）をしておき、主の花の部分から葉を添えていき、脇の花へと描き進め自然に淡くなるよう彩色します。

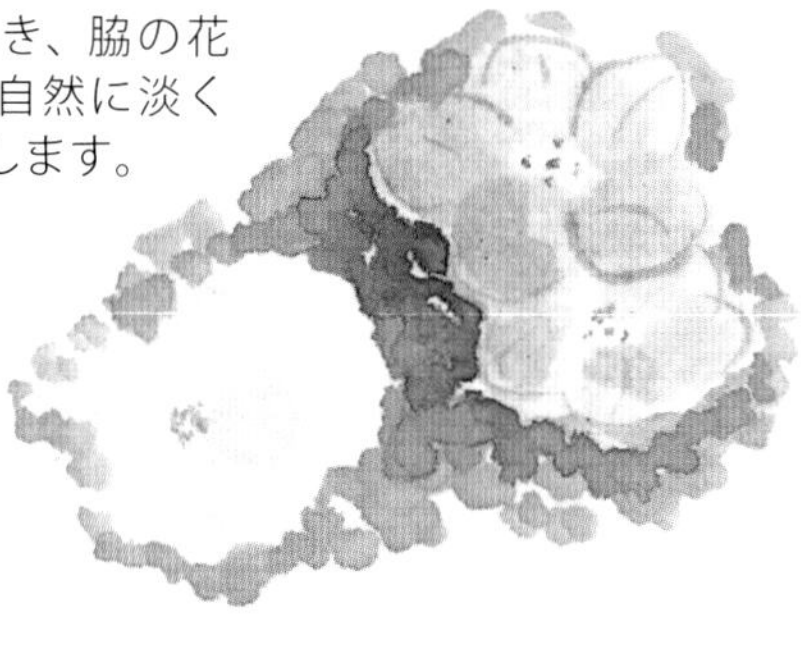

【ネモフィラの描き方】 使用した絵の具。緑色はアカンサスグリーン（アクリラ）又はオキサイドオブクロミウム。青色はウルトラマリンブルー（アクリラ）。白色はジンクホワイト（アクリラ）。使用した紙は和画仙紙「にじみ弱」。使用した墨は油煙墨。

【文面】

「昨日は意外なところでお会いしました。お元気な様子なによりです。お話しました発表会ぜひ見に来て下さい。

四月十日」

　デパートで買い物をしていてバッタリと以前書道を教えていた生徒さんに会いました。葉書記絵コンクールの話をしていたので、その事にふれての案内状を送りました。行ってみようかなと思っていただけるといいのですが。。


【絵柄】

カットはネモフィラです。字数をたくさん入れる時は、この様に隅の方に描いておくとよいです。

# 寮生活を始めた娘に

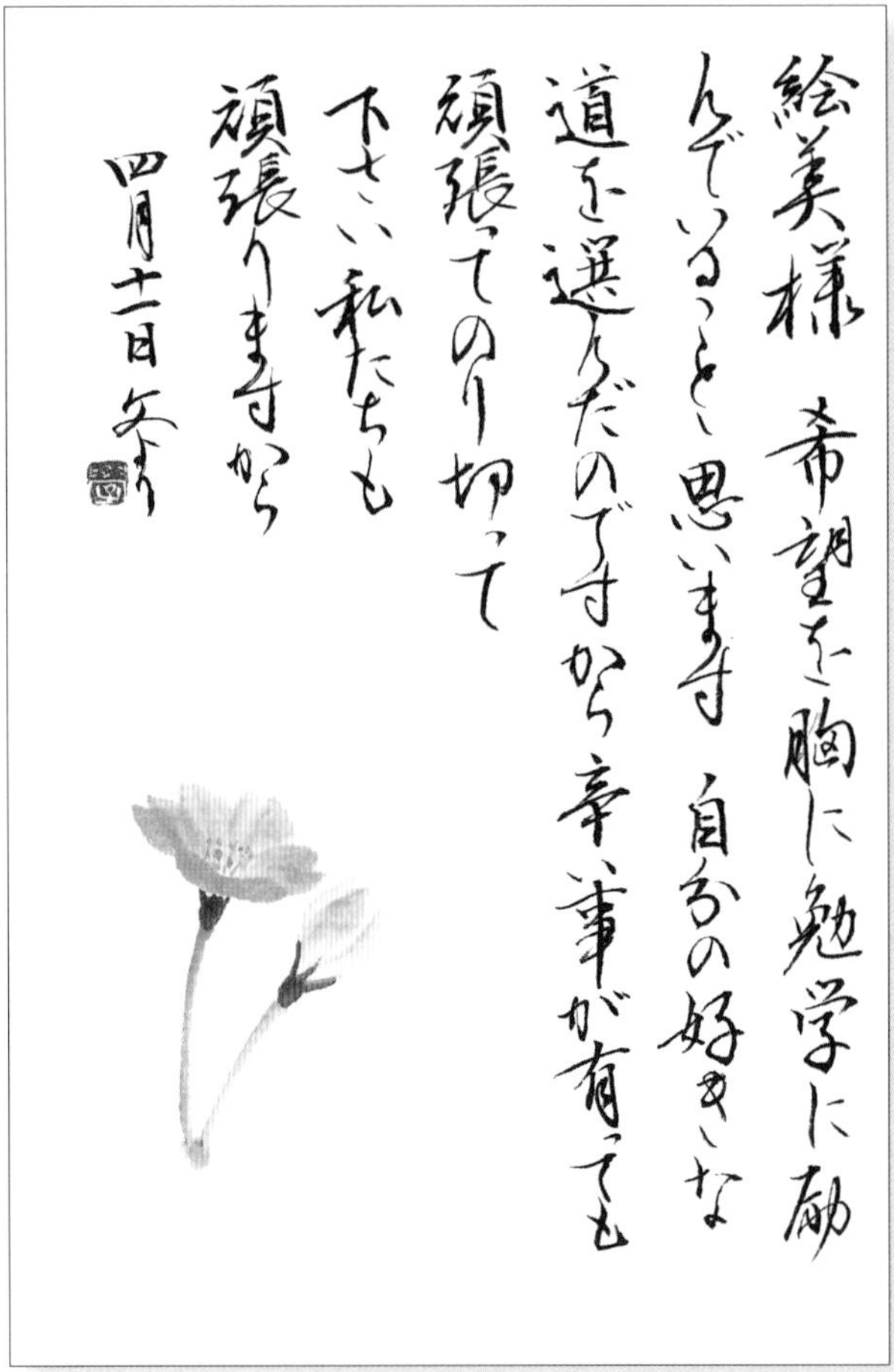
絵美様 希望を胸に勉学に励
んでいることと思います 自分の好きな
道を選んだのですから辛い事が有っても
頑張ってのり切って
下さい 私たちも
頑張りますから
四月十一日 父より

【全体構成】「父より」の下の印は小さいものを使いました。ここで大きな印を使うとせっかくの絵が目立たなくなります。印も様々な大きさを持っておきたいところです。

【文面】
「絵美様　希望を胸に勉学に励んでいることと思います。自分の好きな道を選んだのですから、辛い事が有っても頑張ってのり切って下さい。私たちも頑張りますから　四月十一日　父より」

末娘が卒業を期に音楽への道へと進みたいと福岡の高校に行くことになり、寮生活をすることになりました。これから先いろんな出来事が身に降りかかり、辛いことも有ると思い、その事にふれて書いたはがきです。

【絵柄】
カットは桜です。文字数が多いので花びらだけのカットにしました。文字数が少なければ桜のある風景もよいと思います。

# 手紙に対しての返事

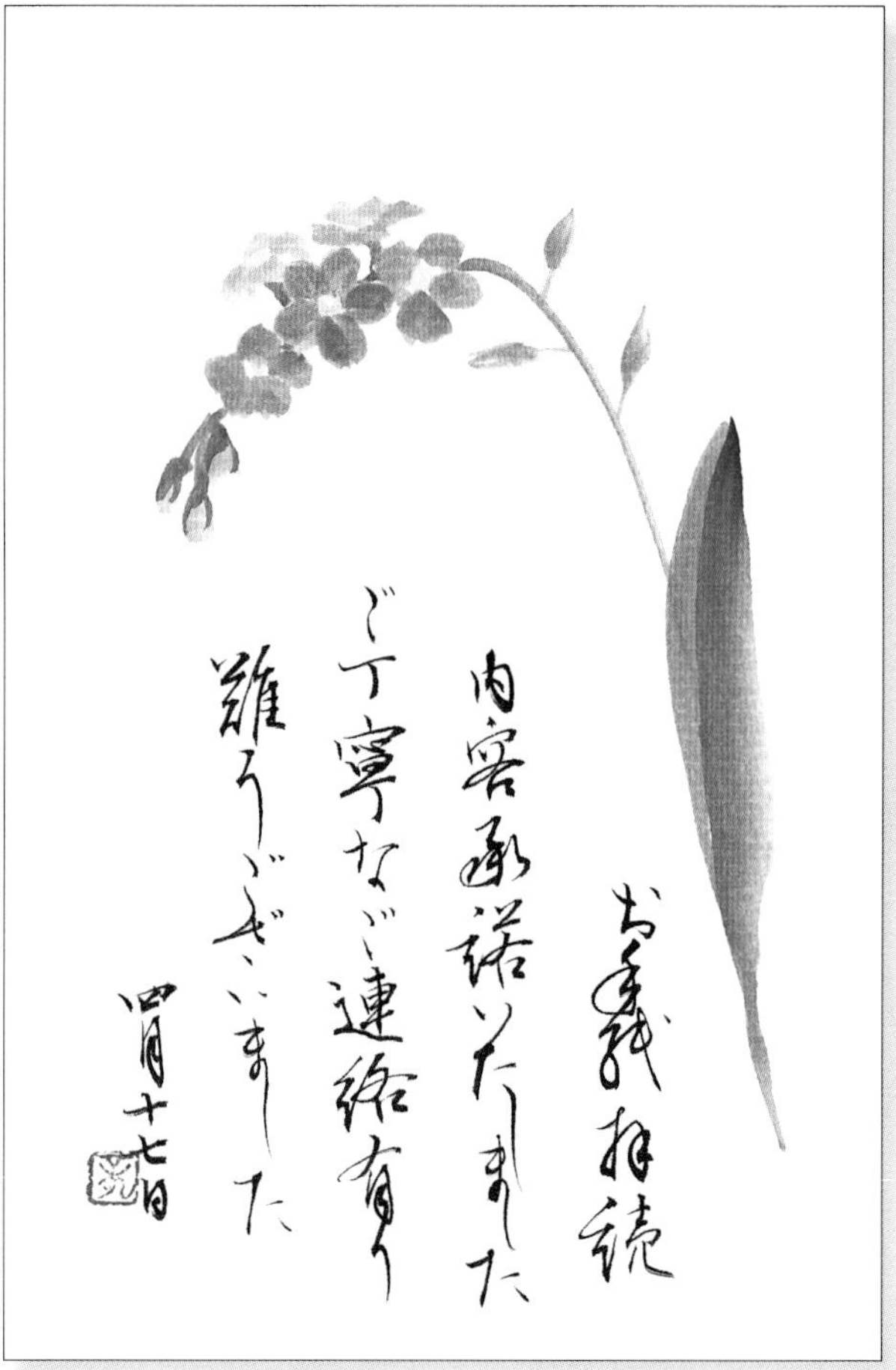
お手紙拝読
内容承諾いたしました
ご丁寧なご連絡有り
難うございました
四月十七日

【全体構成】　全体的に調和するにはどう字を入れるかを考えて書きます。字数との相談で構成を考えて書くようにします。

【文面】

「お手紙拝読。内容承諾いたしました。ご丁寧なご連絡有り難うございました。四月十七日」

　生徒さんからご丁寧な書面をいただきましたので、その内容を承諾した事を知らせるはがきです。本来ならば封書をいただいたので、その事について封書で返事すべきかもしれませんが、内容を承諾した旨だけは伝えておいて、数日後に会う折りに話をすればよいと判断しはがきにしました。

【絵柄】

カットは忘れな草です。

# 宴会の出し物についての感想

【全体構成】手紙として漢字ばかりを並べる場合、一つ一つしっかりとした書きぶりで書きます。やはり相手が読みやすくするように構成するのが第一だと思います。頭部の向く付近は筆数を多くすると主客がはっきりとした絵になります。九州博多ではこの魚(スズメダイ)の干し物をアブッテカモといいます。

【文面】

「新井社中　中国舞踊　大変美麗　大変盛会　社中皆者　貴君伝願」

　書道の合宿の懇親夕食会の演芸の出し物で、チャイナ服を来て舞踊を踊った新井社中の人たちへ送った感想はがきです。親しい間柄なので、四文字漢文調で書いてみました。互いに書道をやっている者同士なのでこんな風な茶目っ気がある方が楽しいと思います。本格的な漢文ではないですが意味は十分伝わるでしょう。何でもそうですが、ちょっと目を引くことをしたことに対する感想はうれしいものだと思います。

【絵柄】

カットはスズメダイです。

# ふっと気にかかった方へ

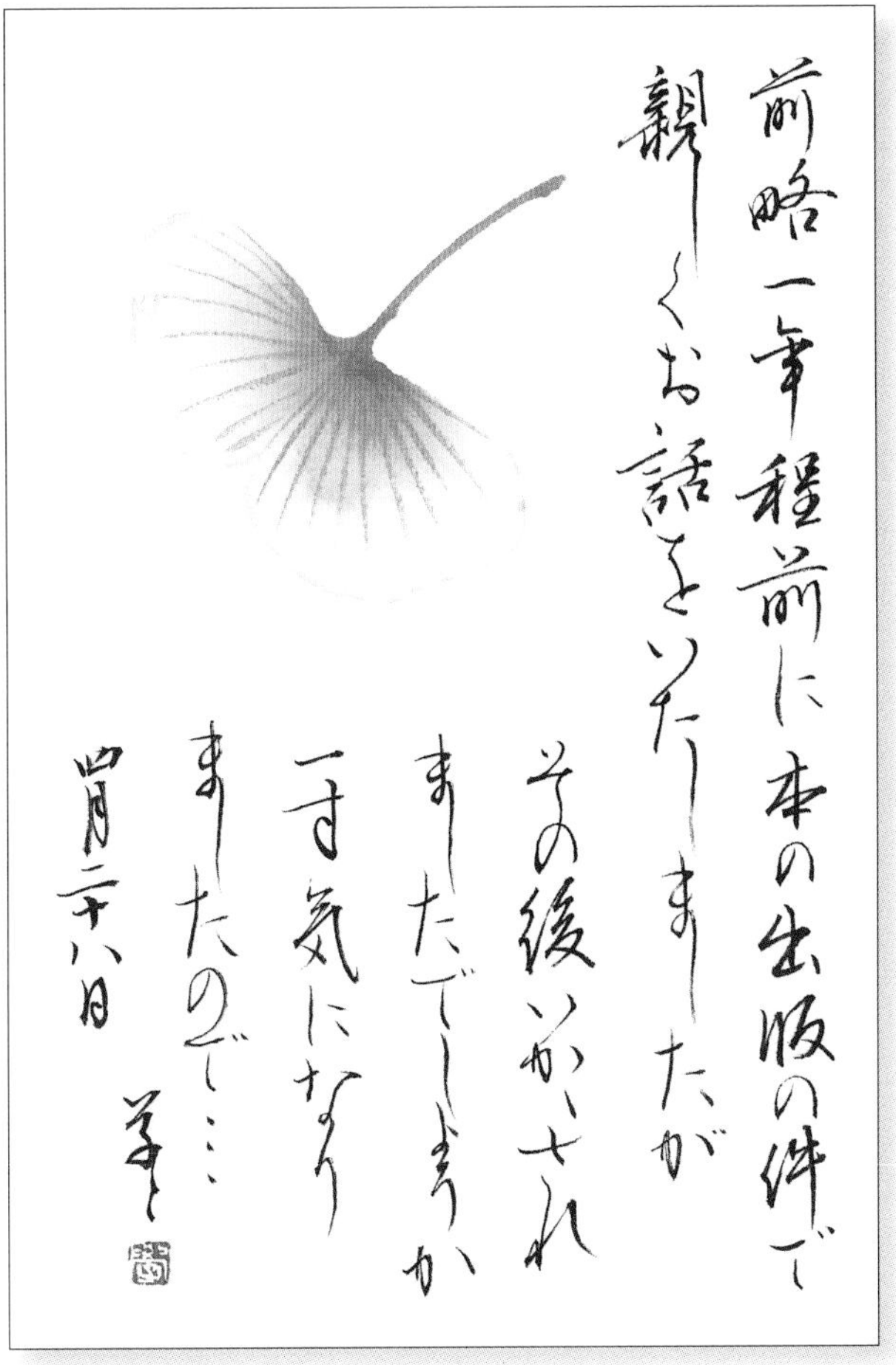
前略一年程前に本の出版の件で
親しくお話をいたしましたが
その後いかがされ
ましたでしょうか
一寸気になり
ましたの…
四月二十八日
草々

【全体構成】絵と字が調和して互いに生かしあう構成がベストです。常に画面の美観を整えるよう気配りする心がけが大切です。印をどこに押すかで迷いましたが、この位置がベストのような気がしました。黄色を多めにすると若葉らしさが表現できます。

【文面】

「前略　一年程前に本の出版の件で親しくお話をいたしましたが、その後いかがされましたでしょうか。一寸気になりましたので…　草々　四月二十八日」

知人が字典を出版するため、原案を出版社に依頼しているが、暫くしても音沙汰がないので、私が出版した時のいきさつを尋ねられましたので、親しくお話をしました。

その後、一年経っても何も言ってこないので、出版に至ったのか否かを知りたくて書いたはがきです。

【絵柄】

カットはイチョウの葉です。

# 結婚の連絡をもらって

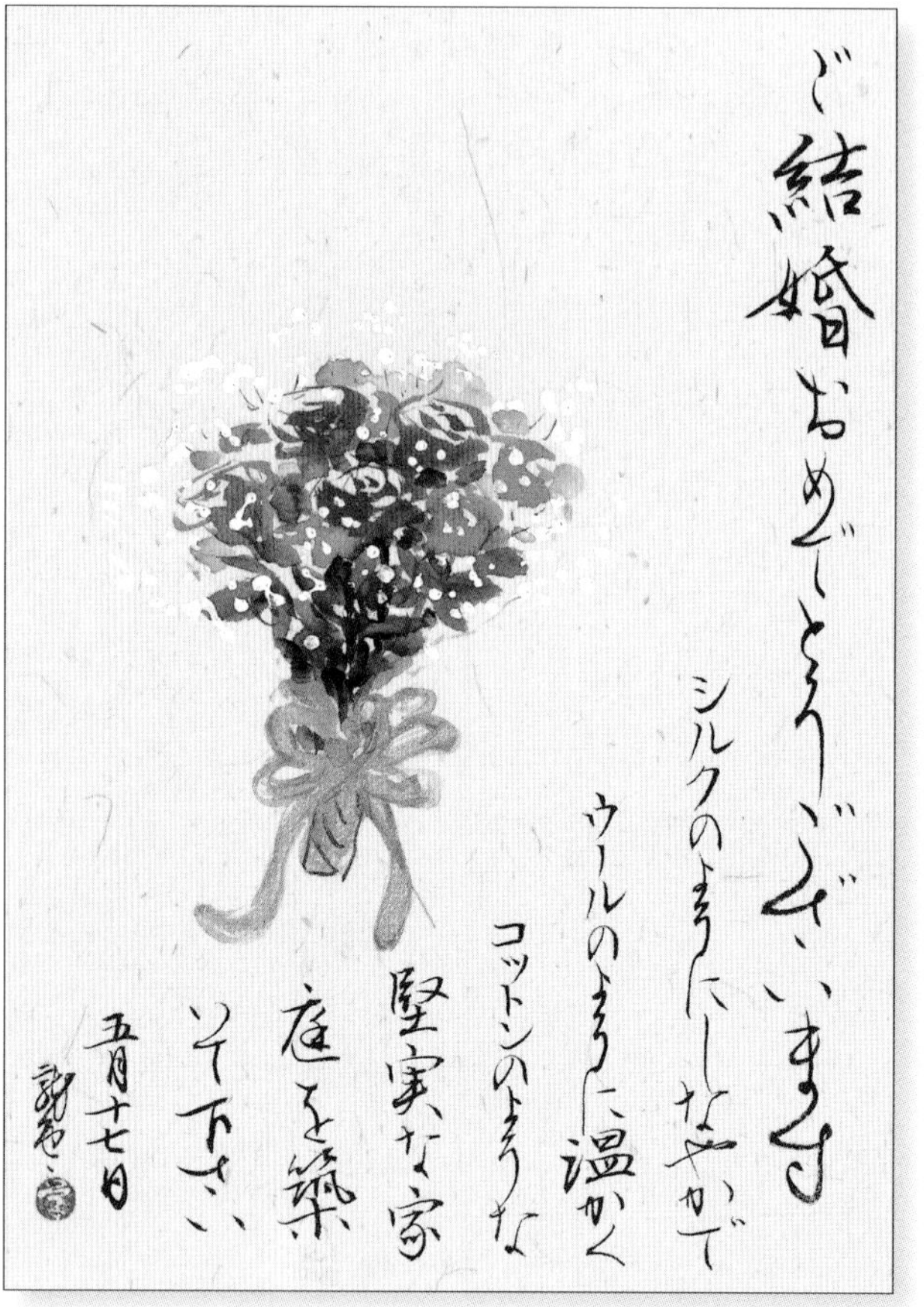
ご結婚おめでとうございます
シルクのようにしなやかで
ウールのように温かく
コットンのような
堅実な家
庭を築
いて下さい
五月十七日
龍雲

【全体構成】花をほぼ中央に描きましたので、右横から下へと文字を入れました。ここではお祝いの言葉が主になりますからしっかりとした書きぶりで構成しておきます。全体としてはスッキリとした構成になったと思います。

【文面】
「ご結婚おめでとうございます。シルクのようにしなやかで、ウールのように温かく、コットンのような堅実な家庭を築いて下さい。五月十七日龍雲」

しばらく音信不通であった生徒さんから結婚するという連絡が入ったので、お祝いのはがきです。一番大事なのはお祝いの言葉ですから、この言葉をメインに持ってきました。今回は現金書留封筒に入れて出しましたが、現金を贈らない場合でもこのまま投函できると思います。

【絵柄】
カットはバラの花束です。まわりの白いかすみ草で豪華さを出したかったので、色付きはがきを利用しました。

# 教室を休んだ生徒さんへ

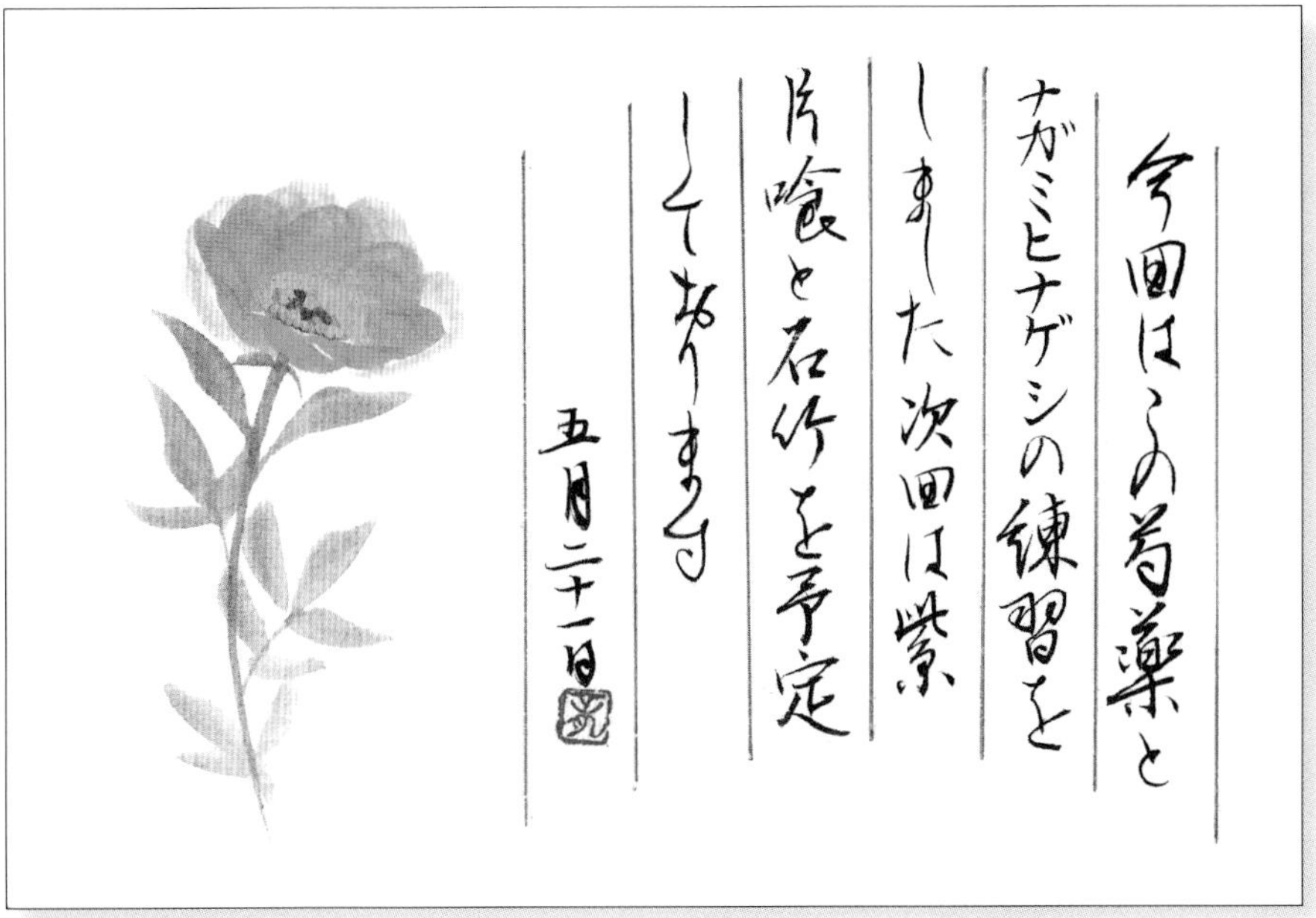


【全体構成】字数が少ないので罫線を書くことで、書きやすさと、明るさを表現できました。

【文面】
「今回はこの芍薬とナガミヒナゲシの練習をしました。次回は紫片喰と石竹を予定しております。五月二十一日」

自分が休んでいる時はどんな課題に取り組んだか心配なものです。生徒のそんな気持ちを案じてあげるのも先生としての努めと思い、できる限り知らせています。ここでは次回の課題も示してありますが、課題が決まっていない場合は、先に時候のあいさつをしておくと字数が稼げます。また、最後の方で字数が欲しい場合は、「では、ごきげんよう」なども使える文章です。

【絵柄】
カットは芍薬です。

# 合格お祝い

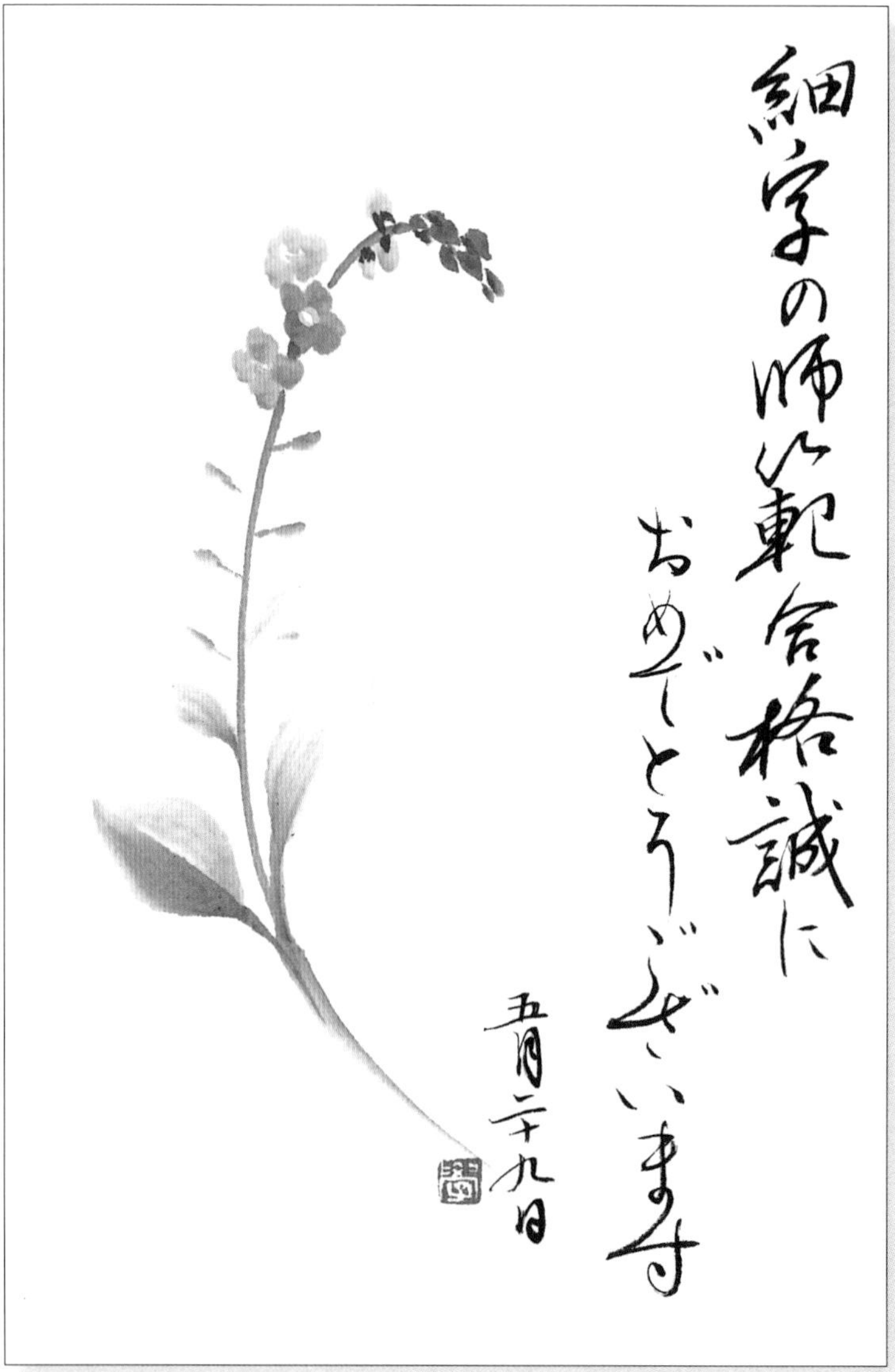


【全体構成】ひと言のお祝いの通信文ですので、大きなカットを使いました。この様にカットを大きくしておけば、余分な言葉を書かなくてもよく大変便利です。もうひと言ふた言書きたい場合は、小さめのカットを使います。全体の絵と字のバランスがすっきりしていて品よく仕上げられる感性を磨きましょう。

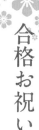

1.
基本の筆づくり（穂先にいくに従って青色と白色の混色を濃く）をしておき、五弁の花びらを描きます。
2.
疎密をつけて描きます。花の左側面に陰影をつけます。
3.
花の上側はつぼみなどを描きます。
4.
基本の筆づくり（穂先にいくに従って濃緑色）をしておき、茎とつぼみなどを連絡します。
5.
葉やさやなどを描き、黄色で花の中心を彩色します。

黄色のしべ

【キュウリグサの描き方】使用した絵の具。緑色はアカンサスグリーン（アクリラ）又はオキサイドオブクロミウム。青色はウルトラマリンブルー（アクリラ）。黄色はイエロー（アクリラガッシュ）。使用した紙は和画仙紙「にじみ弱」。


【文面】

「細字の師範合格誠におめでとうございます。　五月二十九日」

同じ競書誌を購読している方で以前、中国旅行に同行された方が、細字の師範に合格されていたのを誌上で見つけました。ひと言お祝いのメッセージを書きました。知り合いの方が新聞などで表彰や受賞などを受けた報道が有ったら、ひと言でいいので是非書いておきたいものです。この様な手紙は何通もらっても嬉しいものです。


【絵柄】

カットはキュウリグサです。

# 名刺交換後の挨拶として

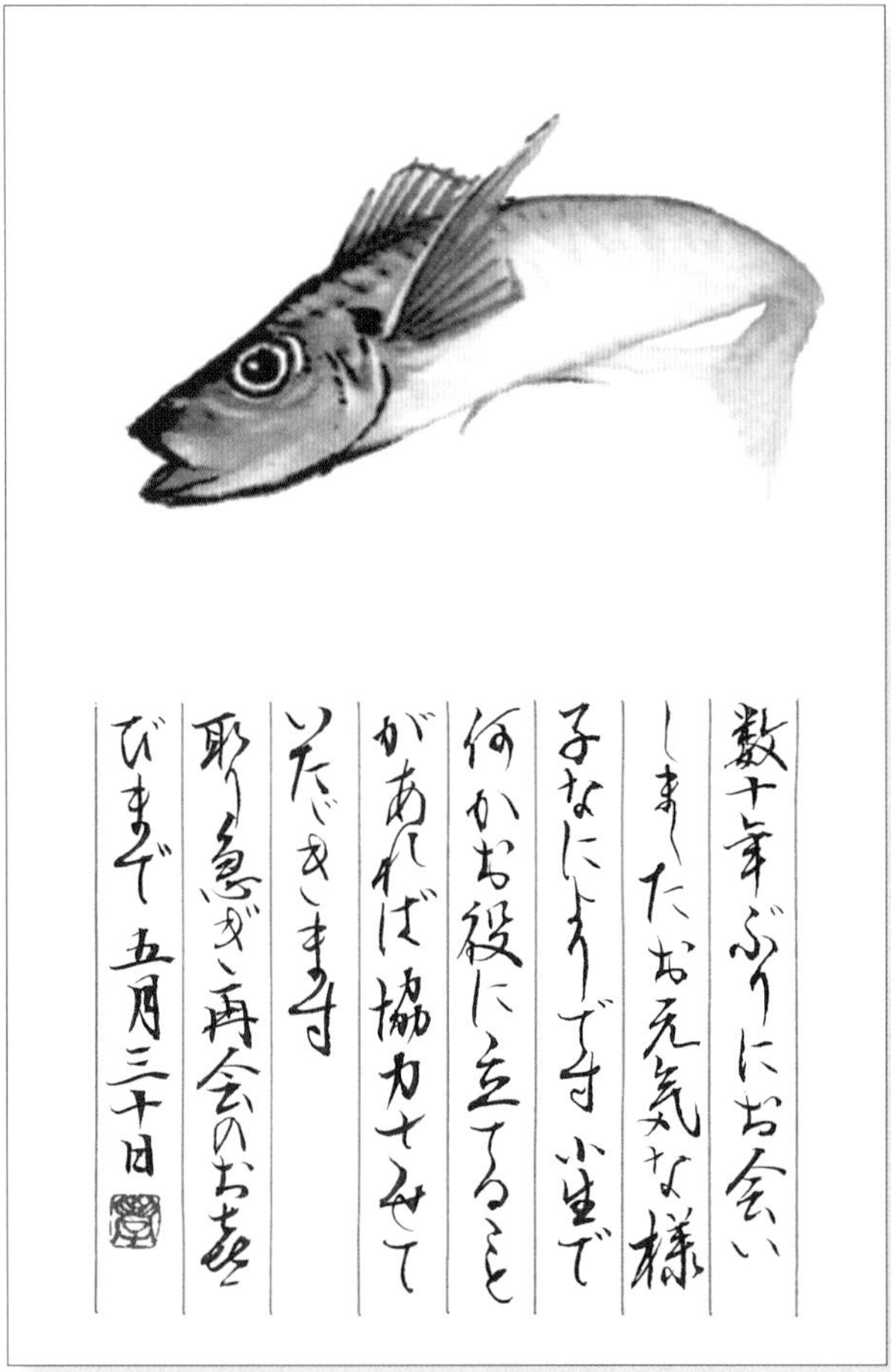


【全体構成】文字の量によって書く行数を多くしたり少なくしたりします。この場合、最後の行で印を押して少しだけ空間をつくれるとよいです。この印の下の空間はゆとりの空間です。

【文面】

「数十年ぶりにお会いしました。お元気な様子なによりです。小生で何かお役に立てることがあれば協力させていただきます。取り急ぎ再会のお喜びまで。五月三十日」

西日本工大開学40周年記念パーティで以前、職員だった人と数十年ぶりに会い名刺交換しましたので、その事に触れてのはがきです。再会を喜ぶ気持ちを送れればと思います。

【絵柄】

カットはアジです。相手が男性の場合、魚の絵は結構喜ばれます。

# 娘へ、激励のはがき、

【全体構成】年若い人に送る場合、漫画チックに吹き出しを使ってみました。印の大きさは日付と名前の文字の大きさによって決まります。小さい場合は小さい印を、大きい場合は大きい印を使います。

【文面】
「絵美おめでとう。次の目標に向かって頑張ってください。
七月二十三日　父より」

福岡で寮生活をしている娘に宛てたはがきです。家内が封書の手紙を送る予定でしたので、私もひと言添えました。吹奏楽の福岡県の地区予選でレギュラーに入り楽しく吹けて、一位通過して次は県大会の出場が決まったという報告が有ったので、そのお祝いと、次回も頑張って欲しい気持ちで、少し漫画チックに描いて入れました。

【絵柄】
カットはイルカです。吹き出しの輪郭線は強調しないほうがいいので、ボールペンなどで、安定した筆圧の線を引く方がよいでしょう。

# 娘へ、お祝いのメッセージ

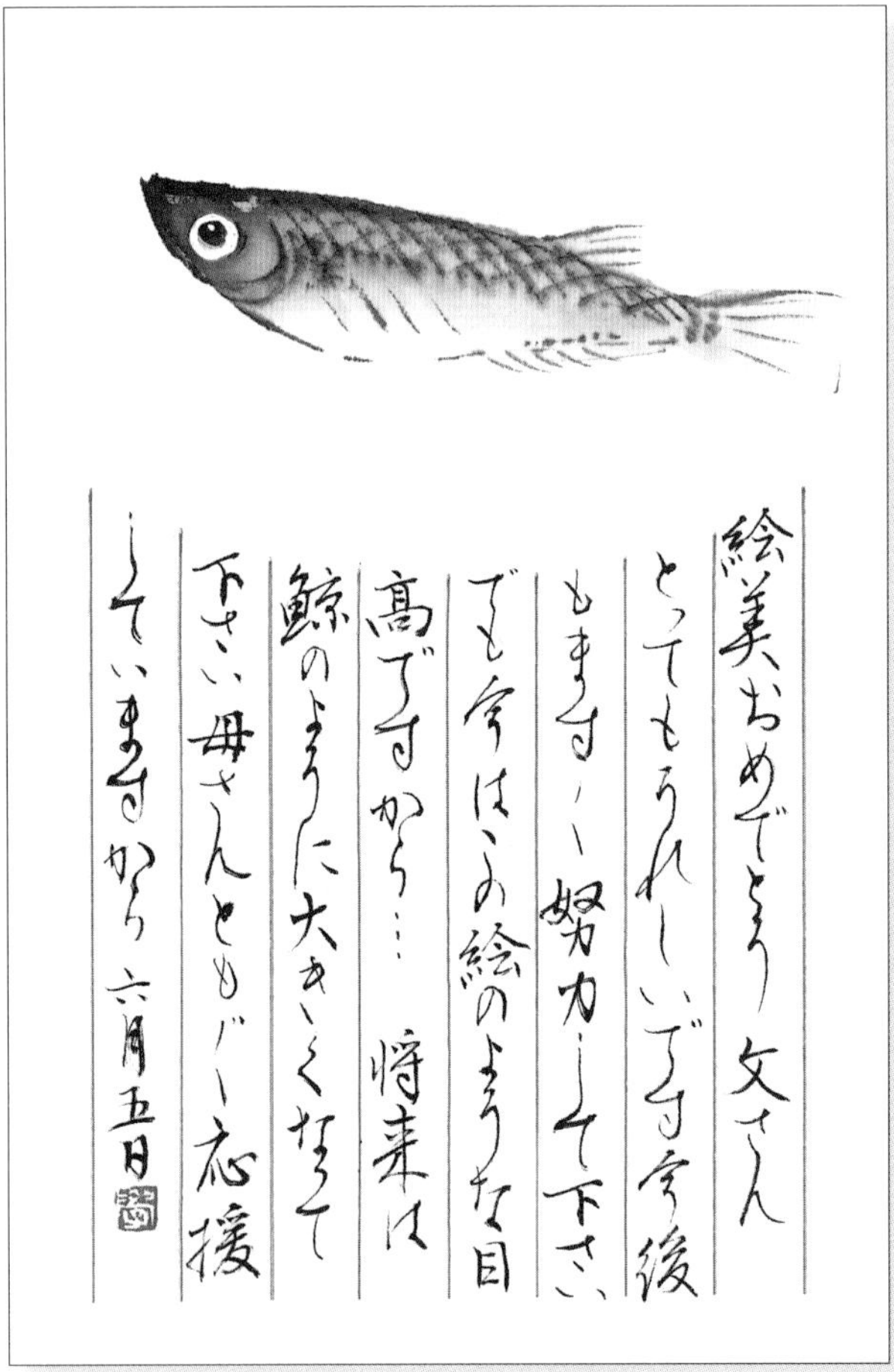
絵美おめでとう 父さん
とってもうれしいです今後
もますます努力して下さい
でも今はこの絵のような目
高ですから… 将来は
鯨のように大きくなって
下さい母さんともども応援
していますから 六月五日

【全体構成】魚の下腹部の曲線に合わせた形で行を組み立てました。こういった構成も覚えておくと便利です。見た目にモダンな構成になったと思います。

【文面】

「絵美おめでとう。父さんとってもうれしいです。今後もますます努力して下さい。でも、今はこの絵のような目高ですから…。将来は鯨のように大きくなって下さい。母さんともども応援していますから。六月五日」

寮生活をしている娘が吹奏楽のレギュラーになるためのオーディションに合格して、コンクールのメンバーになったという連絡があったので、そのことについて喜びをはがきにしました。丁度メダカのカットが有りましたので、少しユーモアを入れてみました。

【絵柄】

カットはメダカです。

# 入院中の娘へ

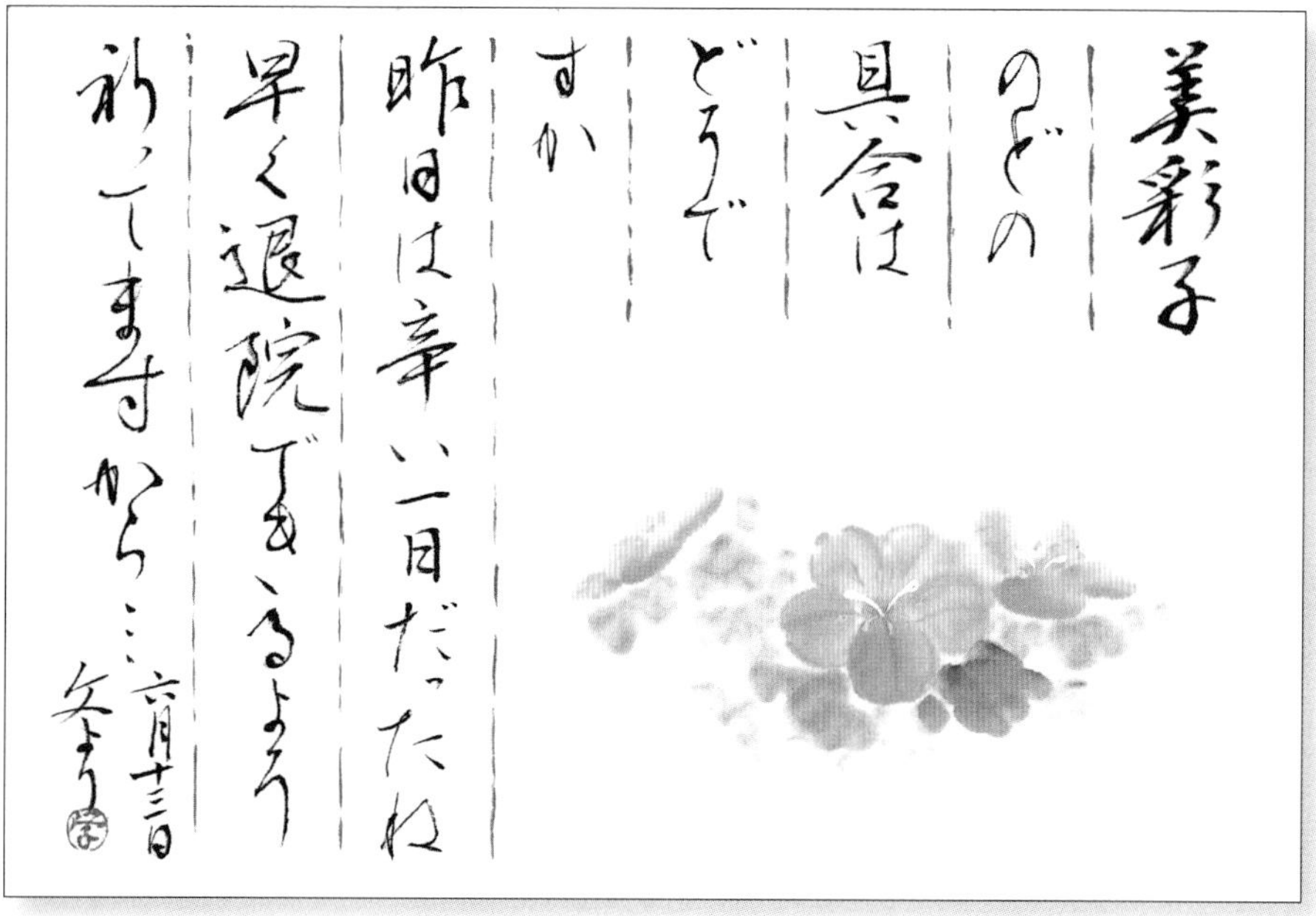


【全体構成】手作りの温かさをよりよく表現するために、罫線も手書きで描いてみました。身近な人にはこんな風な構成も喜ばれます。

【文面】

「美彩子　のどの具合はどうですか。昨日は辛い一日だったね。早く退院できるよう祈ってますから…。六月十三日　父より」

　昨日手術があり、夕方には見舞いに行きましたが、今後はいける日がなさそうですので、見舞い状を兼ねて書きました。入院している者にとっては一日でも早く退院したいものです。決して「ゆっくり静養されてください」などとは書かないほうがよいと思います。


【絵柄】

カットはクモマグサです。

# もらったはがきへの返礼

残暑お見舞い申し上げます
お葉書有り難うございました
お陰様で無事終わりました
今はほっと一息ついております
貴女の作品とっても評判が
よかったですよ
八月十六日

【全体構成】左下の空間が空きすぎたかとも思いましたが、後でみたところ、スッキリとして見えましたので、これ位空いてよかったようです。

基本技法／筆使いなど

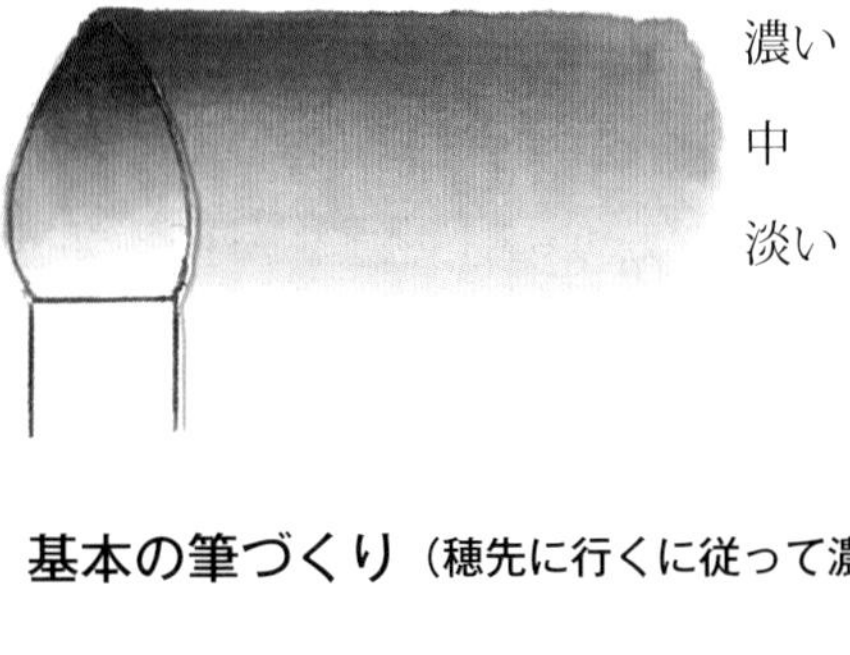
濃い
中
淡い

基本の筆づくり（穂先に行くに従って濃くなる）

1.
基本の筆づくり（穂先にいくに従って濃墨）をしておき、羽の部分から描きます。

2.
奥の羽は手前の羽よりも淡くなるようにします。

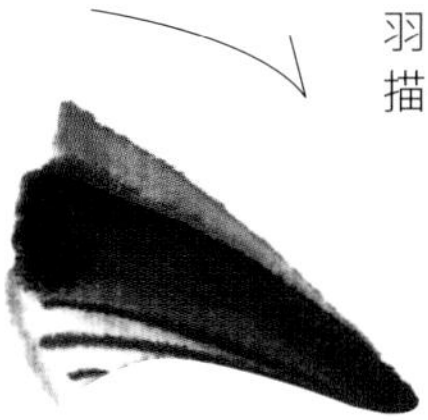

3.
下側の羽を描きます。全ての羽が蝶の背中に集約するように描きます。

4.
濃墨で胴体、足、触覚などを描きます。次に朱色で羽の模様を描きます。

5.蝶が止まっている花を描きます。

【クロアゲハの描き方】使用した絵の具。朱色はフレームレッド（アクリラ）又はナフトールレッドライト。緑色はアカンサスグリーン（アクリラ）又はオキサイドオブクロミウム。赤色はチャペルローズ（アクリラ）又はナフトールレッドディープ。使用した紙は和画仙紙「にじみ弱」。使用した墨は油煙墨。


【文面】

「残暑お見舞い申し上げます。お葉書有り難うございました。お陰様で無事終わりました。今はほっと一息ついております。貴女の作品とっても評判がよかったですよ。

八月十六日　龍雲」

浅倉龍雲一門の作品展に出品した会員からの残暑見舞いが届いていましたので、その返事です。この手の手紙は、ひと言でいいので相手にまつわる事柄のよかったところを入れるようにしておくとベストです。

【絵柄】

カットはクロアゲハ蝶です。

# 講座を辞める会員の方へ

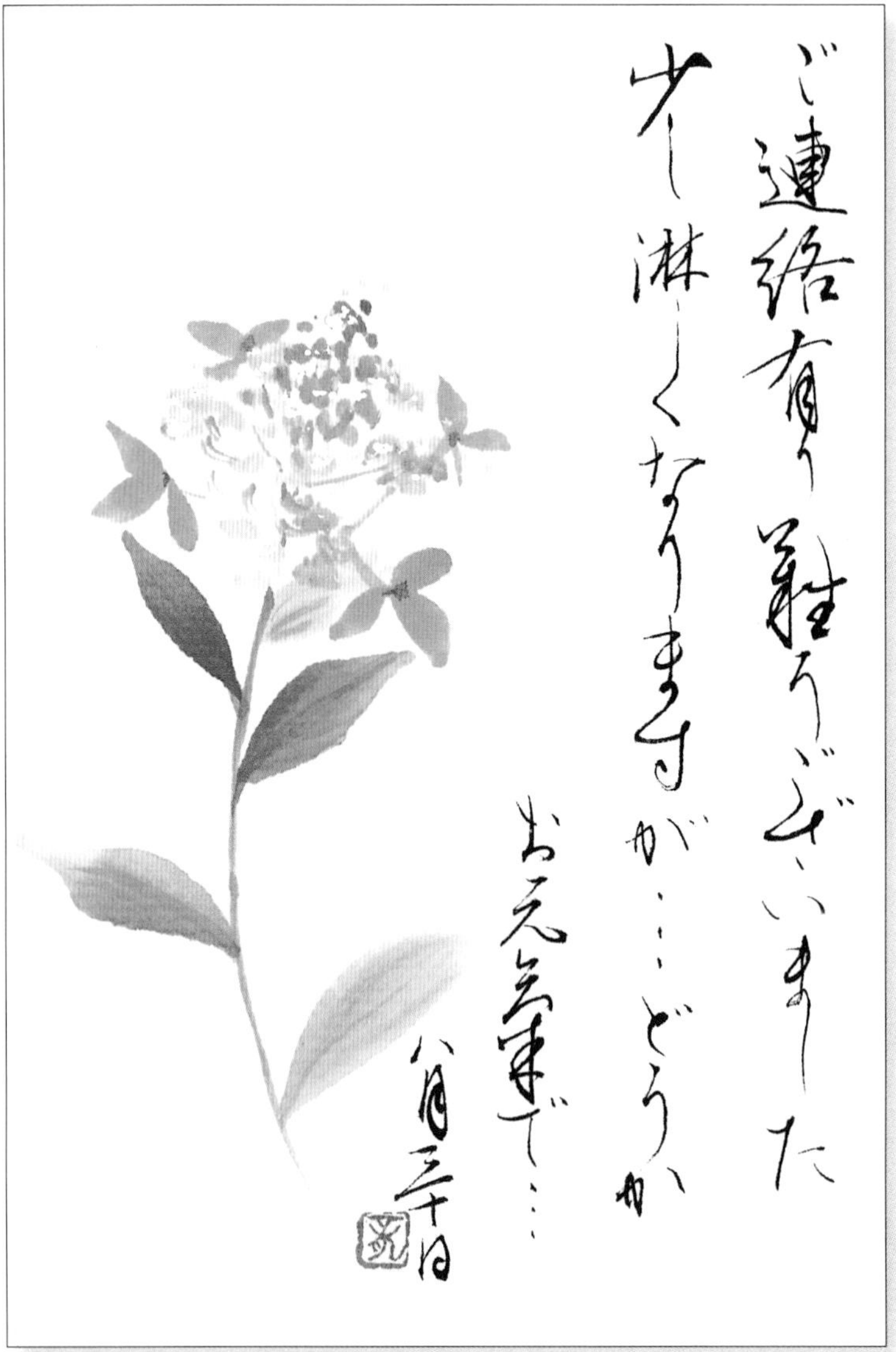
ご連絡有難うございました
少し淋しくなりますが…どうか
お元気で…
八月三十日

【全体構成】 葉に少し字が接触していますが、このあたりは絵の「裏」側になりますので、これ位であれば差し障りはありません。

1.
基本の筆づくり（穂先にいくに従って濃桃色＝赤色と白色の混色）をしておき、花の外側の花びらを描きます。手前は濃く大きく、奥は淡く小さく描きます。

2.
穂先を割筆にしておき、ぼかしをきかしながら描きます。中心の少し濃い赤色は後で彩色しても構いません。

3.
基本の筆づくり（穂先にいくに従って濃緑色＝緑色と墨の混色）をしておき、茎を描きます。次に2筆で一枚の葉を描きます。花に近い方の葉の色を濃くします。

【草紫陽花の描き方】使用した絵の具。緑色はフーカスグリーン（アクリラ）。赤色はチャペルローズ（アクリラ）又はナフトールレッドディープ。白色はジンクホワイト（アクリラ）。使用した紙は和画仙紙「にじみ弱」。使用した墨は油煙墨。

【文面】
「ご連絡有り難うございました。少し淋しくなりますが・・・。どうかお元気で・・・。八月三十日」
仕事の都合で講座を受けられなくなったので辞めるという連絡があり、その事についてはがきを出しておきました。人は別れが大事といいます。物事にしっかりとけじめをつけることが大切です。手紙をよこさなくても、このようにはっきりと辞めるという意思表示していただいたほうが、教えるほうとしても今後の活動がしやすいです。そういう意味ではがきを出すことにしています。

【絵柄】
カットは草紫陽花です。

# 山歩き好きの人へ

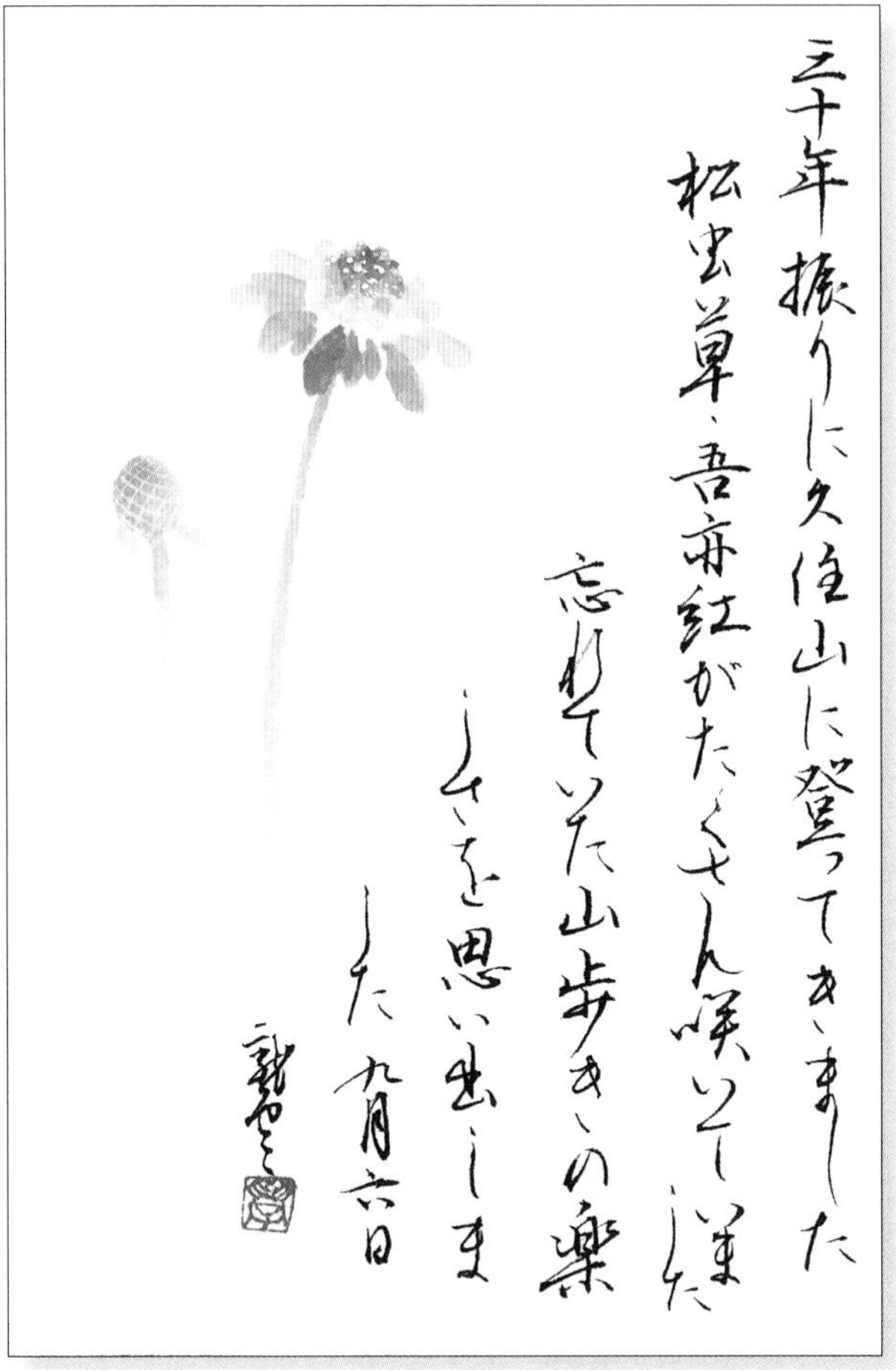


【全体構成】印象深くするため、文字を三角構成（全体を三角の枠の中に入れること）にしてみました。

【文面】

「三十年振りに久住山に登ってきました。松虫草・吾亦紅がたくさん咲いていました。忘れていた山歩きの楽しさを思い出しました。九月六日　龍雲」

　旧会員で最近山歩きを楽しんでいる方へ送ったはがきです。写真を撮って送るのもいいのですが、絵にして送った方が喜ばれること請け合いです。きっと楽しんでいただけるものと思います。


【絵柄】

カットは松虫草です。

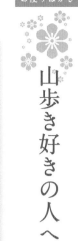

# 受賞した友人へお祝い

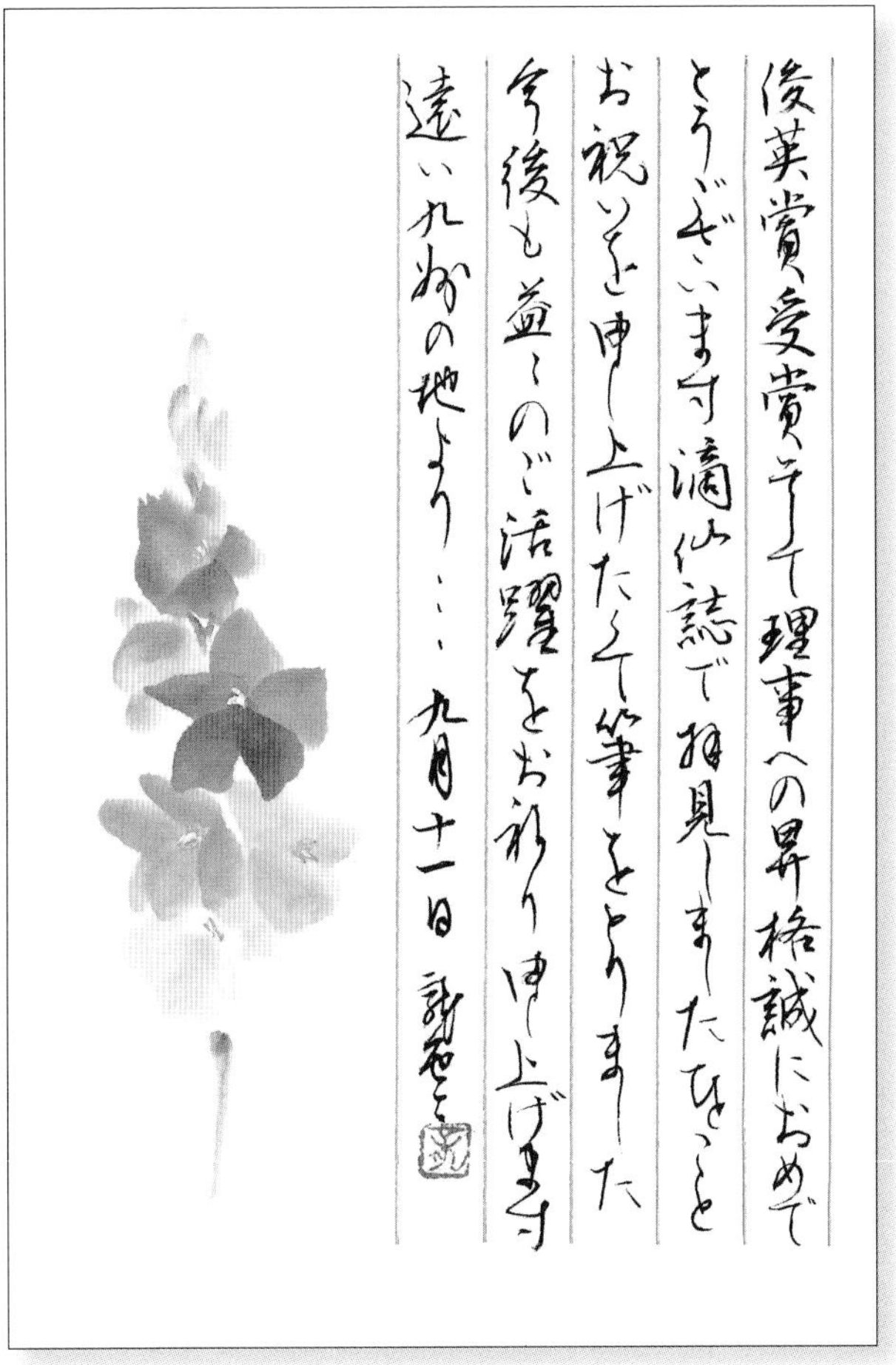
俊英賞受賞そして理事への昇格誠におめで
とうございます滴仙誌で拝見しましたひとこと
お祝いを申し上げたくて筆をとりました
今後も益々のご活躍をお祈り申し上げます
遠い九州の地より・・・ 九月十一日 龍雲

【全体構成】 五行でまとめてみました。罫線を引いた場合と引かない場合では字の大きさが違ってきます。引いた場合の方が隣の字の大きさを気にせずに書けますので、比較的大きく書けます。罫線を引くテンプレートを自作しておくと便利でしょう。

【文面】

「俊英賞受賞そして理事への昇格誠におめでとうございます。滴仙誌で拝見しました。ひとことお祝いを申し上げたくて筆をとりました。今後も益々のご活躍をお祈り申し上げます。遠い九州の地より…九月十一日　龍雲」

　読売書法展で知人の方が入賞されましたので、そのお祝いの葉書です。表の切手にも気を遣っています。お祝いのはがきにマッチするように丹頂鶴が飛んでいる絵柄のものを使いました。


【絵柄】

カットはグラジオラスです。全体が赤系ですので明るい雰囲気になるようにしました。

# 書道をはじめた方へ

初めての
書道教室
いかがでしたか
楽しく長く
続けられるよう
願っております
九月十二日

【全体構成】絵の必要とする空間はあらかじめ下地の色の広さで確保してあるので、上の白く空いた空間は全て文字を入れる空間として扱っても構いません。

【ヘクソカズラの描き方】使用した絵の具。緑色はフーカスグリーン（アクリラ）。赤色はチャペルローズ（アクリラ）又はナフトールレッドディープ又はジオキサジンバイオレット。白色はチタニウムホワイト（アクリラガッシュ）。使用した紙は水彩紙。

1

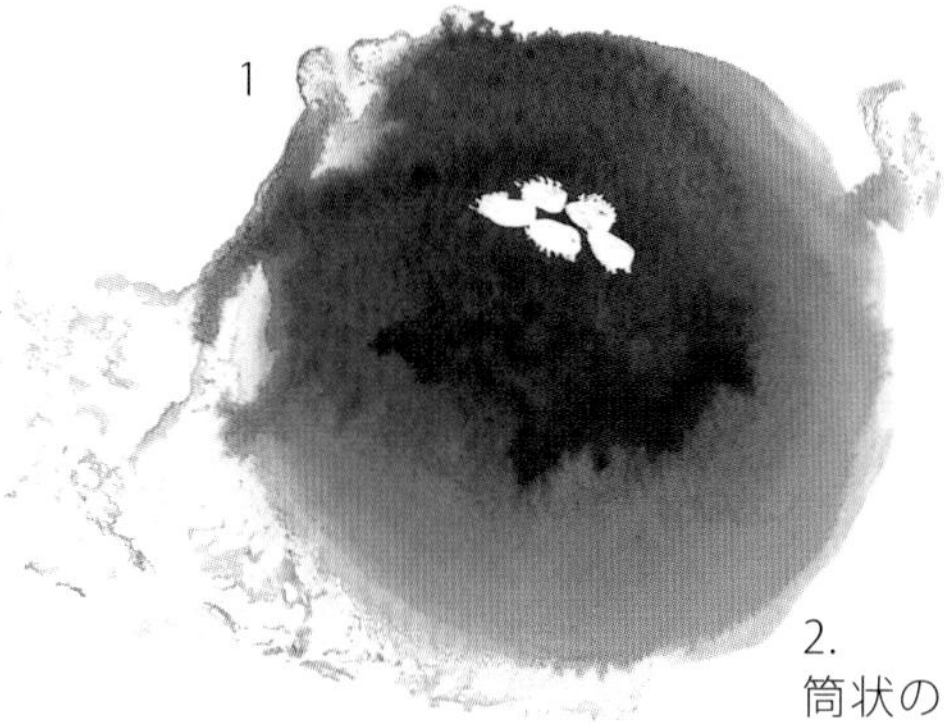

1.
まず、緑色で花を描くスペースを作ります。その後で基本の筆づくり（穂先にいくに従って濃白色）をしておき、五弁の花びらを手前から横、奥へと描きます。

2.
筒状の部分を描きます。次につぼみも描いておきます。

3.
白色と緑色の混色をした色で、茎を描きます。

2〜3

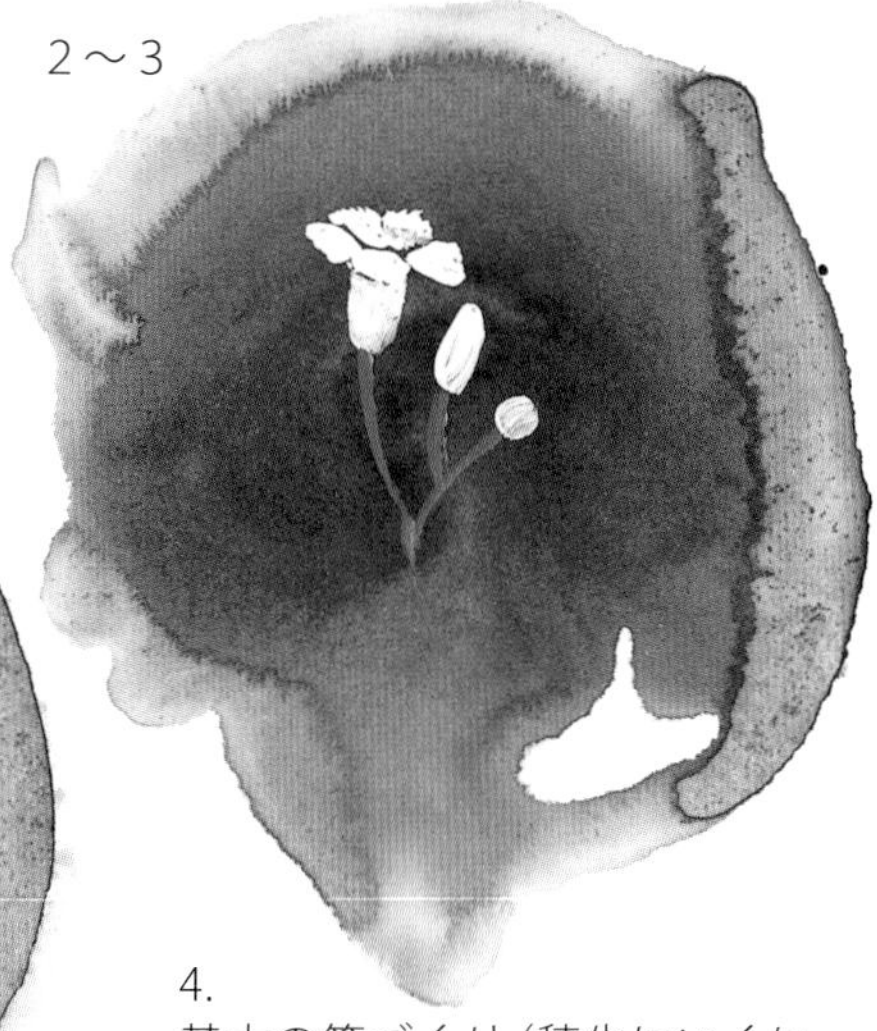

4〜5

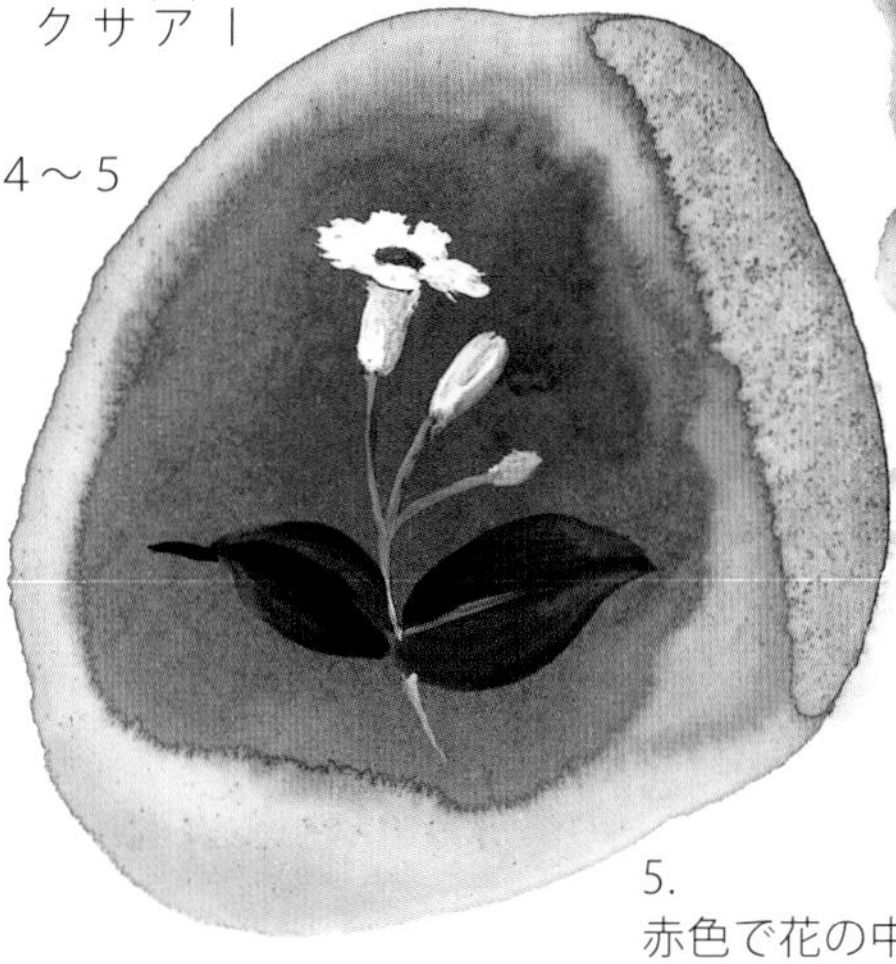

4.
基本の筆づくり（穂先にいくに従って濃緑色）をしておき、二筆で一枚の葉を描きます。

5.
赤色で花の中心を彩色します。

【文面】
「初めての書道教室いかがでしたか。楽しく長く続けられるよう願っております。九月十二日」

書道教室を開設したところ、数名の入門が有りましたので、その人たちへ書いたはがきです。書を習うということは、字を上手に書きたくて入門してくるものです。その方達へ送る毛筆のはがきです。範になる手紙を書くよう心がけています。

【絵柄】
カットはヘクソカズラです。

# 年賀状はがき

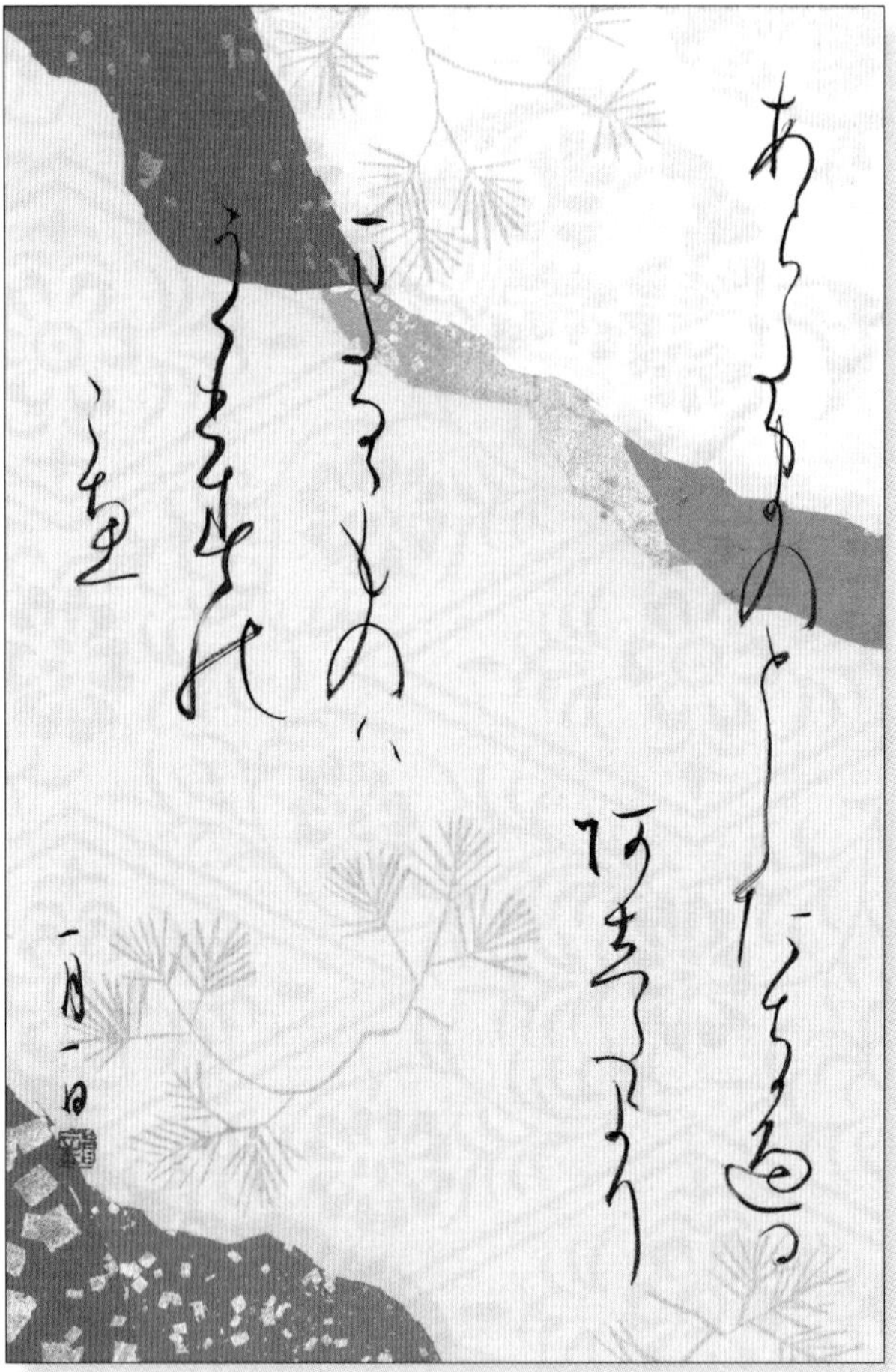

【全体構成】様々な構成の仕方がありますが、用紙の切り継ぎの位置によって考えます。いちばん美的に美しく感じるよう構成します。これは一朝一夕には分からないと思いますが、本格的にかなのお勉強をされれば身に付いてきます。

【文面】
「あらた（多）ま（末）のとしたちか（可）へ（遍）るあ（阿）し（志）た（多）よりま（万）た（多）るゝものは（八）うぐひ（悲）す（春）の（能）こゑ（恵）　一月一日」

年賀状は毎年干支にちなんだ絵を描きコメントを書くことにしていましたが、今年はかなの散らし書きにしました。年賀状は読める読めないにかかわらず美意識を重点に置いて、玄関先にでも飾ってみたくなるようなはがきにしたいと思い書いたものです。

【絵柄】
市販されている切り継ぎ印刷はがき。

# 年賀状はがき（返信）

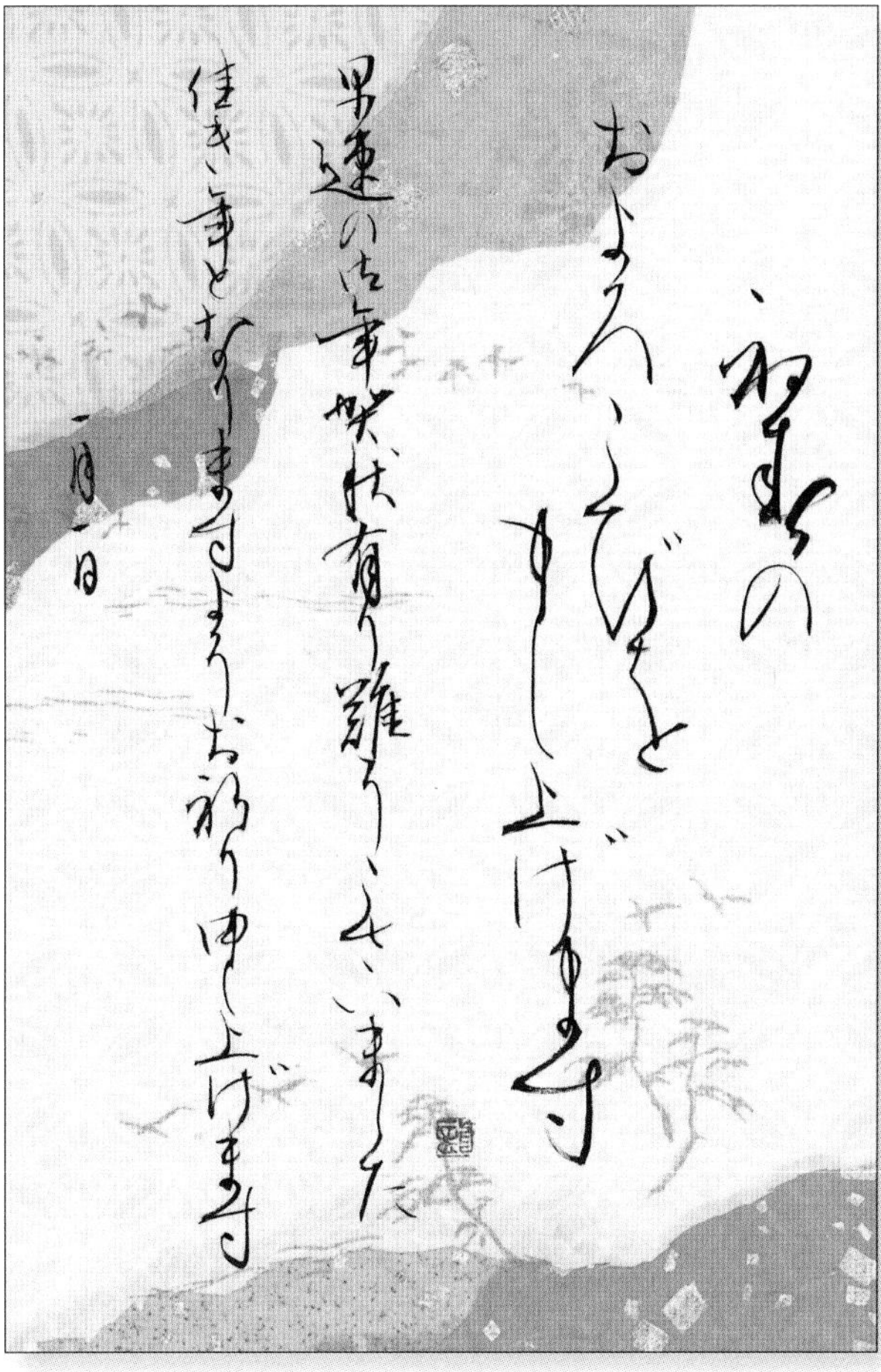

【全体構成】年賀状ですので、切り継ぎはがきを使いました。細字を縦長く書きますので、コントラストの強い切り継ぎ用紙にはしない方がいいと思います。印を押す位置で迷いました。最終の文面の位置の左横でも良いと思います。

【文面】
「新春のおよろこびを申し上げます。早速の御年賀状有り難うございました。佳き年となりますようお祈り申し上げます。一月一日」

年賀状をいただいた方への返事です。一般的な返事です。相手が今どういう状態にあるかわかっていれば、もうひと言書くことにしています。このはがきの場合は相手の状態が見えていない時の書きぶりです。一月七日までは松の内ですから年賀の言葉がメインになります。

【絵柄】
市販されている切り継ぎ印刷はがき。

# お悔みのはがき

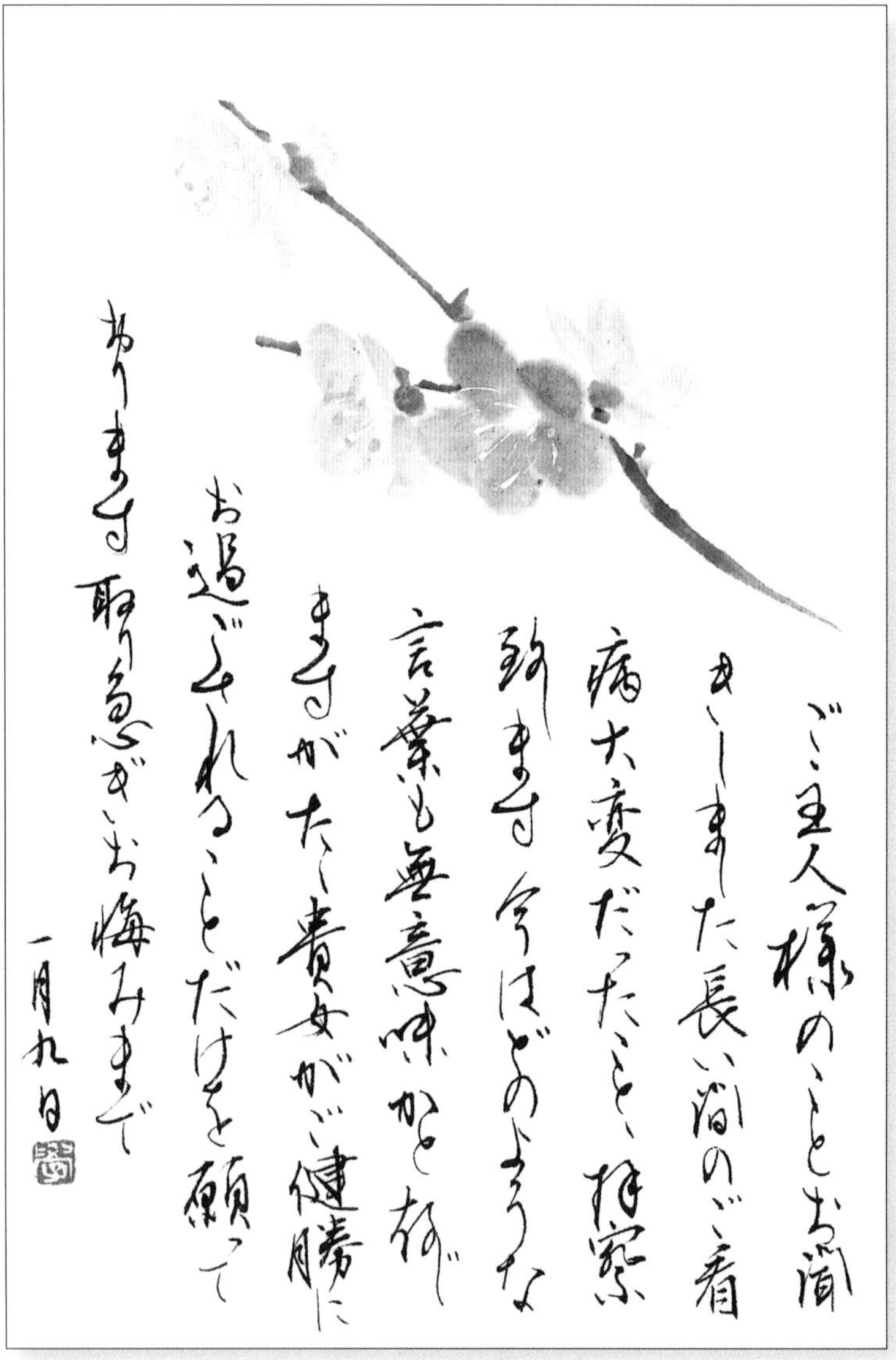
ご主人様のこととお聞
きしました長い間のご看
病大変だったこと拝察
致します 今はどのような
言葉も無意味かと存じ
ますが ただ貴女がご健勝に
お過ごされることだけを願って
おります 取り急ぎお悔みまで
一月九日

【全体構成】お悔み状ですのであまり派手な色合いのカットは遠慮します。最終行のところの文面は「お悔みまで」を「お悔み申しあげます」と書いた方がいいのですが、下の空きが足りなかったのでこの様になりました。

1.
基本の筆づくり（穂先にいくに従って淡墨色）をしておき、主になる花の手前の花びらから横、奥へと描きます。次に脇の花も同様に描きます。

2.
淡墨に緑色を少し混ぜた色合いで、枝を描きます。次にがく片を描きます。

3.
白色でしべを描きます。梅は花びらからはみ出るように表現するとそれらしくなります。しべの先端を黄色で彩色します。

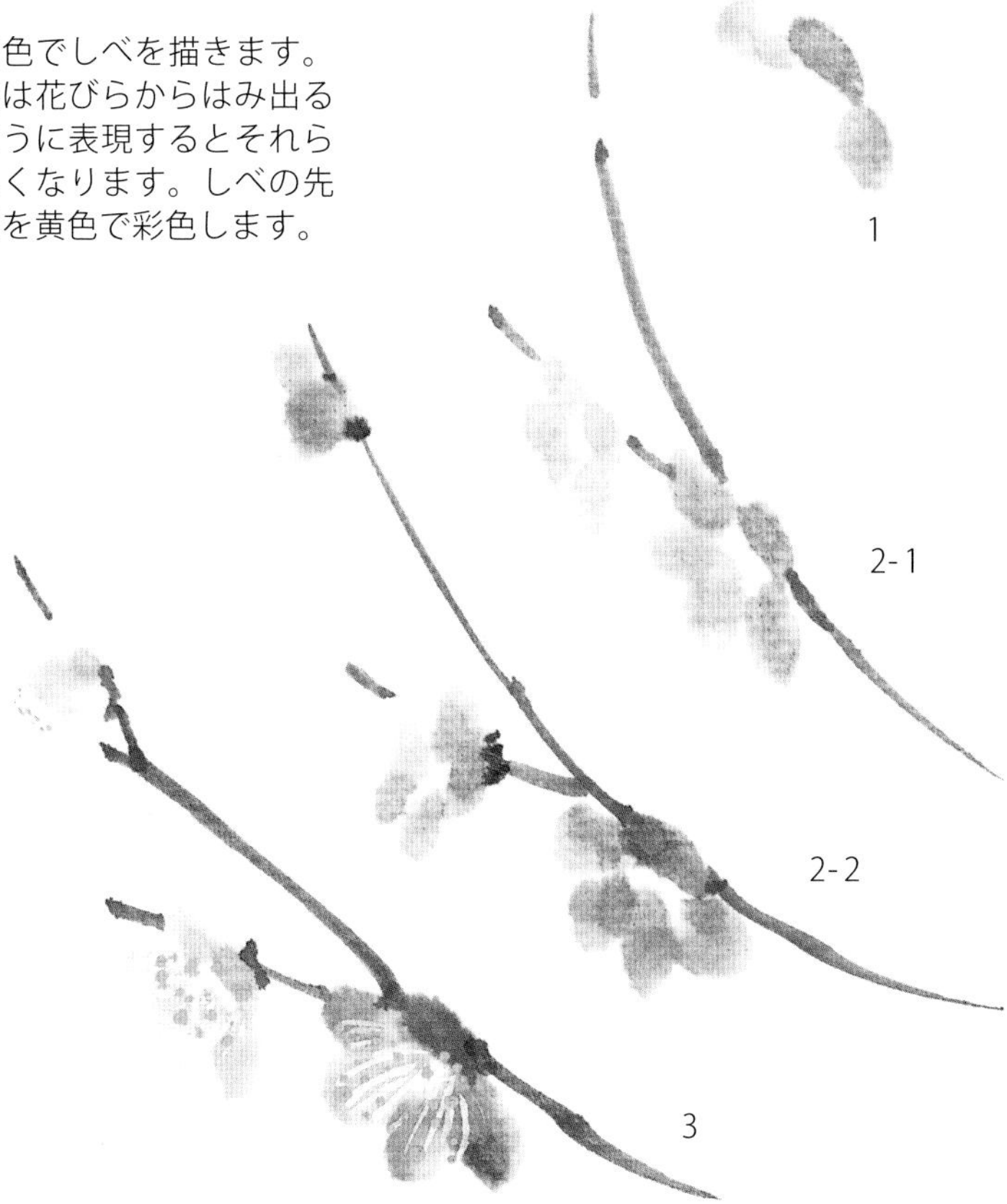


【梅の描き方】使用した絵の具。緑色はフーカスグリーン（アクリラ）。白色はチタニウム ホワイト（アクリラガッシュ）。黄色はイエロー（アクリラガッシュ）。使用した紙は和画仙紙「にじみ弱」。使用した墨は油煙墨。

【文面】
「ご主人様のことお聞きしました。長い間のご看病大変だったことと拝察致します。今はどのような言葉も無意味かと存じますが、ただ貴女がご健勝にお過ごされることだけを願っております。取り急ぎお悔みまで。一月九日」

　私の孫弟子で研究会などにも出席していたある方のご主人がお亡くなり、ひと言だけお悔みをと思い書いたはがきです。このようなはがきは人によっては他人に見られたくない場合もあるでしょうから、はがきに書いたものを封筒に入れました。

【絵柄】
カットは梅です。

# 暫くお休みしている生徒へ

暫くお会いしておりませんが
その後体調の方はいかがですか
教室で貴女のことが話題に
なっておりましたのでちょっと
気になりました寒い毎日です
ご自愛を祈ります
二月一日

【絵の描き方】地味な色合いの下地ですので、朱色の印が非常に重要な役目をしてくれています。本文を書き終わった時、カットの左右に開いた葉の下の空間が同じ空きだったので、日付の書く位置をどこにするかで迷いましたが、右下にしました。左下の方でも構わないと思います。

【文面】

「暫くお会いしておりませんがその後体調の方はいかがですか。教室で貴女のことが話題になっておりましたのでちょっと気になりました。寒い毎日です。ご自愛を祈ります。二月一日」

　交通事故の後遺症で体調が悪いと言って一ヶ月ほど休まれた生徒さんへのはがきです。病気で苦しんでいる人には、知人からお見舞いの手紙を戴くことは大変うれしいものです。みんなから忘れ去られていないという実在感を確認できるからです。その様な方には積極的にはがきを書いて送ることにしています。

【絵柄】

カットは白椿です。

# 快気祝いの便りに

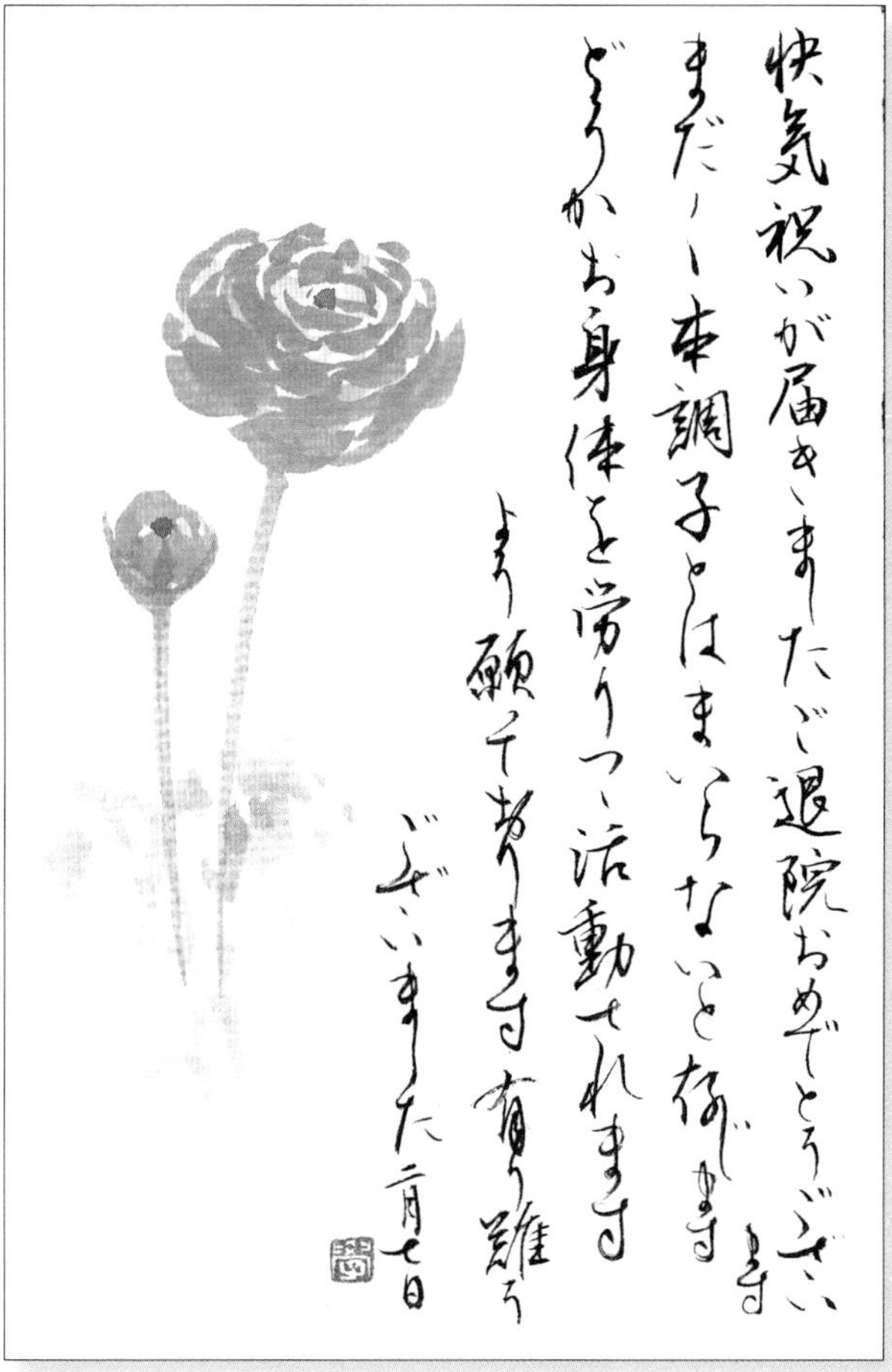
快気祝いが届きましたご退院おめでとうございます
まだまだ本調子とはまいらないと存じます
どうかお身体を労りつつ活動されます
よう願っております 有り難う
ございました 二月七日

【絵の描き方】左右の字の大きさで字と字の響きが違ってきます。騒がしくなったり、淋しくなったりします。いちばんいい大きさで書けるのがベストです。感覚的なものですが感性を磨けばわかるようになります。


【文面】

「快気祝いが届きました。ご退院おめでとうございます。まだまだ本調子とはまいらないと存じます。どうかお身体を労りつつ活動されますよう願っております。有り難うございました。二月七日」

義兄が入院していて、このほど退院の快気祝いが届きましたので、その礼状です。文面で、「届きました」の後を受けて「有り難うございました」と書くのが自然ですが、それよりも、お祝いの言葉が先だと思い「おめでとうございます」とし、締めくくりとして「有り難うございました」でまとめました。


【絵柄】

カットはラナンキュラスです。

# お悔み状

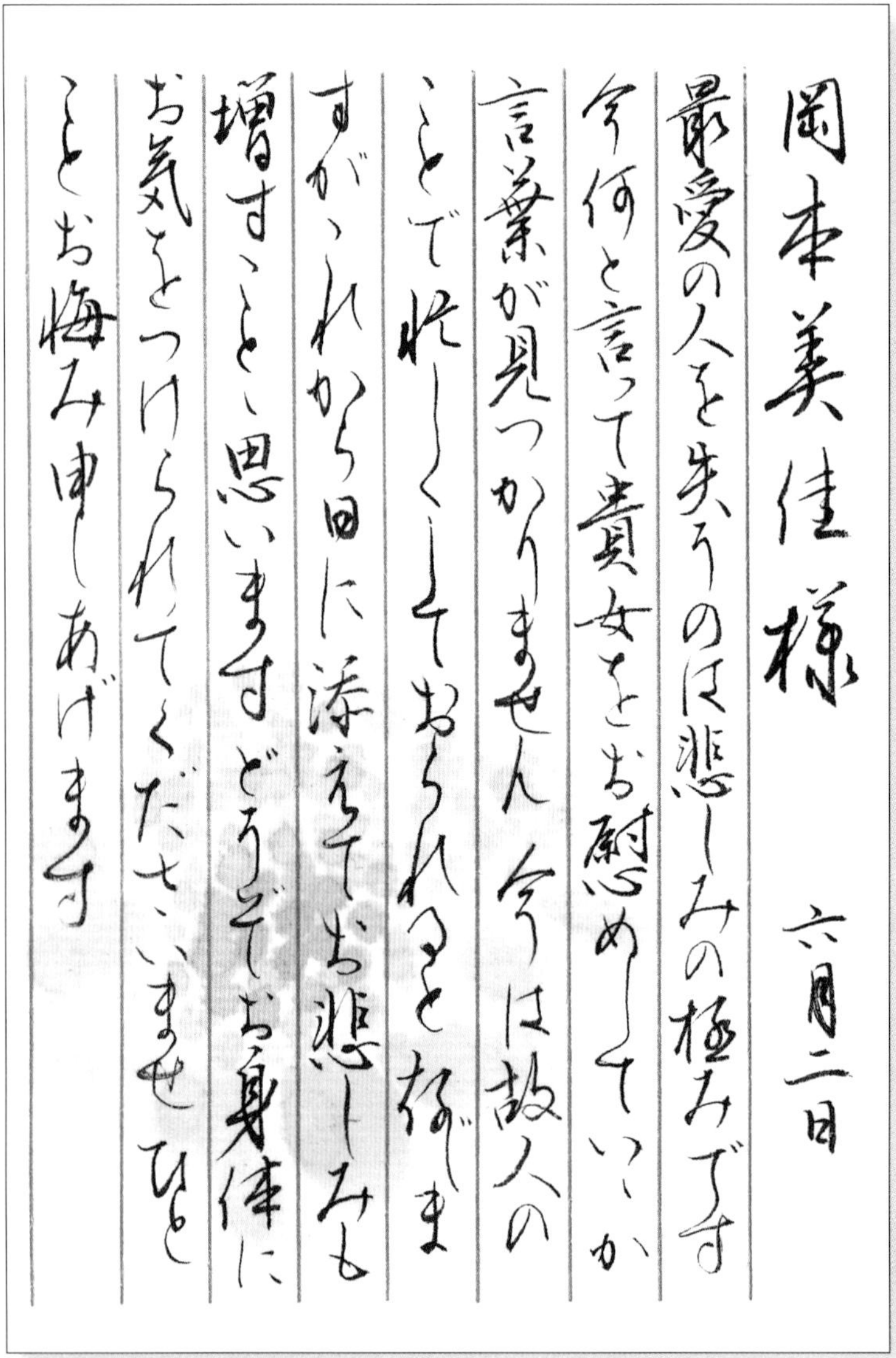
岡本美佳様　六月二日

最愛の人を失うのは悲しみの極みです

今何と言って貴女をお慰めしていいか

言葉が見つかりません　今は故人の

ことで忙しくしておられると存じま

すがこれから日に添えてお悲しみも

増すことと思います　どうぞお身体に

お気をつけられてくださいませ　ひと

ことお悔み申しあげます

【全体構成】下地は紫陽花で、青を基調にして淡くぼんやりとした表現にしました。また、罫線もそれに合わせて青色にしました。罫線を赤系の色にすると画面が活性化するので、この手のはがきには不向きです。

最愛悲極貴女慰
故人於存添増
身体気悔申です
めしてかりなられひと

【書の書き方】相手が読みやすいというのが最大のテーマです。我流の崩し字や、特異的な崩し字は使わないで、楷行書くらいで書くとよいでしょう。

【文面】
「岡本美佳様　最愛の人を失うのは悲しみの極みです。今何と言って貴女をお慰めしていいか言葉が見つかりません。今は故人のことで忙しくしておられると存じますが、これから日に添えて、お悲しみも増すことと思います。どうぞお身体にお気をつけられてくださいませ。ひとことお悔み申し上げます。
六月二日」

お知り合いの方でお香典を包まない間柄の時にひと言お悔み状を書く場合、カットは地味に、また罫線も赤系ではなくここでは青にしました。お悔みにピッタリの言葉があればそれを書いて出すとベストです。

# 寒中見舞い

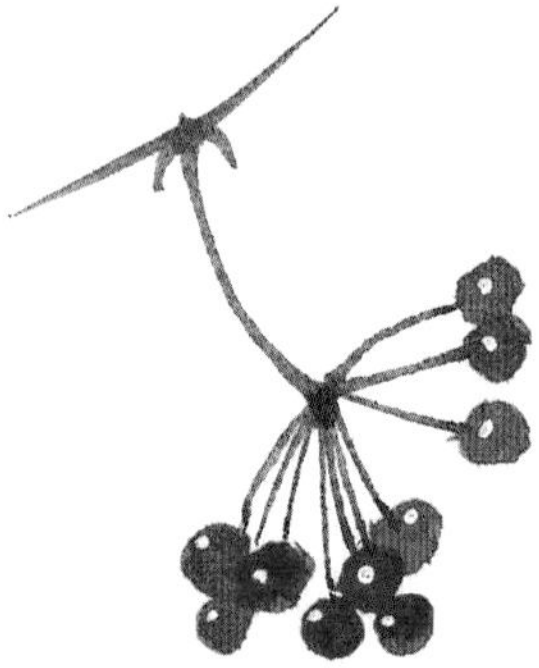

寒中お見舞い申し上げます お年賀状
有り難うございました 昨年の夏に母が他界
しましたので年賀状は遠慮致しました
連絡不足で申し
訳ありません
今年もご厚誼の
ほどよろしくお願い
致します

一月八日

【全体構成】絵の「表」は右斜め下向きですので、ここの空間をしっかり空けておきます。最初から罫線を使って字を書く場所を決めておくといいでしょう。

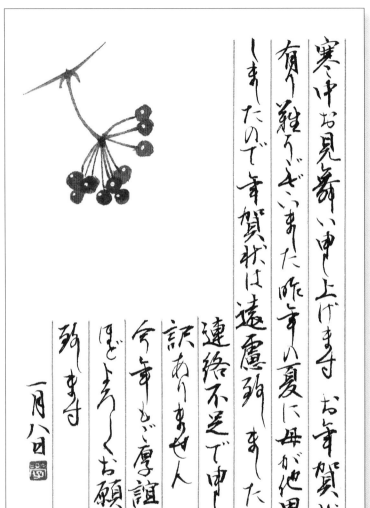

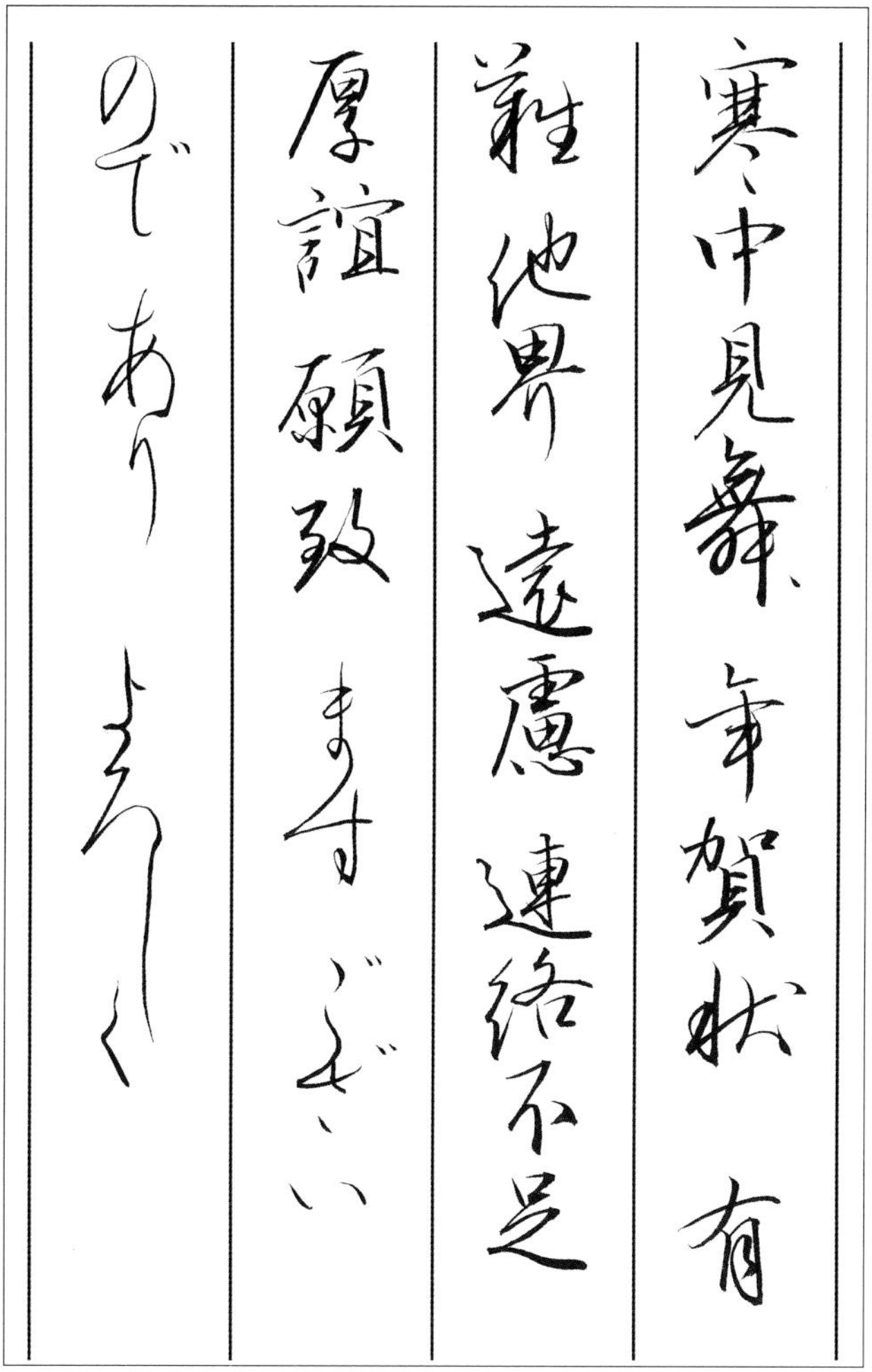
寒中見舞 年賀状有
難他界 遠慮 連絡不足
厚誼 願致 ますござい
のであり よろしく

【書の書き方】ひらがなの連綿が漢字の行書体にいちばん合いますので、基本的な続け方を習得しましょう。

【文面】

「寒中お見舞い申し上げます。お年賀状有り難うございました。昨年の夏に母が他界しましたので年賀状は遠慮致しました。連絡不足で申し訳ありません。今年もご厚誼のほどよろしくお願い致します。」

自分の方が喪中のときに、欠礼の挨拶状を出さなかった人から年賀状が届いた場合は、年賀状に対する御礼とともに、欠礼した理由をひと言書き添えるのがマナーにかなっています。どんな時にも手紙は読みやすく書くというのが原則です。丁寧に書くよう心がけましょう。

# 夫を亡くした方へ

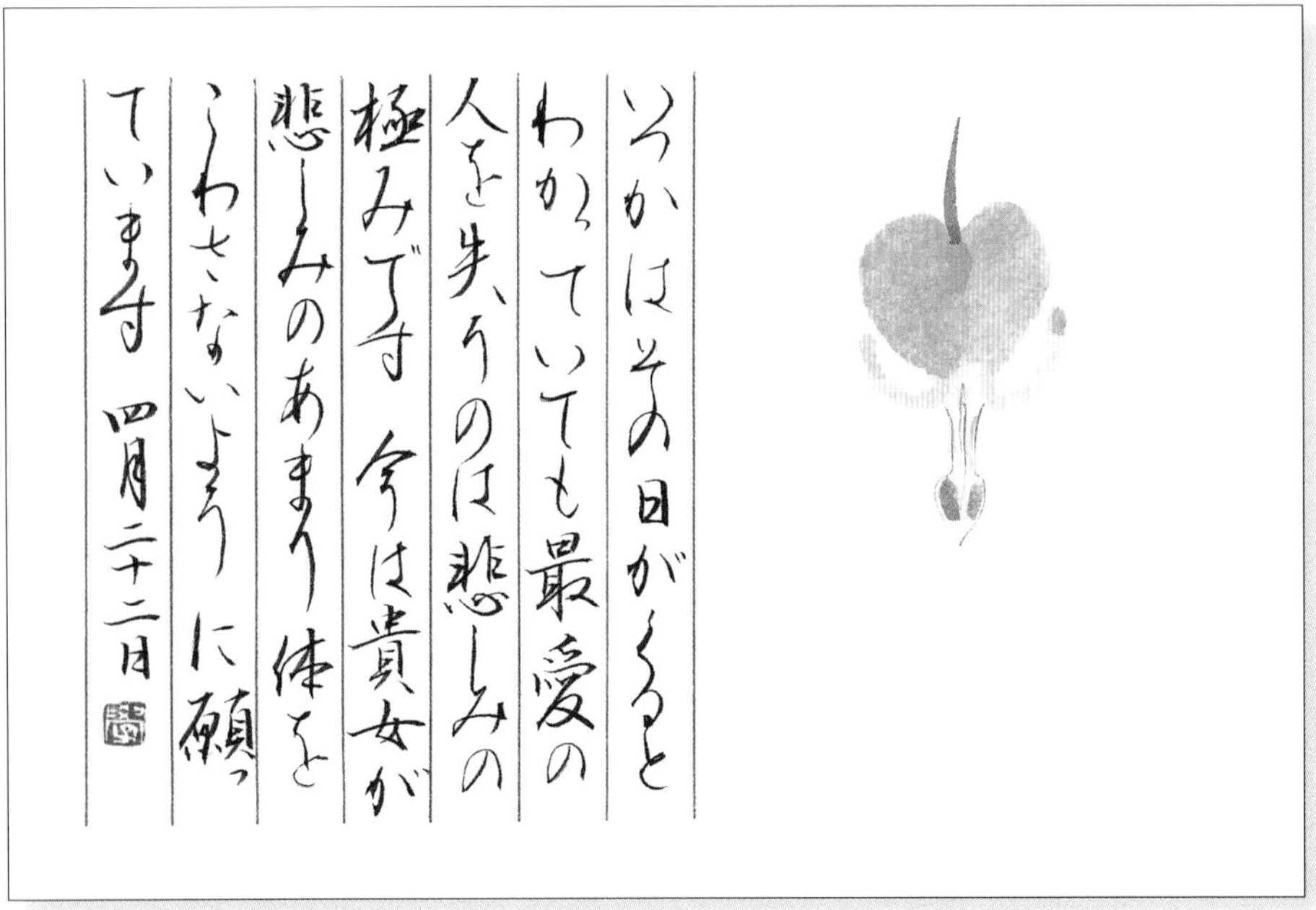
いつかはその日がくると
わかっていても最愛の
人を失うのは悲しみの
極みです 今は貴女が
悲しみのあまり体を
こわさないように願っ
ています 四月二十二日

【全体構成】この手の手紙は相手のことを思いやり、あまり奇抜な構成は避けます。落ち着いた雰囲気で品位 を大事にしたいところです。


【文面】

「いつかはその日がくるとわかっていても、最愛の人を失うのは悲しみの極みです。今は貴女が悲しみのあまり体をこわさないように願っています。四月二十二日」

　非常に親しい間柄であれば葬儀に行きますので、お悔みも言えますが、葬儀に行かない場合は電話より手紙がベストです。カットや字体にも気配りがいります。ここでは目に優しい色のピンクを選んでみました。また、字体は楷行書で読みやすく、特に丁寧な書きぶりにします。殴り書きだと却ってマイナスイメージになりかねません。

【絵柄】

カットはタイツリソウです。

郵 便 は が き

料金受取人払郵便

本郷局承認

5887

差出有効期間
2025年
1月31日まで
（切手不要）

113-8790

（受取人）

東京都文京区本郷5-2-2
株式会社 **日貿出版社** 愛読者係行

**＜本を直接お届けします＞** 小社出版物のご注文にご利用下さい。

送料はお買い上げ総額税込5,500円未満の場合は550円（税込）、5,500円以上の場合は小社負担です。代金は本と一緒にお届けする郵便振替用紙にてお支払いください。

| 【ご注文欄】書名 | 注文冊数 | 総額 |
| --- | --- | --- |
| | | |
| | | |
| | | |

▲裏面のアンケートへのご回答のみの方は、上のご注文欄は空白のままお送りください。

ご住所 〒

フリガナ
お名前 印 電話
FAX

E-mail 日貿出版社メールマガジンを 希望する ・ しない

性別 男 ・ 女 年齢 歳

ご購読ありがとうございました。本のご感想をお寄せください。　**愛読者カード**

| お買い上げいただいた本の名前 | |
|---|---|

**●本書を何でお知りになりましたか？**

1. 書店で実物を見て　2. 小社 DM で
3. インターネットで
（A. 小社ホームページ　B.Amazon　C. 著者ブログ等　D. その他）
4. 広告を見て（新聞／　　　雑誌／　　　）
5. 友人・知人の紹介で　6. その他（　　　）

**●本書をどちらでお買い求めになりましたか？**

1. 書店（店名　　　）
2. 小社通信販売
3. ネット書店（　　　）

**●本書をご購入いただいた動機をお聞かせ下さい。** ※複数回答可

表紙のデザイン／本の題名／本のテーマ／価格／帯の内容／著者／その他（　　　）

**●本書について、該当するものに○をお願いします。**

価　格……………… 高い　／　普通　／　安い
判型（本のサイズ）… 大きい　／　ちょうど良い　／　小さい
デザイン・表紙 …… 良い　／　普通　／　良くない
内　容……………… 満足　／　普通　／　不満

**●いままでこのハガキを出した事がありますか？**　ある　／　ない

**●案内を希望**　新刊案内等　／　総合図書目録

**●本書についての感想やご要望、出版して欲しいテーマなどをお教え下さい。**

**ご協力ありがとうございました。**

○ご記入いただきました個人情報は、書籍の発送や確認等の連絡及び小社の新刊案内を送付するために利用し、その目的以外での利用は致しません。アンケートのご回答は今後の企画の参考にさせていただきます。　○アンケートにご協力の上、表面にご住所等をご記入いただいた方に、粗品を進呈致します。※発送までお時間をいただく場合がございますので、ご了承下さい。

日 最 愛 人 失
悲 極 今 貴女
体 願 い る しみ
です まり よう ます

【書の書き方】ゆったりとした運筆で、懐をひろくとった書きかたをすると、品のある書体になります。

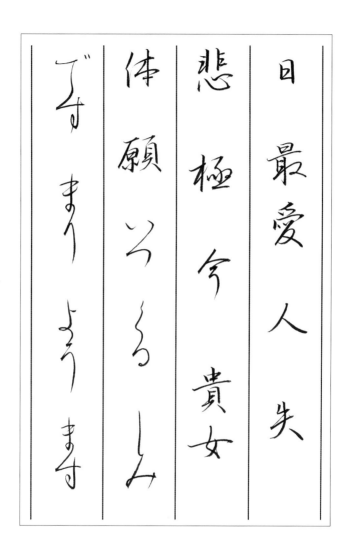

# 暑中見舞い

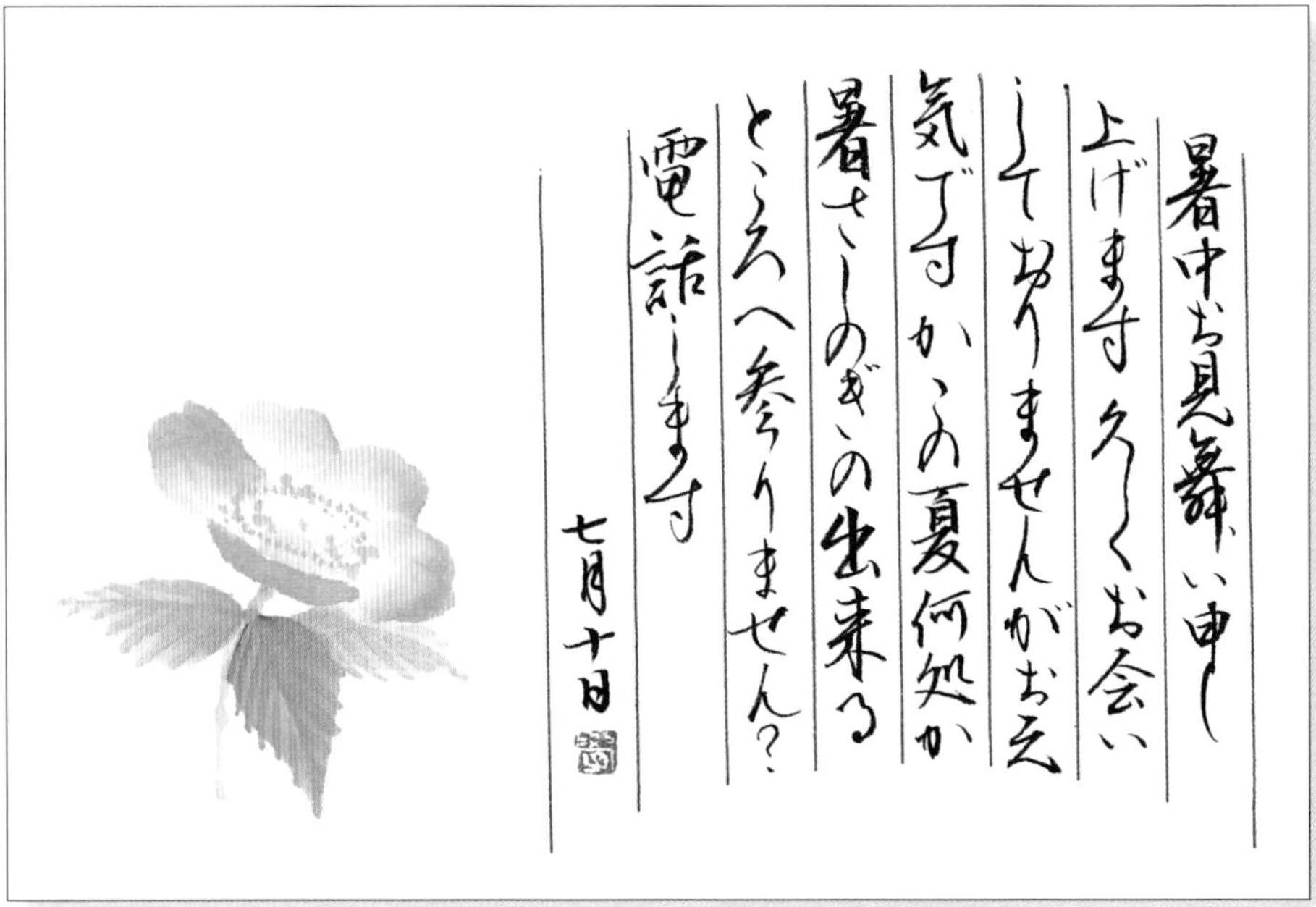


【全体構成】自作のテンプレートで扇の形の罫線を引いてみました。印象深い手紙になりました。

【文面】

「暑中お見舞い申し上げます。久しくお会いしておりませんが、お元気ですか。この夏何処か暑さしのぎの出来るところへ参りません?電話します。七月十日」

　暑中見舞いの場合、暑苦しい雰囲気を出したくないので、少しでも涼しさを表現するために罫線も青系を使いました。絵柄にしてもあまり濃い目の色合いは避ける方がいいと思います。


【絵柄】

カットは一重のバラです。

暑中見舞、申上久会

元気 夏何処出来参

電話ますしておりませ

ず、の、しめぎ、ところ

【書の書き方】お手本の通り書けない場合は、薄い紙をこのお手本の上に置いておき、上からなぞり書きをするのも、一つの練習方法としてやってみる価値があります。目で見ただけでは発見できないものが習得できます。特に初心者におすすめの方法です。

# 快気・退院を祝う

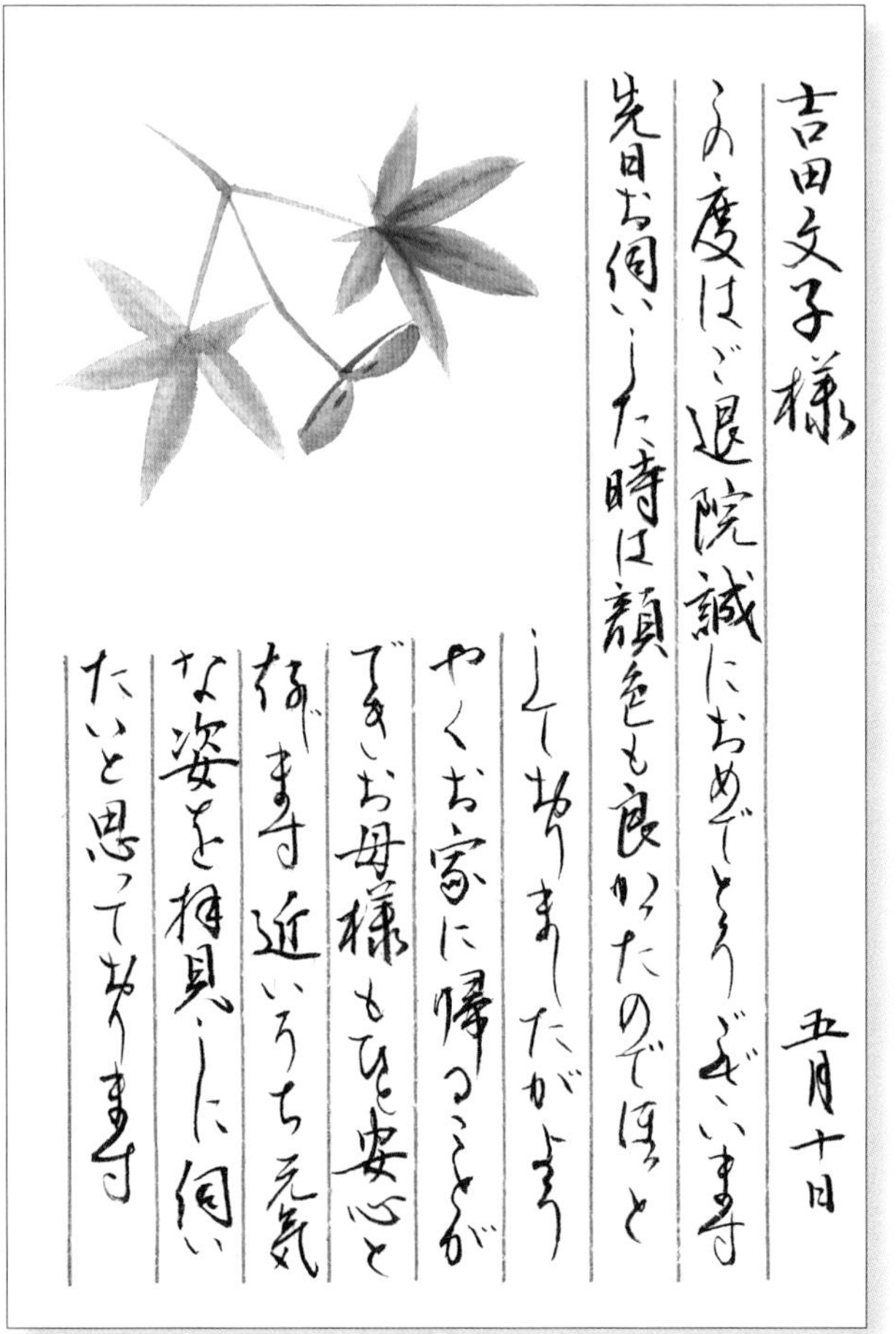


【書の書き方】お祝いのメッセージですので、明るい雰囲気の葉書にします。予め罫線を引いておくと書きやすいので、罫線のテンプレートを作っておくと便利です。

【文面】
「吉田文子様　この度はご退院誠におめでとうございます。先日お伺いした時は顔色も良かったので、ほっとしておりましたが、ようやくお家に帰ることができ、お母様もひと安心と存じます。近いうち元気な姿を拝見しに伺いたいと思っております。五月十日」

〈ひと言メモ〉退院祝いの熨斗について―ほどけない紅白結び切りの熨斗を使います。最も一般的な表書きは「祝 御退院」。

【絵柄】
カットはモミジの花です。

# 入院見舞い

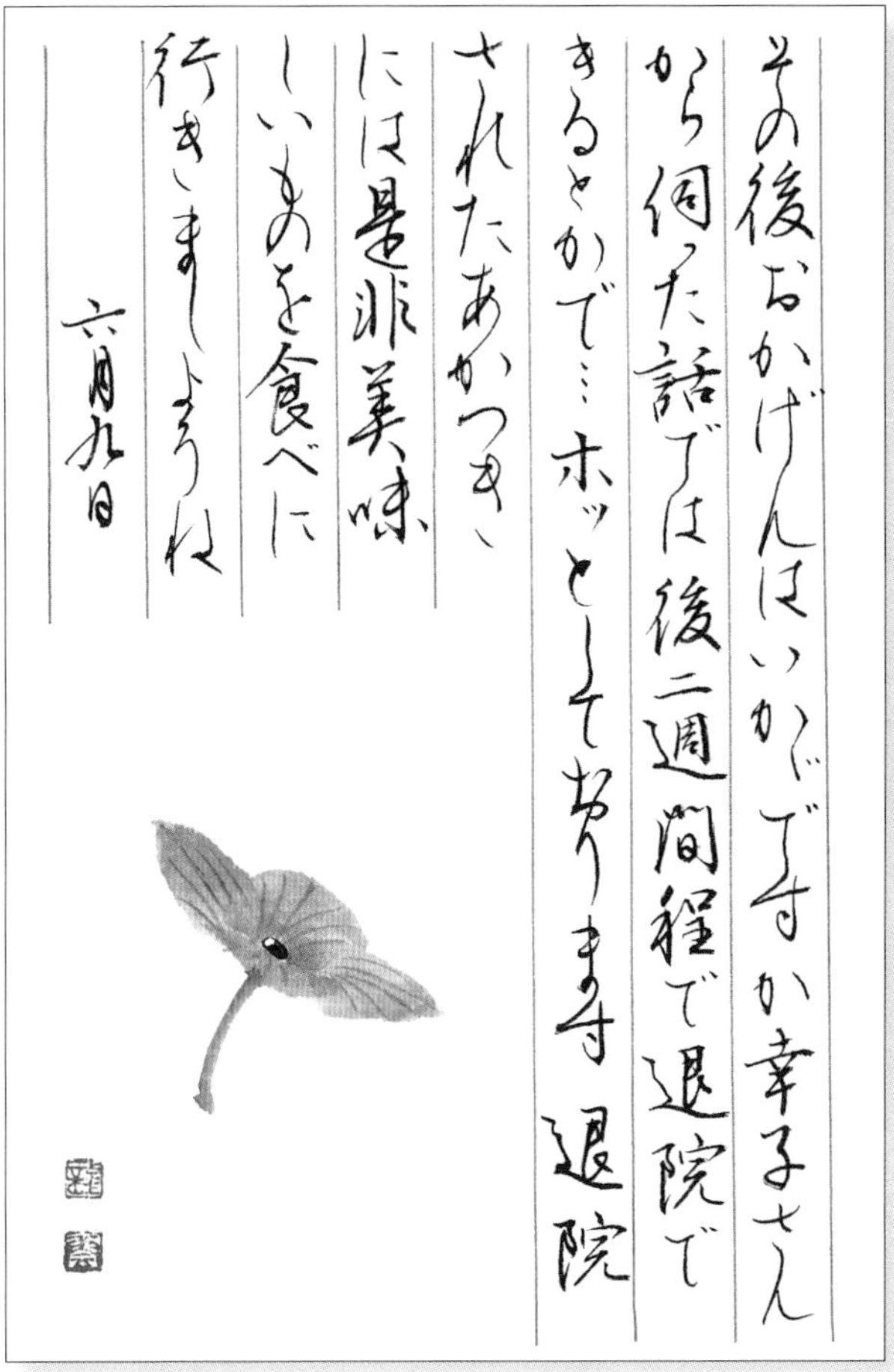
その後おかげんはいかがですか幸子さん
から伺った話では後二週間程で退院で
きるとかで…ホッとしております退院
されたあかつき
には是非美味
しいものを食べに
行きましょうね
六月九日

【書の書き方】どのような絵柄でも、絵の表側の空間はしっかりと空けておきます。罫線で字を書かない部分を今回のように割り振っておきます。

【文面】
「その後おかげんはいかがですか。幸子さんから伺った話では、後二週間程で退院できるとかで・・・ホッとしております。退院されたあかつきには、是非美味しいものを食べに行きましょうね。六月九日」

入院されている人へ、手紙を書く場合は、どこかに返信無用という文を書いておきます。返信を書かなくてはと、余計な心配をかけないためです。

【絵柄】
カットは額紫陽花の一輪です。

# 寒中見舞い

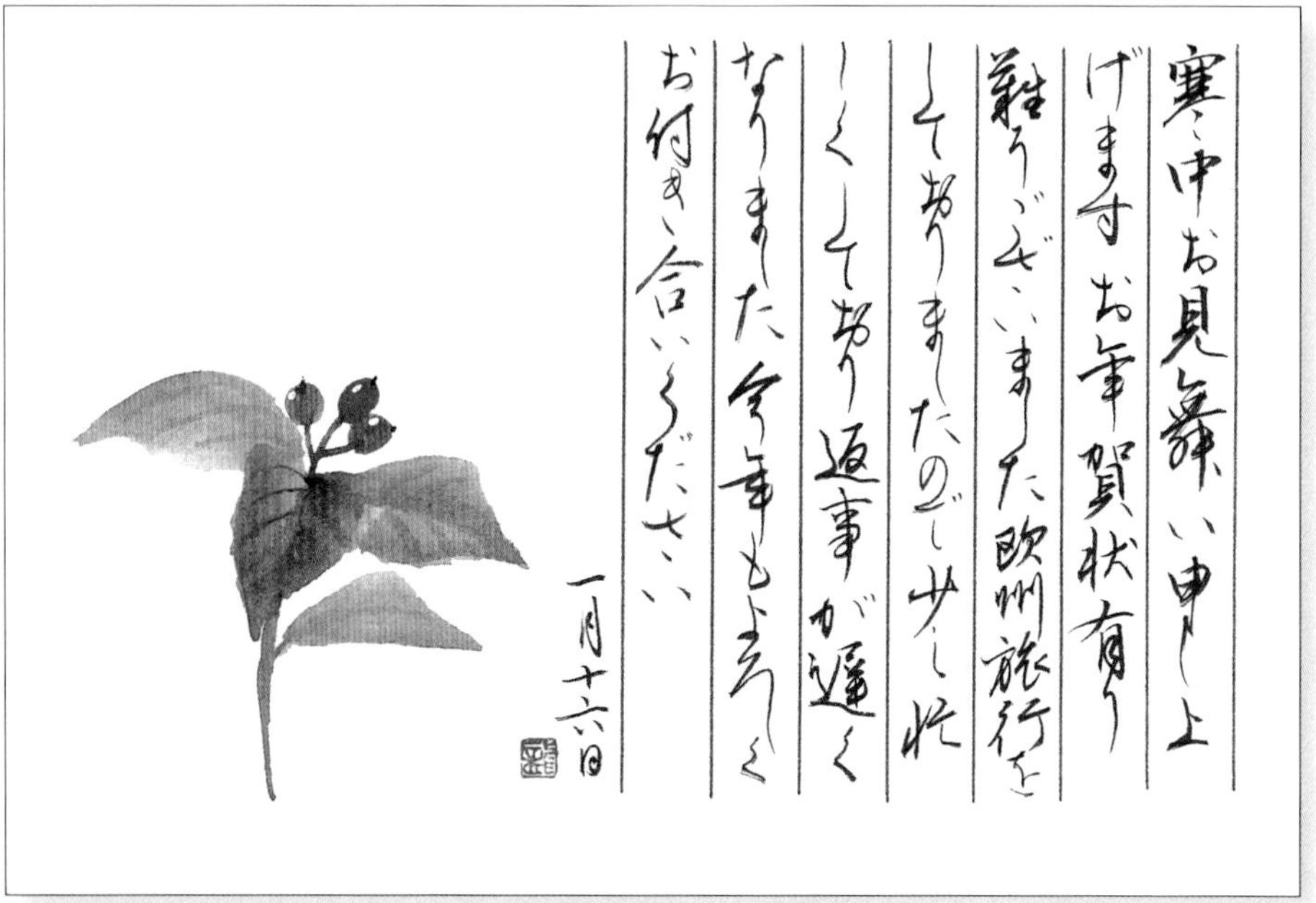
寒中お見舞い申し上
げますお年賀状有り
難うございました欧州旅行を
しておりましたので少し忙
しくしており返事が遅く
なりました今年もよろしく
お付き合いください
一月十六日

【全体構成】絵柄の上の空間にも少し字を書く空間は有りますが、字数が多く書けないので、このような場合は、文章を簡潔にして、罫線の中に入るように工夫します。


【文面】

「寒中お見舞い申し上げます。お年賀状有り難うございました。欧州旅行をしておりましたので、少し忙しくしており返事が遅くなりました。今年もよろしくお付き合いください。一月十六日」

　寒中見舞い状の言葉は、立春までしか使えませんので二月三日の節分が目安になります。かなの連綿は、あまり続けないようにして、相手が読みやすく書くのがマナーにかなってます。漢字も勝手なくずしをしないよう心がけてください。自由奔放に書くと、それこそ何のための手紙だったかわからなくなります。


【絵柄】

カットは千両です。

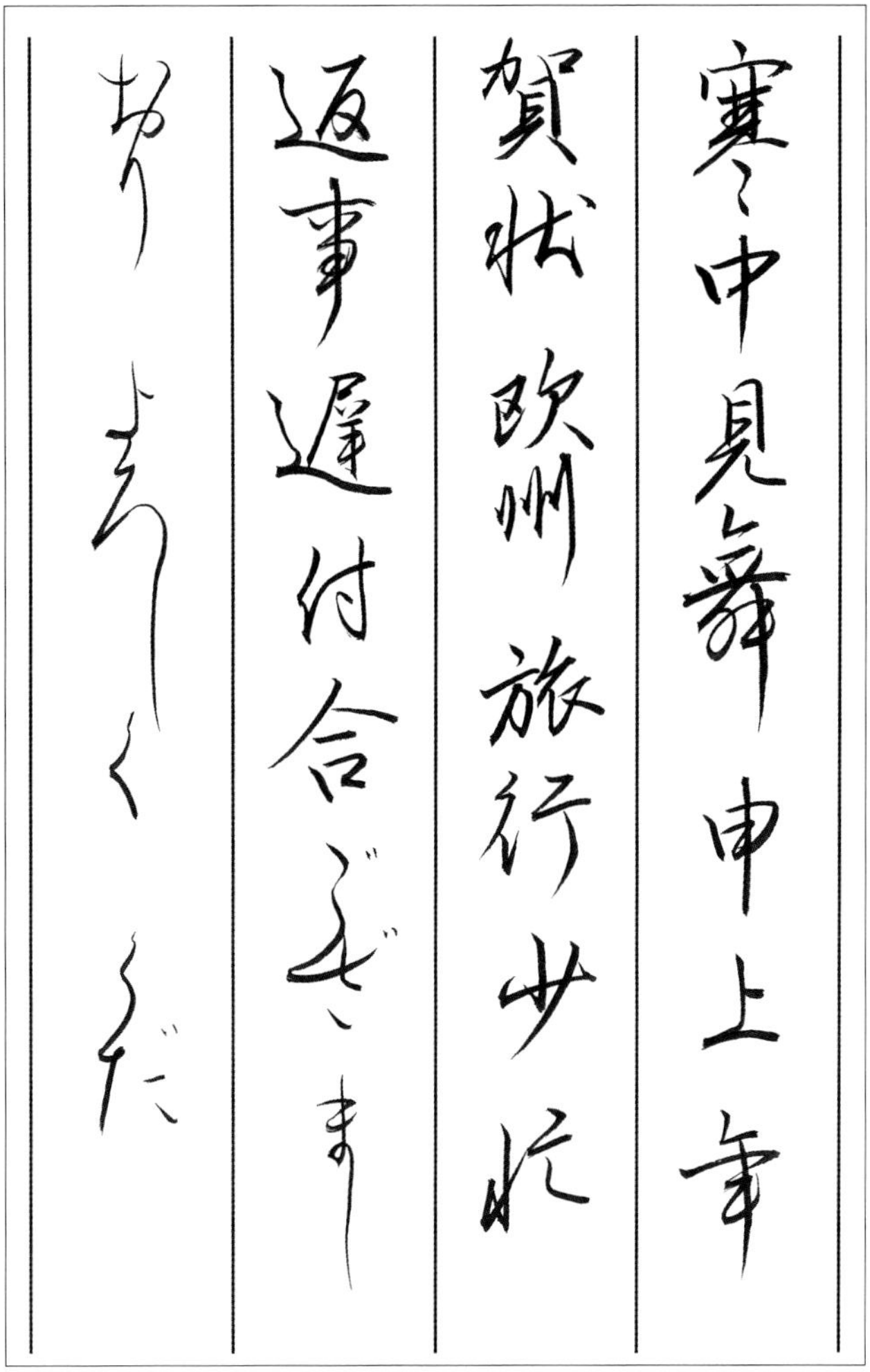

【書の書き方】漢字の行書の基本は「最終画をつなぐ」です。また、かなの連綿は「単体を七割書いたら、しなやかに次の字のつなぎやすいところをつなぐ」です。

# 長期入院している方へ

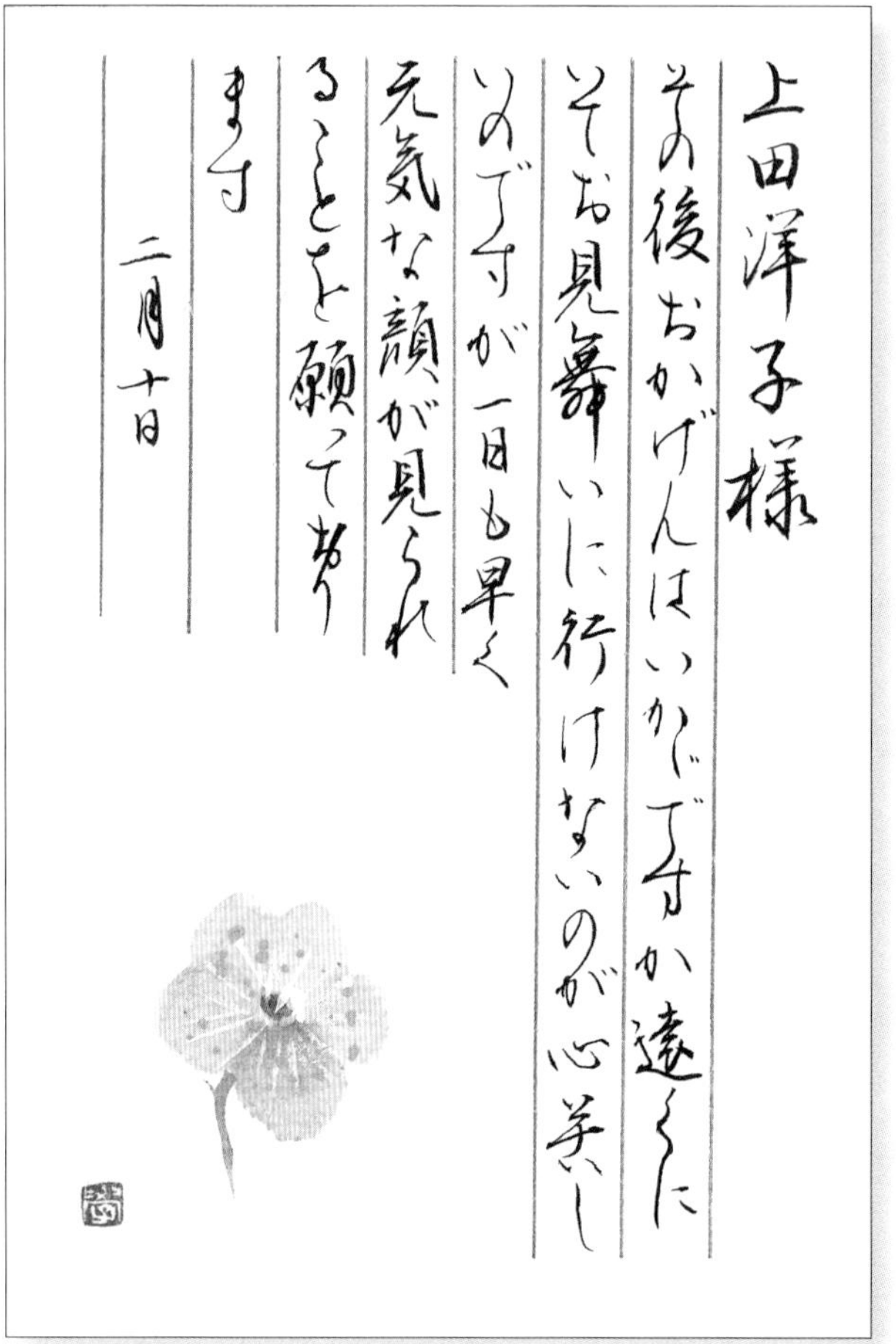
上田洋子様
その後おかげんはいかがですか遠くに
いてお見舞いに行けないのが心苦し
いのですが一日も早く
元気な顔が見られ
ることを願ってお
ります
二月十日

【全体構成】最近の病院は空調設備が効いているので、季節感を感じることが少なくなっています。季節感を届けるためにも、カットにはその季節の草花を描いたものを使うと喜ばれると思います。

【文面】
「上田洋子様　その後、おかげんはいかがですか。遠くにいてお見舞いに行けないのが心苦しいのですが、一日も早く元気な顔が見られることを願っております。二月十日」

病気見舞いで大切なことは、早く元気になってもらいたい気持ちを書くことが大切です。

【絵柄】
カットは梅の花です。

# 第⑤部
# 「はがき」のお礼状

はがきの中でいちばん書かれるのが、お礼状だと思います。短く、結論を書き、具体的に書き、私を表現するといった形式が良いと思います。これは、はがきの達人金田晃さんが提唱されている方法「短結具私」です。このページでは龍雲流でその具体的な方法を解説します。

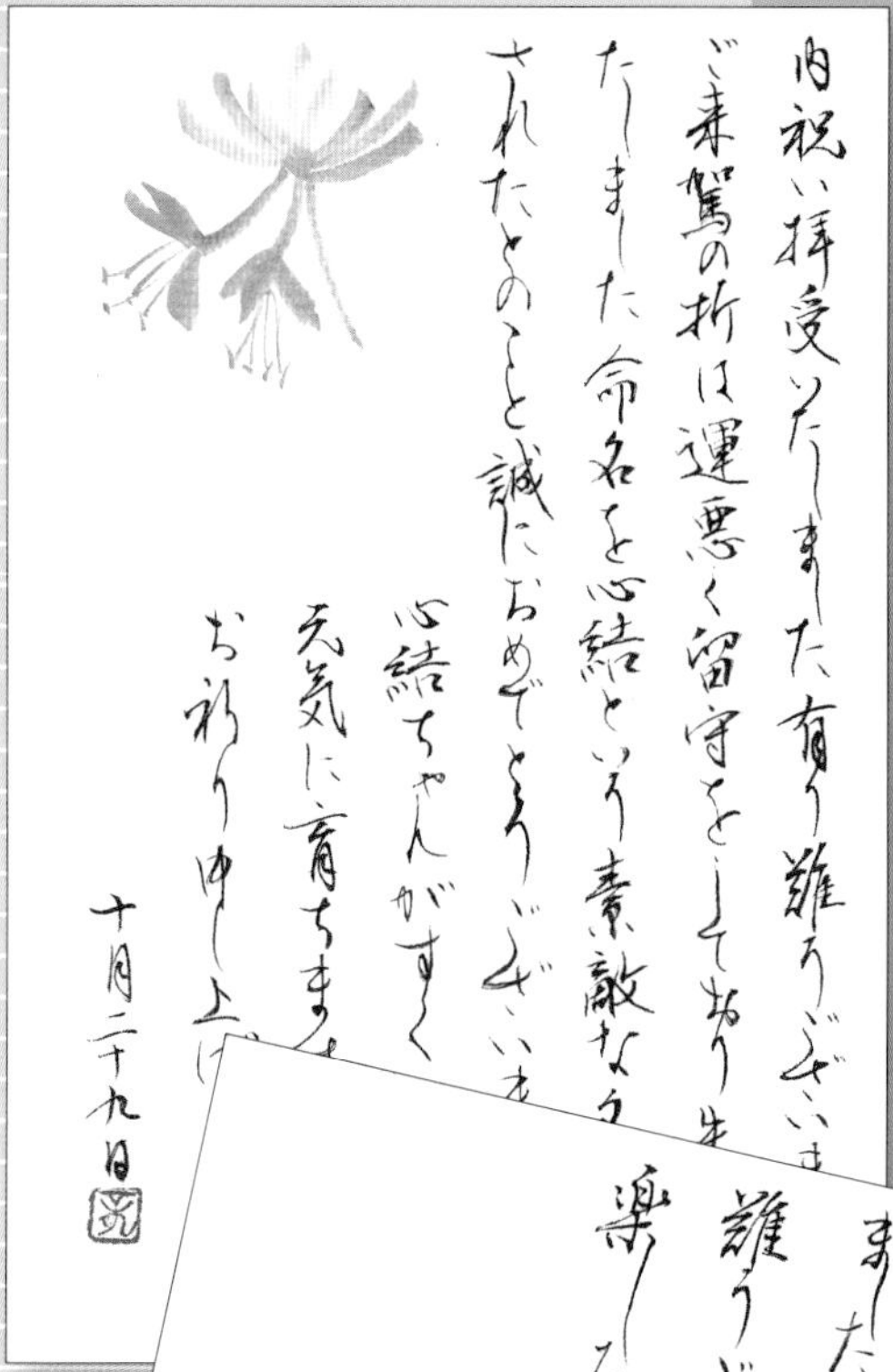
内祝い拝受いたしました有り難うございま
ご来駕の折は運悪く留守をしており失
たしました命名を心結という素敵な
されたとのこと誠におめでとうございま
心結ちゃんがすく
元気に育ちます
お祈り申し上げ
十月二十九日

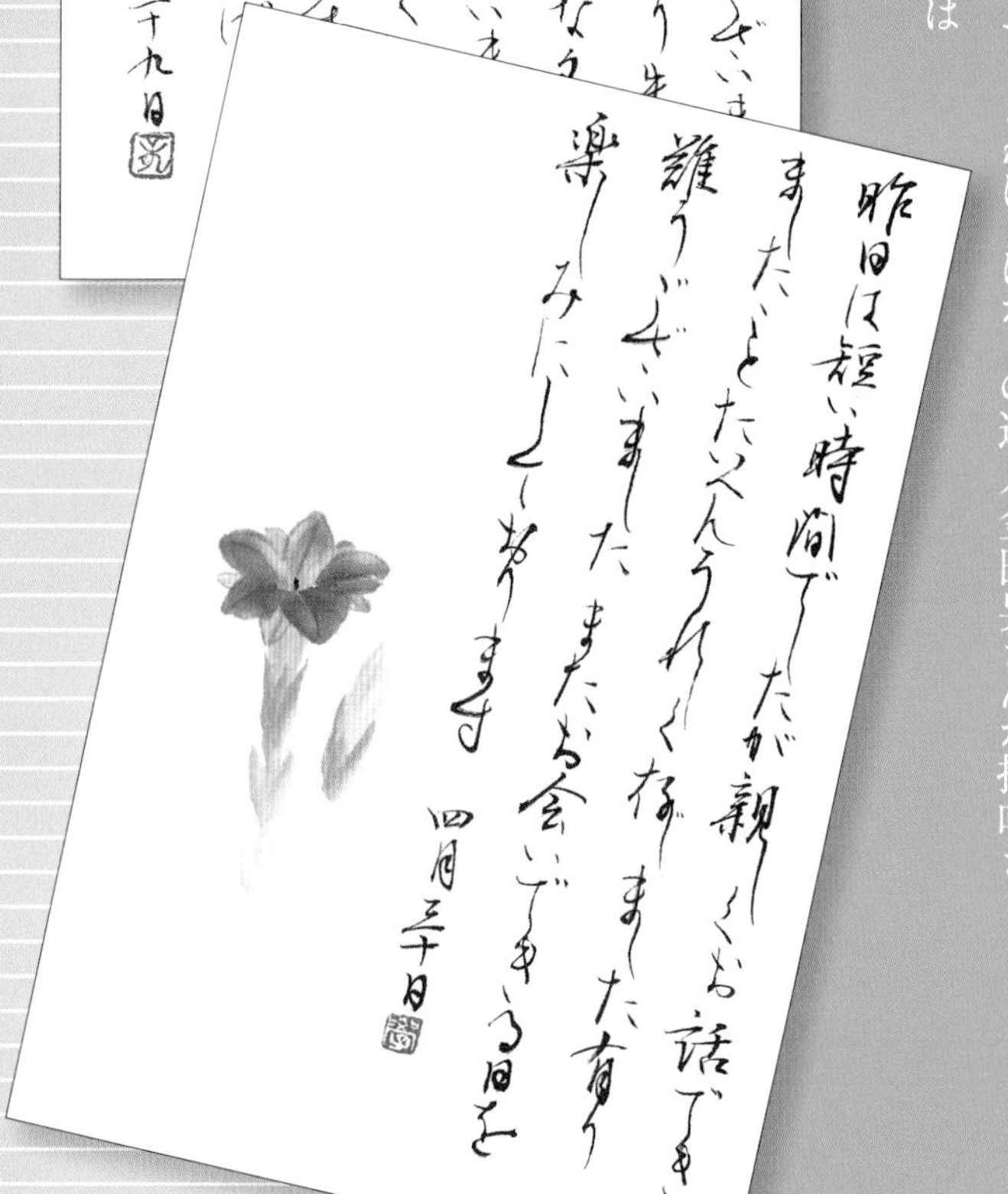
昨日は短い時間でしたが親しくお話でき
ましたことたいへんうれしく存じました有り
難うございましたまたお会いできる日を
楽しみにしております
四月三十日

# 年賀状の返事

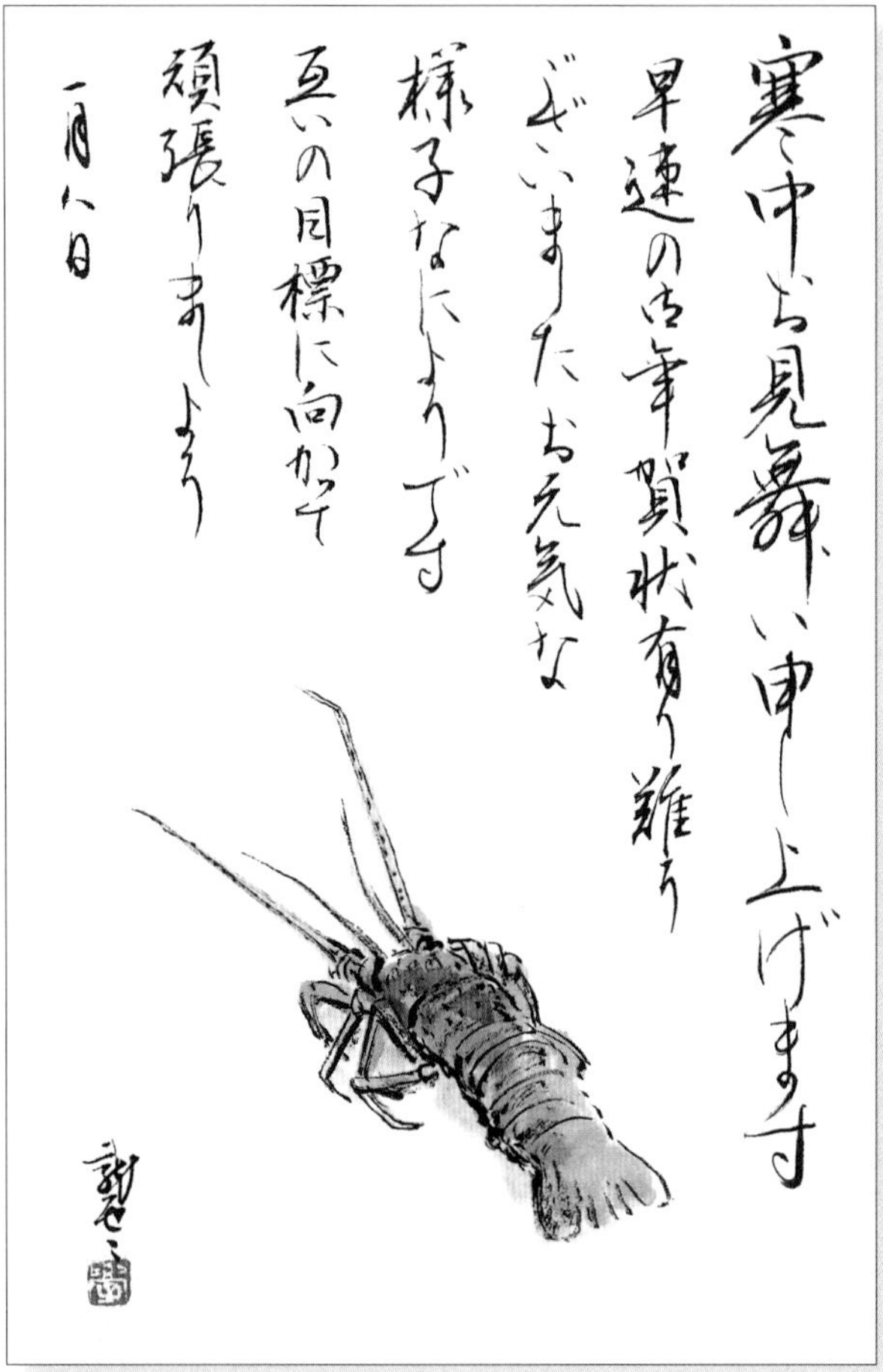
寒中お見舞い申し上げます
早速の御年賀状有り難う
ございました　お元気な
様子なによりです
互いの目標に向かって
頑張りましょう
一月八日

【全体構成】カットを何にするか迷いましたが、一月もまだ始めなので豪華な伊勢エビにしました。字が絵の邪魔にならないように書きます。書き終わって左下が空きすぎた感がありましたので落款を入れました。これで全体がすっきりとまとまりました。

【文面】
「寒中お見舞い申し上げます。早速の御年賀状有り難うございました。お元気な様子なによりです。互いの目標に向かって頑張りましょう。
一月八日　龍雲」

年賀状をいただいた方への返事です。松の内は過ぎましたので、寒中見舞いにしました。以前の通信講座の生徒さんですが、しばらく連絡がありませんでしたが、元気にしている様子なので、この様な文面にしました。

【絵柄】
カットは伊勢エビです。

# 入学祝のお礼

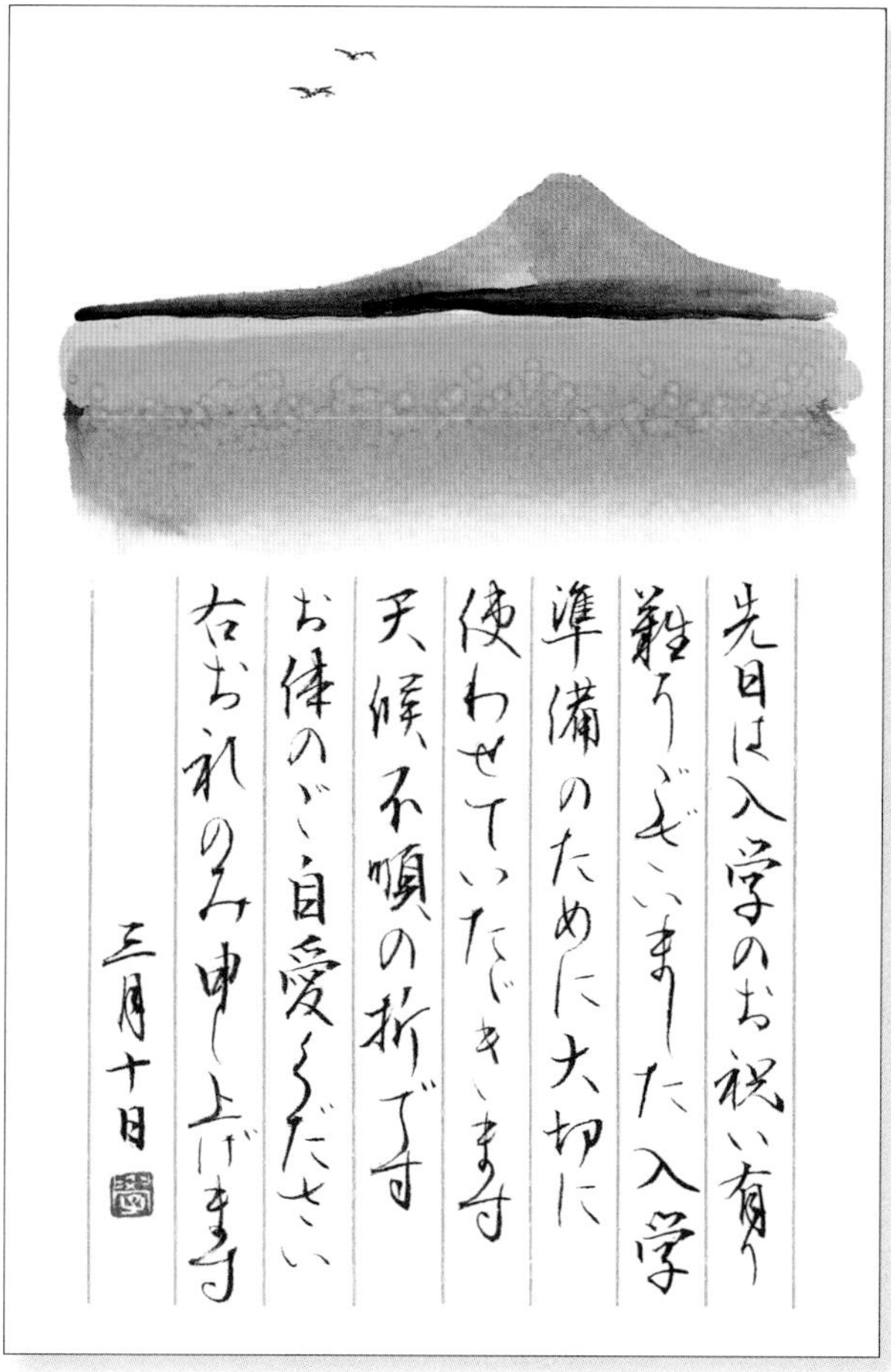
先日は入学のお祝い有り
難うございました入学
準備のために大切に
使わせていただきます
天候不順の折です
お体のご自愛ください
右お礼のみ申し上げます
三月十日

【書の書き方】漢字の、崩し字は「最終画をつなぐ」の原則通り、しなやかに書くようにすれば、品性のある字になります。最初は崩し字辞典などをひいて確認しながら書きましょう。

【文面】
「先日は、入学のお祝い有り難うございました。入学準備のために大切に使わせていただきます。天候不順の折です。お体のご自愛ください。右お礼のみ申し上げます。
三月十日」

頂いたものへの感謝の気持ちは簡潔でスマートに伝えたいものです。何か買う物が有れば具体的な品を書きますが、まだ決まってない場合は今回のように大切に使わせてもらうという表現が良いと思います。カットは季節感のある明るめのものが良いでしょう。

【絵柄】
カットは菜の花のある開聞岳の風景です。

# 写真を頂いたお礼

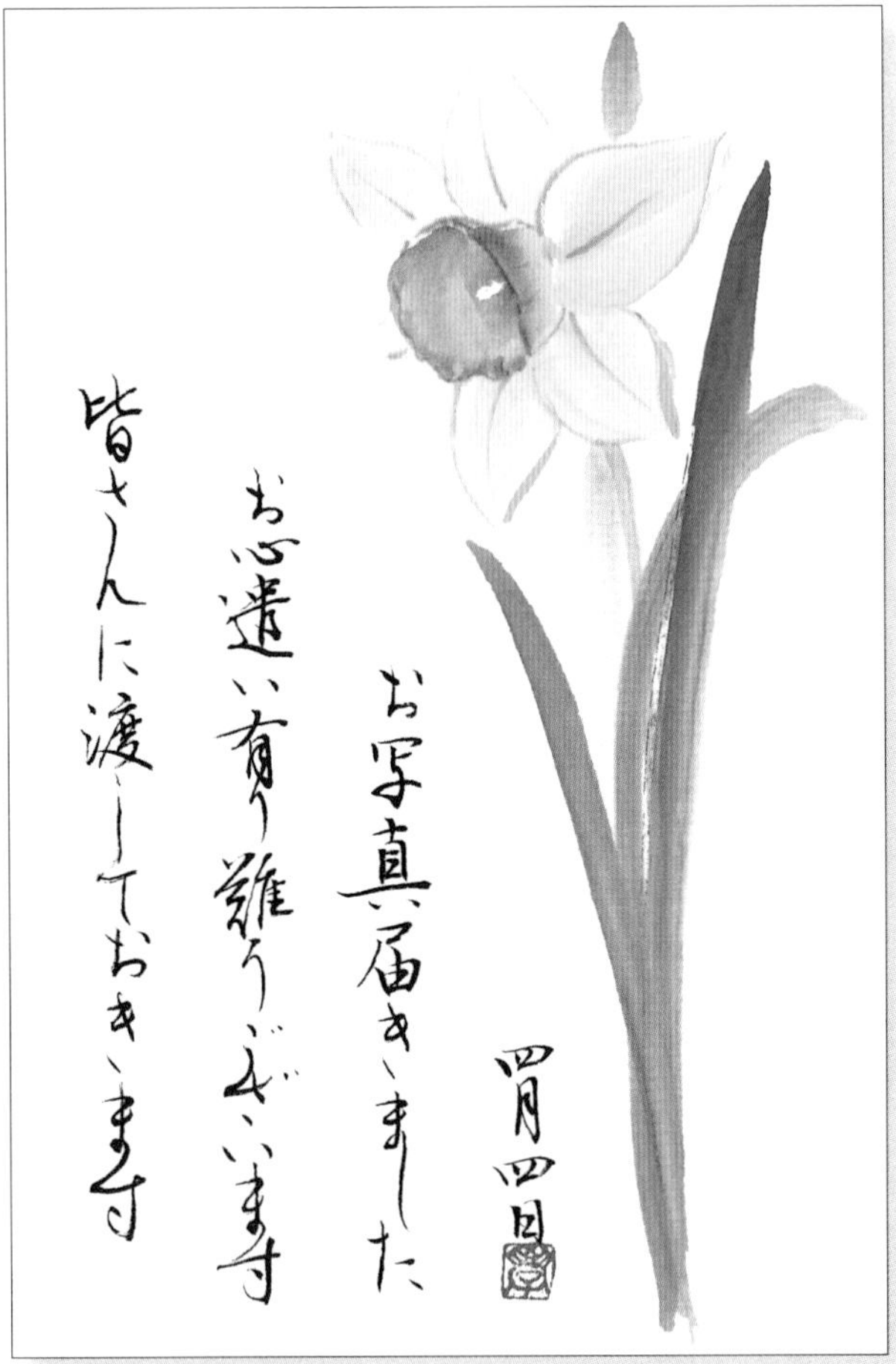
四月四日
お写真届きました
お心遣い有り難うございます
皆さんに渡しておきます

【全体構成】絵柄が比較的大きいので、短文で要領よく、また、見た目に美しくまとめたいものです。日付を右下に書き、文字の全体構成を三角構成として印象深くしました。


【文面】

「お写真届きました。お心遣い有り難うございます。皆さんに渡しておきます。四月四日」

　このはがきは返礼はがきです。一緒に海外旅行に行った方から同行した生徒さん達の写真を一括して送って下さったので、そのお礼状です。


【絵柄】

ラッパ水仙。季節のカットを使いました。

# 旅行おみやげのお礼

【絵の描き方】この絵の場合の余白は全て文字を書いて構いません。

【文面】
「おみやげ有り難うございました。イタリアはいかがでしたか。次回お会いした時に旅行のお話お聞かせ下さいね。四月二十四日」

イタリアへ旅行されていた方から人づてに旅行のお土産を頂いたので、それを受け取ったという礼状です。人づてにもらったものは、数日たって貰うことが多いので、特に素早く書いて出します。確実に手元に届いたという受領書代わりのはがきにもなりますので大切な一通です。差し上げた方は無事に届いたかしら？と思っているものです。

【絵柄】
カットはスイカズラです。白色を際立たせるためには、バックは黒色がベストです。

# お手伝いをして頂いたお礼

昨日の会場作りの
お手伝い脚立持参
していたゞいたこと
もろ〳〵のこと
たいへん助かり
ました有り難う
ございました
四月十一日
龍雲

【全体構成】はがきの右下に日付と落款を入れることにより、左下の空間がゆとりの空間となります。

【文面】
「昨日の会場づくりのお手伝い、脚立持参していただいたこと、もろもろのことたいへん助かりました。有り難うございました。四月十一日　龍雲」

　葉書記絵コンクールの会場作りに男性の生徒さんがわざわざ脚立まで持って駆けつけてくれました。その礼状です。特別に気を遣ってくれた方には礼状を書くようにしています。文面で、もろもろのことと書くと一切合切の事をまとめて言った形になるので便利だと思います。

【絵柄】
カットは上海蟹です。男性に送る場合はこの様なカットも喜ばれます。相手が女性であれば、花の方が無難でしょう。

# お菓子を頂いたお礼

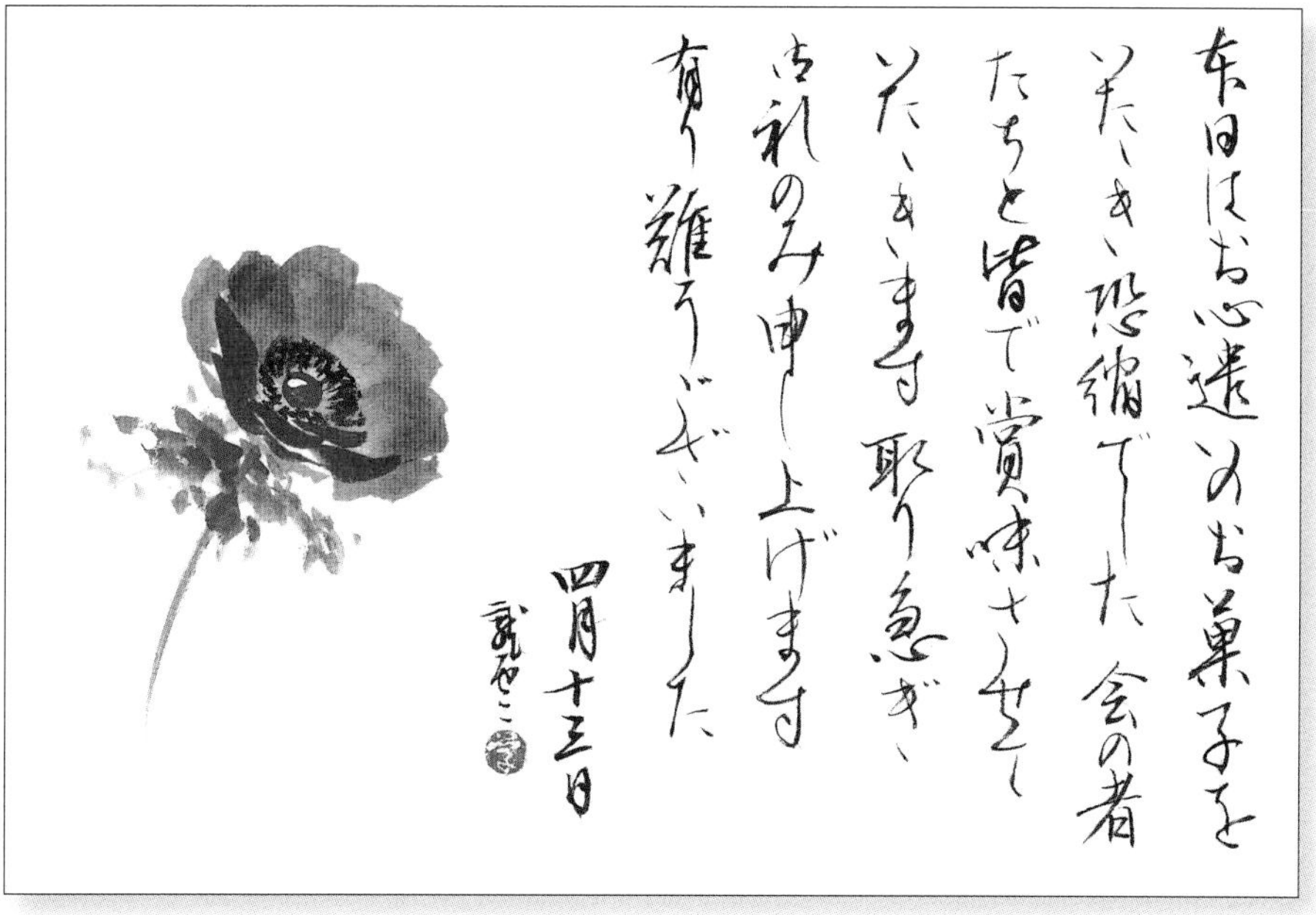
本日はお心遣いのお菓子を
いただき恐縮でした 会の者
たちと皆で賞味させてい
ただきます 取り急ぎ
御礼のみ申し上げます
有り難うございました
四月十三日

【全体構成】花が向いている方向が絵の「表」です。この方向は白い空間を多く取らないと息苦しく見えますので要注意です。また、色で雰囲気がガラッと変わりますから、同じアネモネでも色を変えたものをいくつか用意しておくと便利です。

【文面】
「本日はお心遣いのお菓子をいただき、恐縮でした。会の者たちと皆で賞味させていただきます。取り急ぎ御礼のみ申し上げます。有り難うございました。四月十三日」

　葉書記絵コンクールの開催中に会場にお菓子を持ってきてくれた方へ、会の代表者としての礼状です。ここで注意することは、いただいたものを味わう場合は「賞味」、差し上げる場合には「笑味」と書き、もらった後で「笑味しました」とは書きません。
また、意外な方からもらった場合は「恐縮です」という書き方がいいと思います。

【絵柄】
カットはアネモネです。

# 旅行中にお世話になった方へ

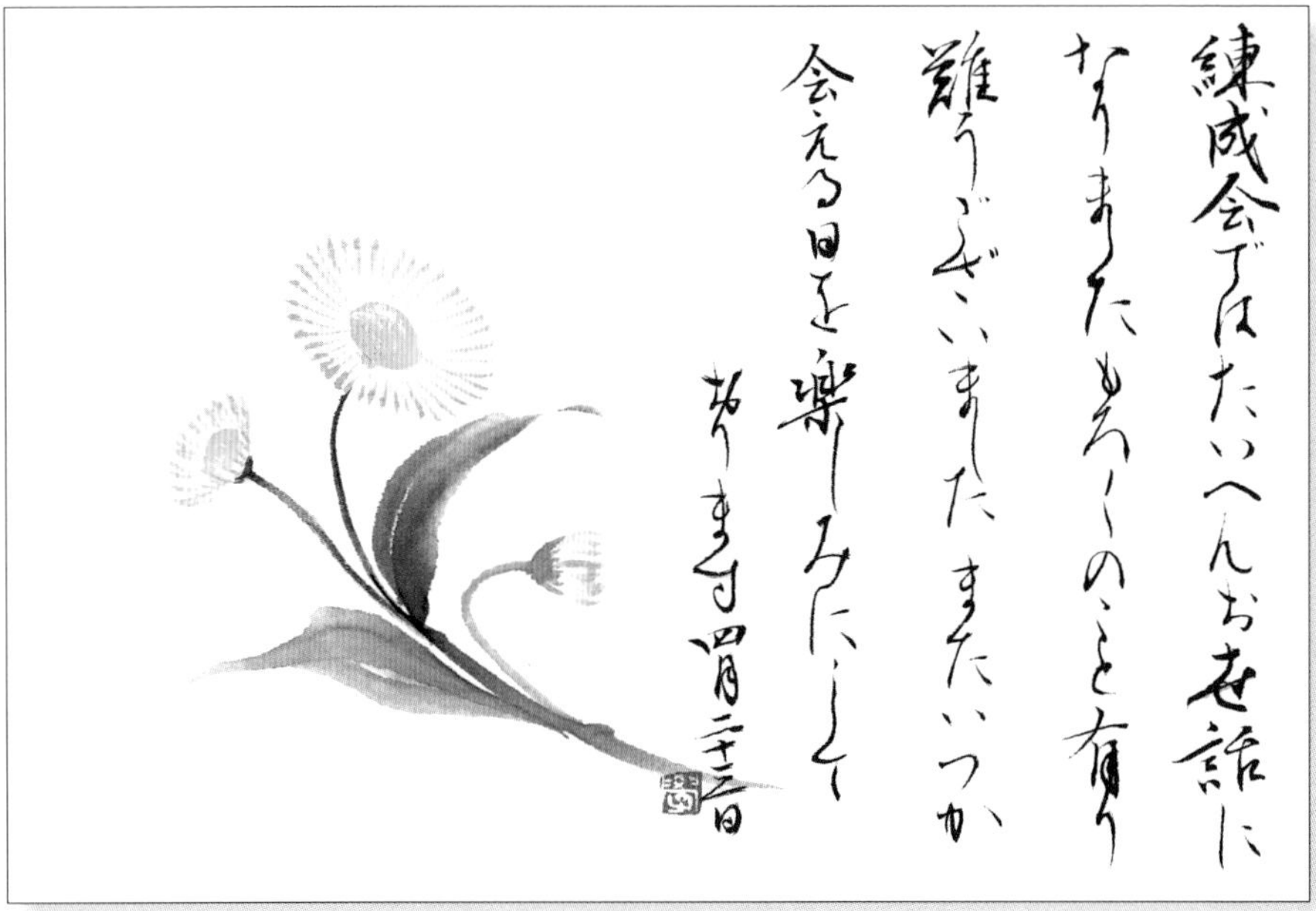
練成会ではたいへんお世話に
なりましたもろもろのこと有り
難うございました またいつか
会える日を楽しみにして
おります 四月二十三日

【全体構成】 絵と書の調和が大切です。私の場合、絵を先に描いておき、字は後で書きますので字数のほうが制約を受けます。用を得た文面でなお品位を崩さない構成をするように心がけます。絵を描いていない周囲の白い空間が非常に大切です。

【文面】

「練成会ではたいへんお世話になりました。もろもろのこと有り難うございました。またいつか会える日を楽しみにしております。四月二十三日」

　書道の合宿に行っていて、いろいろとお世話になった方への礼状です。長文は書けませんので、ひとつひとつのことについてお礼のかわりに、ここではもろもろという書き方で通じると思われます。一般的な礼状で使いやすい形式でしょう。

【絵柄】

カットはハルジオンです。菊科の植物です。白い紙に描きますので、実際よりもピンクを強めにして描きます。

# 来客いただいたお礼

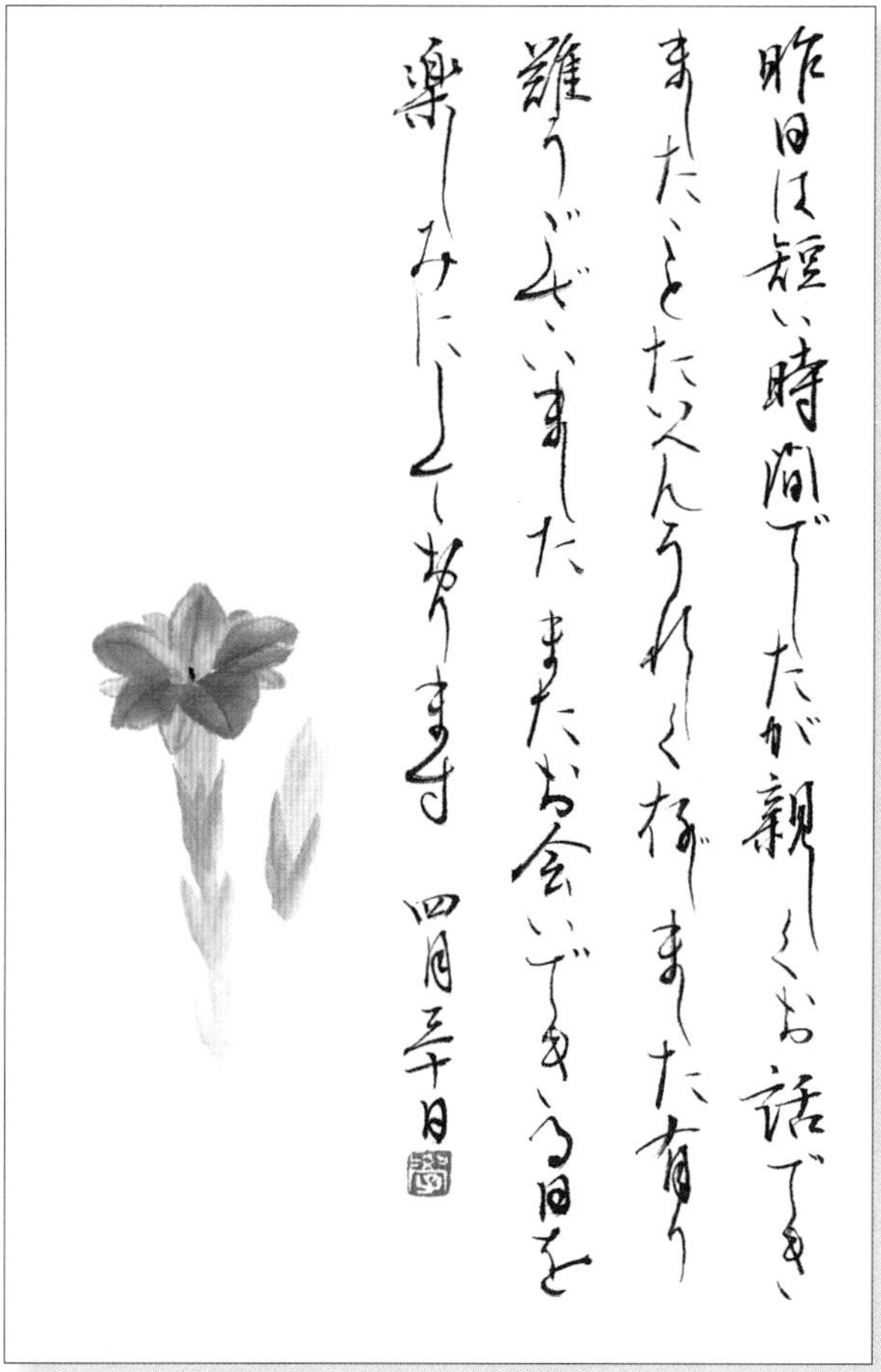
昨日は短い時間でしたが親しくお話でき
ましたことたいへんうれしく存じました有り
難うございましたまたお会いできる日を
楽しみにしております
四月三十日

【全体構成】花冠の上方が絵の「表」になりますからここは十分な白い空間を取るようにします。また、印もできるだけ「裏」側に捺した方がまとまりやすくなります。

【文面】
「昨日は短い時間でしたが親しくお話できましたことたいへんうれしく存じました。有り難うございました。またお会いできる日を楽しみにしております。四月三十日」

生徒さんのお母さんが、ご近所まで来ているので挨拶にうかがいたいとの連絡があり、お会いした後に書いたはがきです。わざわざ挨拶に来て下さったことへのお礼の気持ちを書きました。また会えるとうれしいという文を入れることで、より積極的な文章になります。

【絵柄】
カットはハルリンドウです。五弁の花びらの間にもう一枚ずつ小さい花びらがついています。

# お志を頂いたお礼

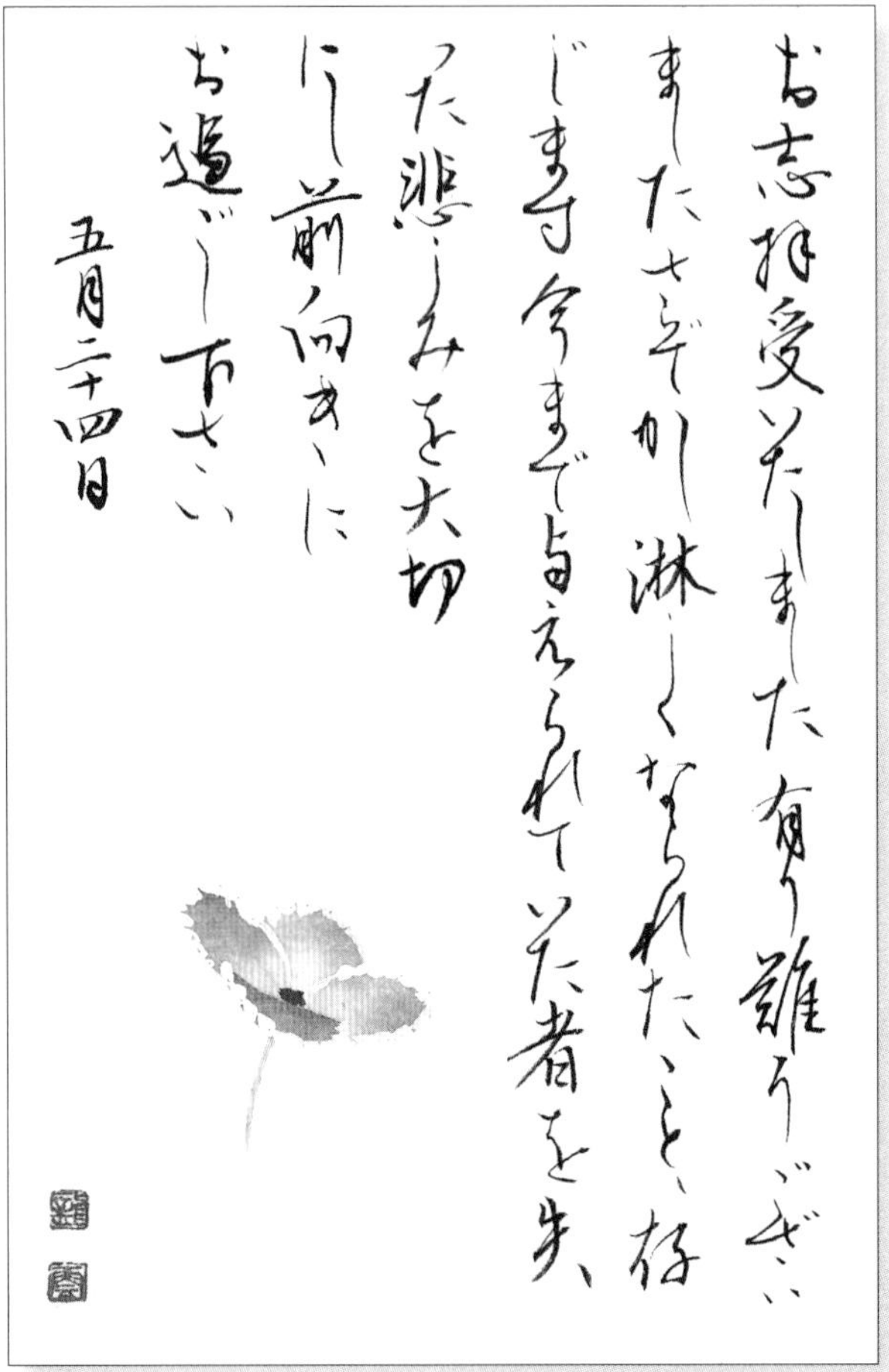
お志拝受いたしました有り難うござい
ましたさぞかし淋しくなられたことと存
じます今まで与えられていた者を失、
った悲しみを大切
にし前向きに
お過ごし下さい
五月二十四日

【全体構成】カットの下の方の空いた空間が多くありましたのではがきの絵の一部として見てもらうのと、四隅を制する意味で印を捺しました。一般的には日付のところに捺します。

【文面】
「お志拝受いたしました。有り難うございました。さぞかし淋しくなられたことと存じます。今まで与えられていた者を失った悲しみを大切にし前向きにお過ごし下さい。五月二十四日」

近親者がいなくなっていくのは仕方のないことです。悲しみに対してどの様な言葉かけをしてあげるか難しいところですが、悲しみは悲しみで大切にして、少しずつ前向きに生きていって欲しいという気持ちで書くとよいでしょう。また、この様なはがきはちゃんと届きましたよという受領書代わりにもなります。

【絵柄】
カットは額紫陽花の額片です。

# 新茶を頂いたお礼

【全体構成】 絵柄が少し地味な色合いでしたので、最後の印で華やかさを演出するために、少し大きめの印にしました。この朱色が有るのと無いのでは雰囲気がずいぶん違ってきます。

【文面】
「新茶有り難うございました。家内ともどもふくよかな風味を楽しませていただきました。六月四日」

生徒さんから今年の新茶をいただきましたので、その礼状はがきです。頂き物が飲食するものであれば、飲食した感想をひと言書くことが大切です。ここでは「ふくよかな風味」としましたが、もう少し具体的な言葉でもよいと思います。また、頂いたものが、使うものであれば使った感想をひと言入れておきます。贈った方が差し上げてよかったと思われるようにしてあげるのが礼儀です。

【絵柄】
カットは紫露草です。

# お見舞いをいただいたお礼

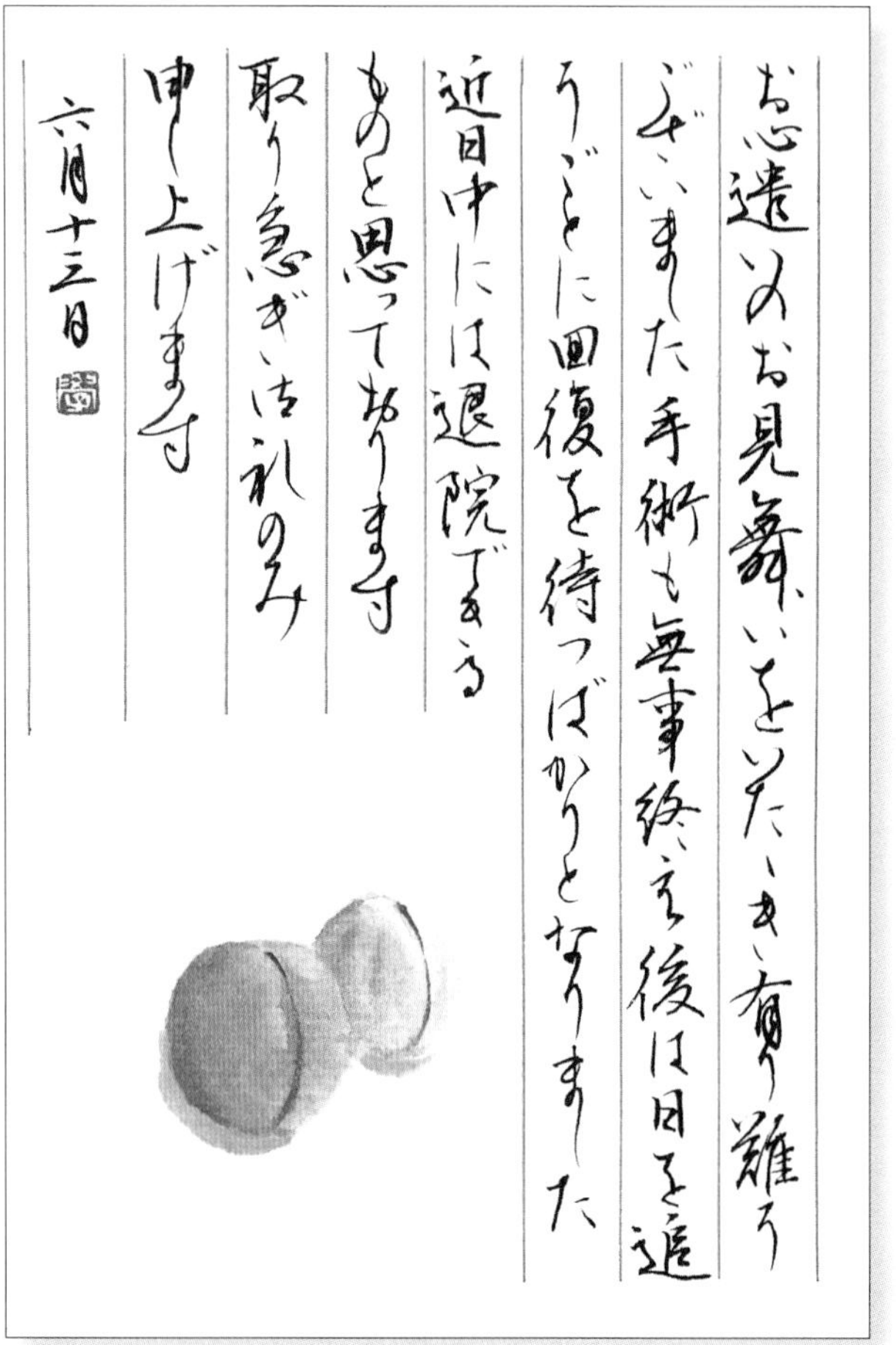
お心遣いのお見舞いをいただき有り難う
ございました手術も無事終え後は日を追
うごとに回復を待つばかりとなりました
近日中には退院できる
ものと思っております
取り急ぎ御礼のみ
申し上げます
六月十二日

【全体構成】梅の実のカットだけだと、明るさが出ませんでしたので、赤の罫線を引いて書きました。これによりグッと明るい雰囲気のはがきになりました。

【文面】
「お心遣いのお見舞いをいただき有り難うございました。手術も無事終え、後は日を追うごとに回復を待つばかりとなりました。近日中には退院できるものと思っております。取り急ぎ御礼のみ申し上げます。六月十二日」

入院している娘にある方からお見舞いをいただいたので、その礼状です。電話の方が速くて便利ですが、丁寧さでは手紙の方が上だと思います。

【絵柄】
カットは梅の実です。

# 退会の連絡をもらっての返事

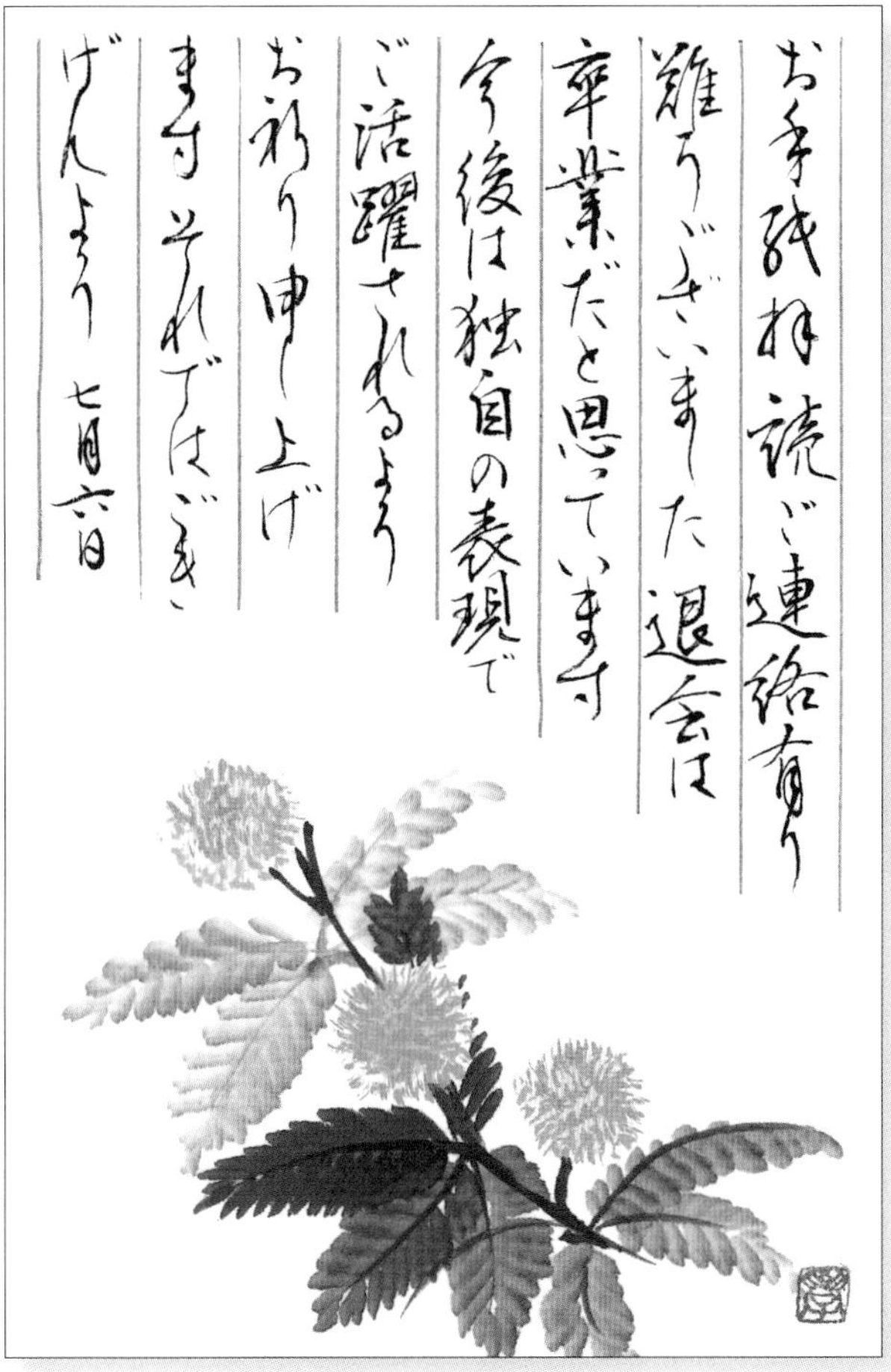
お手紙拝読ご連絡有り
難うございました退会は
卒業だと思っています
今後は独自の表現で
ご活躍されるよう
お祈り申し上げ
ますそれではごき
げんよう　七月六日

【全体構成】全体を明るく見せるには赤色系の罫線を引くとよいですし、なによりも罫線があるのでまっすぐに書けます。落ち着いた雰囲気のはがきにするのであれば、ブルー系の罫線がおすすめです。罫線を引くための4色ボールペンが一つあれば便利です。印の位置は日付の下だと目立ちすぎるので、絵の「裏」にあたる右下に捺しました。

【文面】
「お手紙拝読。ご連絡有り難うございました。退会は卒業だと思っています。今後は独自の表現でご活躍されるようお祈り申し上げます。それでは、ごきげんよう。七月六日」

沖縄で葉書記絵通信教育を受けていた方から、手紙で退会する旨の連絡がありましたので、その返事です。長く習っている人が退会するのは淋しいものですが、その様な場合は、龍雲流葉書記絵講座は卒業だと受け止めて、その方の今後の活躍を祈りたいと思いつつはがきを書くことにしています。

【絵柄】
カットはおじぎ草です。

# 重版の献本を頂いたお礼

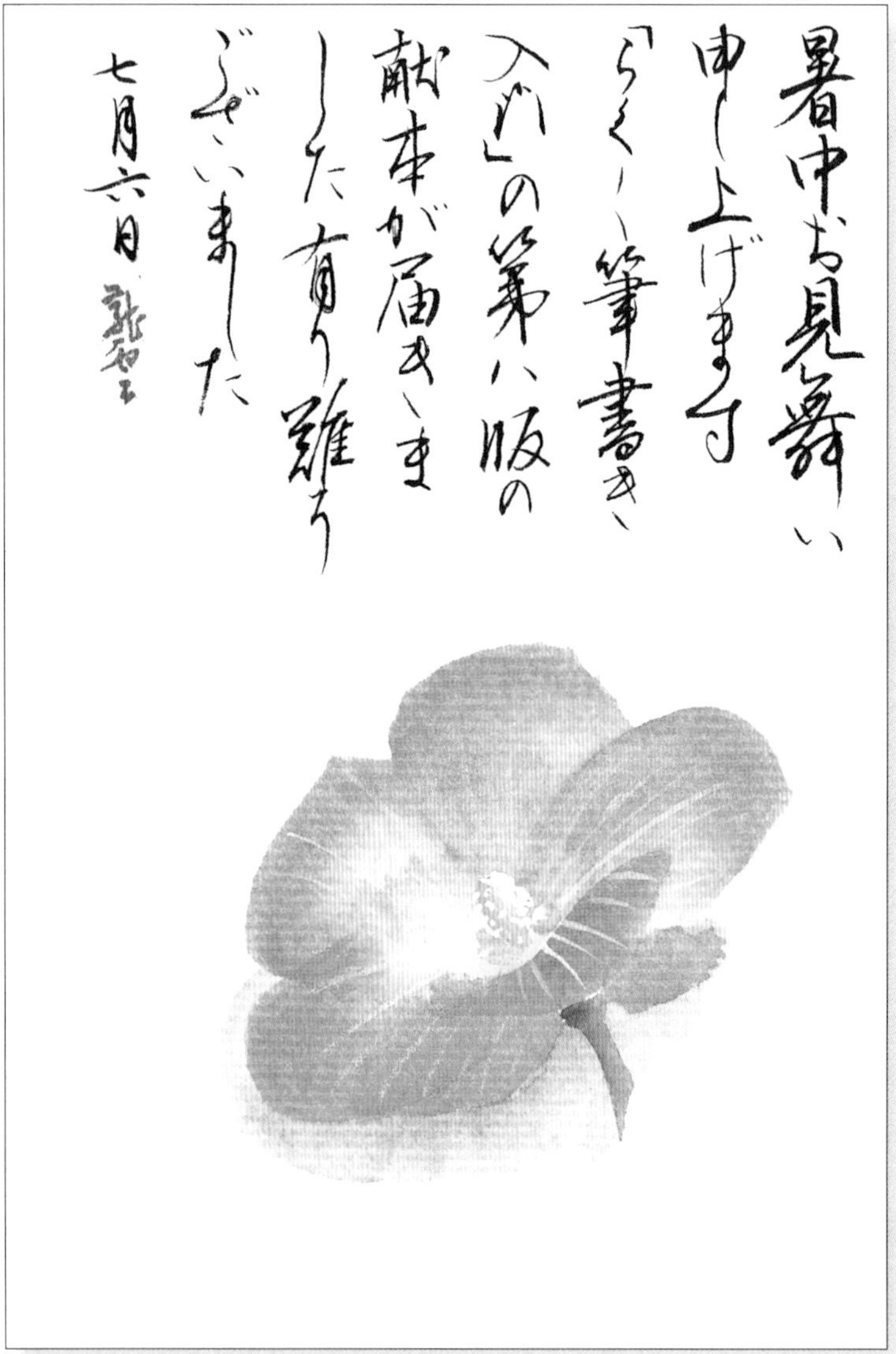
暑中お見舞い
申し上げます
「らく〳〵筆書き
入門」の第八版の
献本が届きま
した有り難う
ございました
七月六日

【全体構成】 暑中見舞いを兼ねていますので、「暑中お見舞い申し上げます」は少し大きめの文字で構わないと思います。絵柄が大きいので、印も少し大きめのものを使いました。

1.
基本の筆づくり（穂先にいくに従って桃色＝赤色と白色の混色を濃く）をしておき、一番手前の花 びらを描きます。

2.
筆を側筆にして左右の花びらを描きます。次に奥の花びらを描きます。

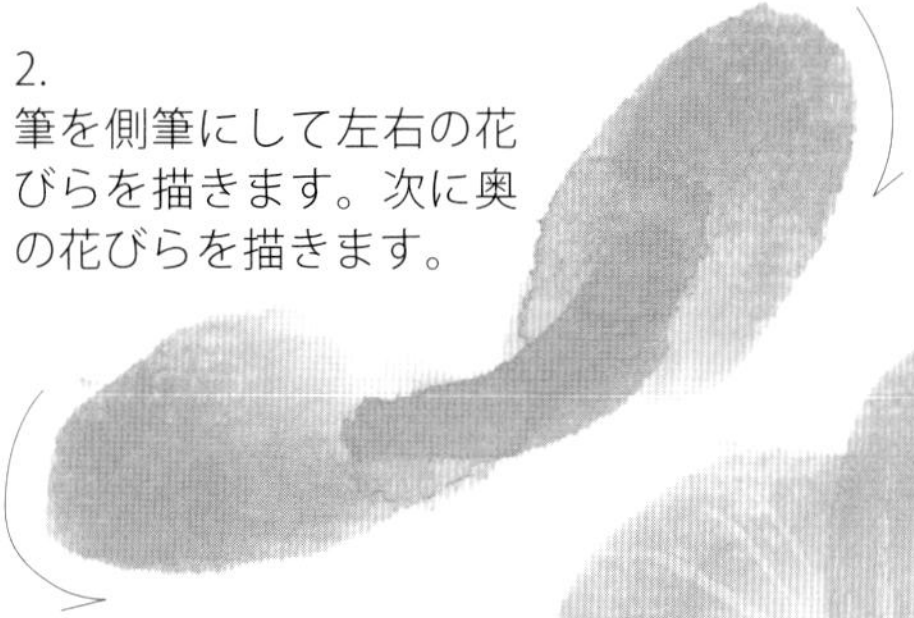

3.
ガッシュの白色で花びらの縞模様を描きます。

4.
黄色と白色の原液で中心のしべを描きます。

5.
緑色で茎をえがき、青色で影を描きます。

【立葵の描き方】使用した絵の具。緑色はアカンサスグリーン（アクリラ）又はオキサイドオブクロミウム。青色はウルトラマリンブルー（アクリラ）。赤色はチャペルローズ（アクリラ）又はナフトール レッドディープ。白色はジンクホワイト（アクリラ）又はチタニウムホワイト（アクリラガッシュ）。黄色はイエロー（アクリラガッシュ）。使用した紙は和画仙紙「にじみ弱」。

【文面】
「暑中お見舞い申し上げます。『らくらく筆書き入門』の第八版の献本が届きました。有り難うございました。七月六日」

日貿出版社から『らくらく筆書き入門』の本の第8版が送られてきました。その献本への礼状です。何につけても人が好意で品物を送ってきた時は、必ず無事に届いたということをお知らせします。電話だと話し言葉として消えてしまいますが、はがきだと証拠物件として残ります。ですからいいのです。

【絵柄】
カットは立葵です。

# お中元のお礼

暑中お見舞い
申し上げます
お中元のお心遣い有り
難うございます お元気な
様子なによりです
またぜひ再開されて
くださいお待ちして
おります
七月九日

【全体構成】絵柄を上に全体にしたので、下側はすべて文字を書くところとして使えます。絵の上の空の部分は広く空けた方がすっきりとした作品になります。


【文面】

「暑中お見舞い申し上げます。御中元のお心遣い有り難うございます。お元気な様子なによりです。またぜひ再開されてください。お待ちしております。七月九日」

家庭の事情で、書道を続けられなくなった方から、しばらくして、お中元が届きましたので、その返事です。本人は続けたがっていたので、再開されるのを待っているという文にしました。


【絵柄】

カットは上り坂のある函館の風景です。

# 画材を頂いたお礼

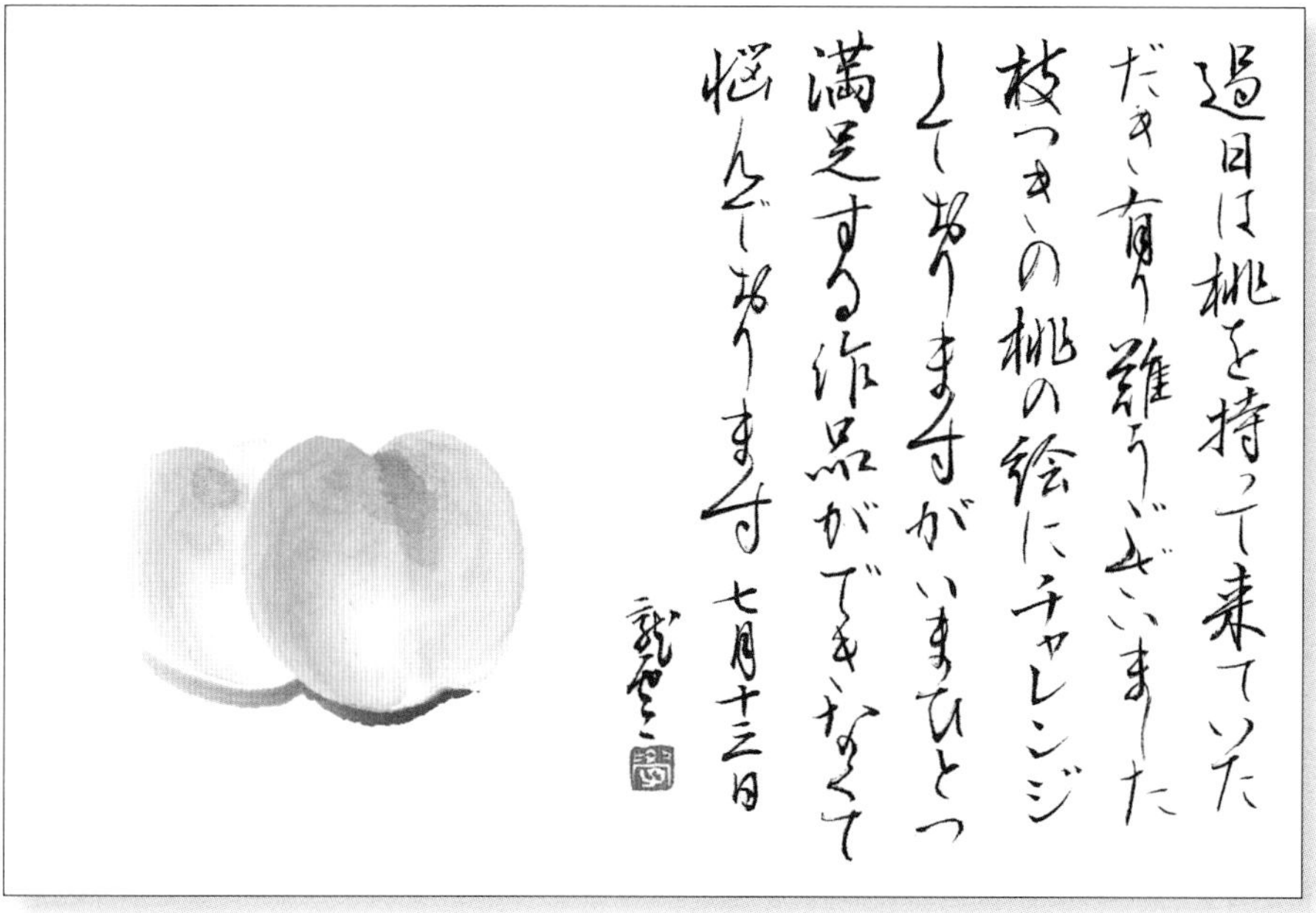


【全体構成】 桃の絵の上の方まで字をかくとなると、２ｃｍ位しか書く空間がないので多字数は入れられません。ですから、むしろ今回の場合のように右側だけで収まるように字数を調整して書き入れた方がすっきりとみえてよいと思います。

【文面】
「過日は桃を持って来ていただき有り難うございました。枝つきの桃の絵にチャレンジしておりますが、いまひとつ満足する作品ができなくて悩んでおります。　七月十三日
龍雲」

　生徒さんが画材にと自宅の庭にできた桃の枝を折って持ってきてくれましたので、葉書記絵の原画を描きました。なかなか満足できるものが描けないでいましたが、とりあえず原画が出来上がり、礼状を書きました。実際に送ったはがきは桃が枝になっているものですが、今回の文面は桃だけのカットです。

【絵柄】
カットは桃です。

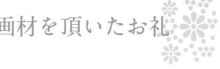

# お手伝いをして頂いた方へのお礼

昨日は講座のお手伝い
有り難うございました
七月十二日

【全体構成】 短文で、二行になると予測ができますから、「有り難うございました」できっちりと収まるように構成しました。花の咲いている付近には文字を書かないよう気配りをしてください。印は角よりも半月の方がモダンになりそうな気がしましたので、それを押してみました。

1.
中濃緑色（ほんのわずかだけ墨を混ぜています）で花の付く茎を2本描きます。主になる茎は長く描きます。
2.
基本の筆づくり（穂先にいくに従って濃青紫色）をしておき、下から順に花を描きます。
3.
基本の筆づくり(穂先にいくに従って濃緑色)をしておき、二筆で一枚の葉を描きます。合計３枚描きます。
4.
葉に葉脈を描きます。

【大葉擬宝珠の描き方】使用した絵の具。緑色はアカンサスグリーン（アクリラ）又はオキサイドオブクロミウム。青色はウルトラマリンブルー（アクリラ）。紫色はバイオレット（アクリラ）又はジオキサジンバイオレット。使用した紙は和画仙紙「にじみ弱」。

【文面】
「昨日は講座のお手伝い有り難うございました。七月十二日」
暑中見舞いの描きかた一日講座のお手伝いしてくれた会員さんへの礼状です。いつも会っている方ですので、次回会った時にお礼を言えばよいと考える向きの方もおられると思いますが、次回会えないこともありえますので、一度きちんとお礼を述べておく方が賢明ですし、丁寧だと思います。

【絵柄】
カットは大葉擬宝珠です。

# 切手をいただいたお礼

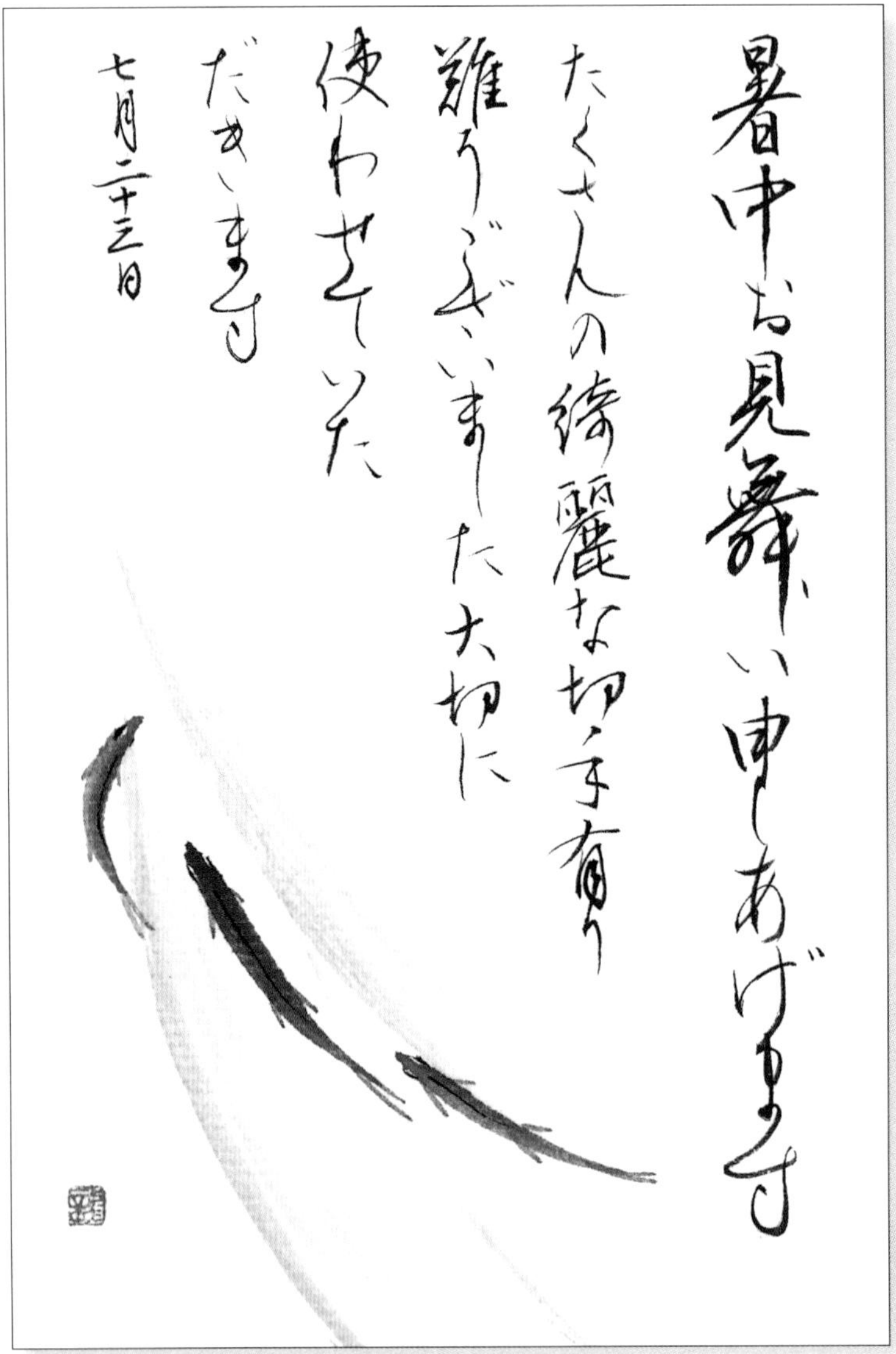
暑中お見舞い申しあげます
たくさんの綺麗な切手有り
難うございました大切に
使わせていた
だきます
七月二十二日

【全体構成】印を捺す位置で迷いましたが、絵の一部として見てもらうことにしました。字、絵もそうですが、全体を三角構成にすることにより印象の強い作品になります。

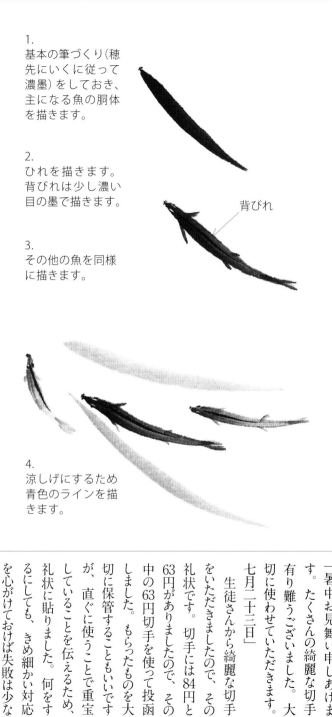

1.
基本の筆づくり(穂先にいくに従って濃墨)をしておき、主になる魚の胴体を描きます。

2.
ひれを描きます。背びれは少し濃い目の墨で描きます。

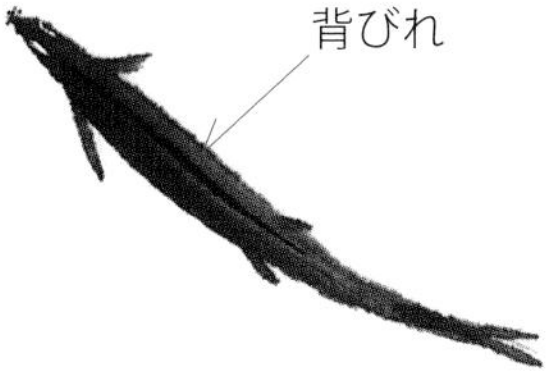


3.
その他の魚を同様に描きます。

4.
涼しげにするため青色のラインを描きます。

【小魚の描き方】使用した絵の具。青色はウルトラマリンブルー(アクリラ)。

使用した紙は和画仙紙「にじみ弱」。


【文面】

「暑中お見舞い申しあげます。たくさんの綺麗な切手有り難うございました。大切に使わせていただきます。七月二十三日」

　生徒さんから綺麗な切手をいただきましたので、その礼状です。切手には84円と63円がありましたので、その中の63円切手を使って投函しました。もらったものを大切に保管することもいいですが、直ぐに使うことで重宝していることを伝えるため、礼状に貼りました。何をするにしても、きめ細かい対応を心がけておけば失敗は少なくてすむものです。


【絵柄】

カットは小魚です。

# お中元のお礼

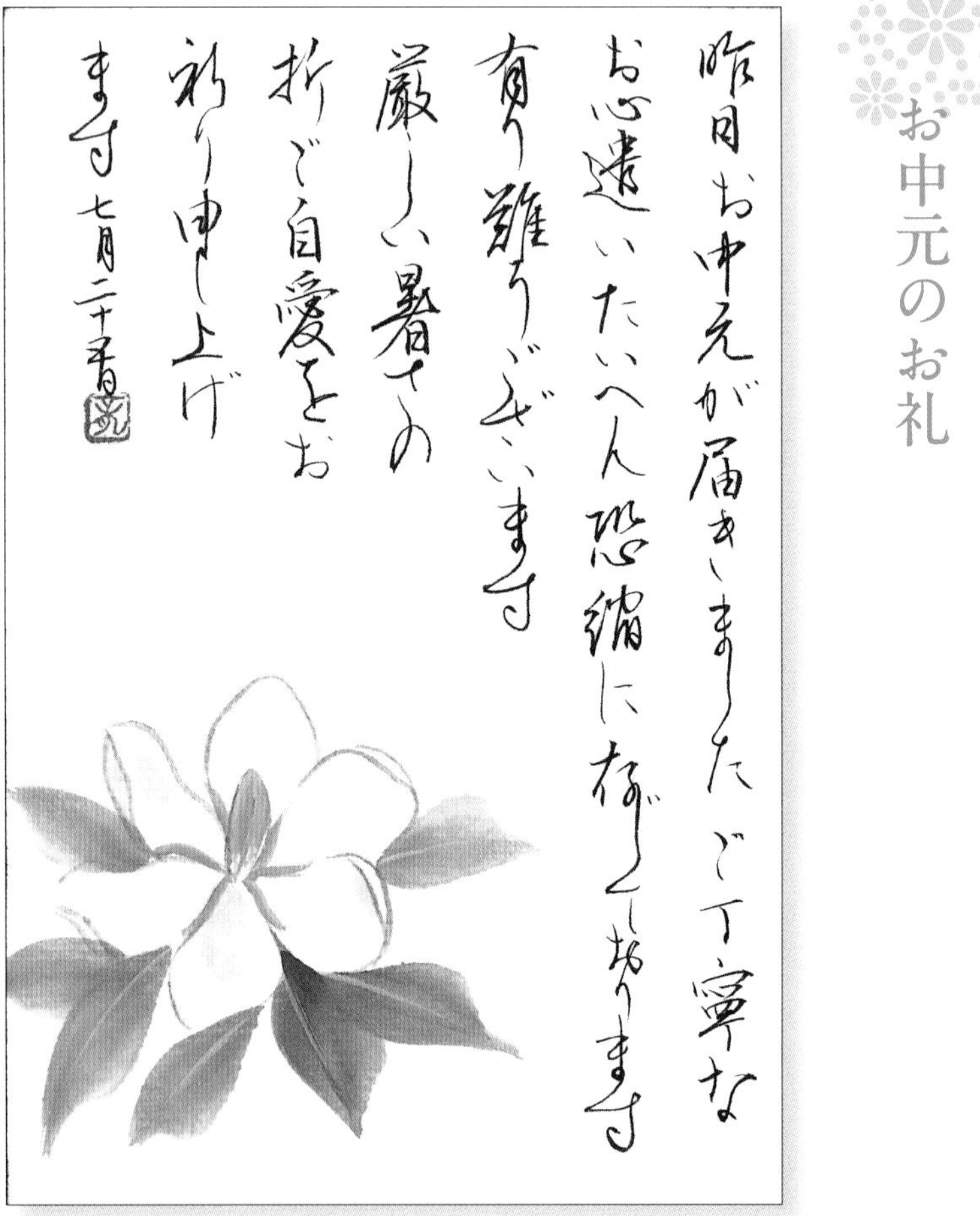
昨日お中元が届きましたご丁寧な
お心遣いたいへん恐縮に存じております
有り難うございます
厳しい暑さの
折ご自愛をお
祈り申し上げ
ます 七月二十五日

【全体構成】カットの花が咲いている上方が絵の表ですから、その部分を多く空けるように字の配分をして書きます。

【文面】
「昨日お中元が届きました。ご丁寧なお心遣いたいへん恐縮に存じております。有り難うございます。厳しい暑さの折ご自愛をお祈り申し上げます。七月二十五日」

同好の士（書道関係）からのお中元が届きましたので、その礼状です。本来はいただくような間柄ではないので、たいへん恐縮と書くことで意味は通じると思いました。お中元の中身はハムのようでしたので直ぐに食べることができませんでしたので、文面には味わった感想は描きませんでした。ごく一般的な礼状となりました。

【絵柄】
カットはクチナシの花です。

# 暑中見舞いのお礼

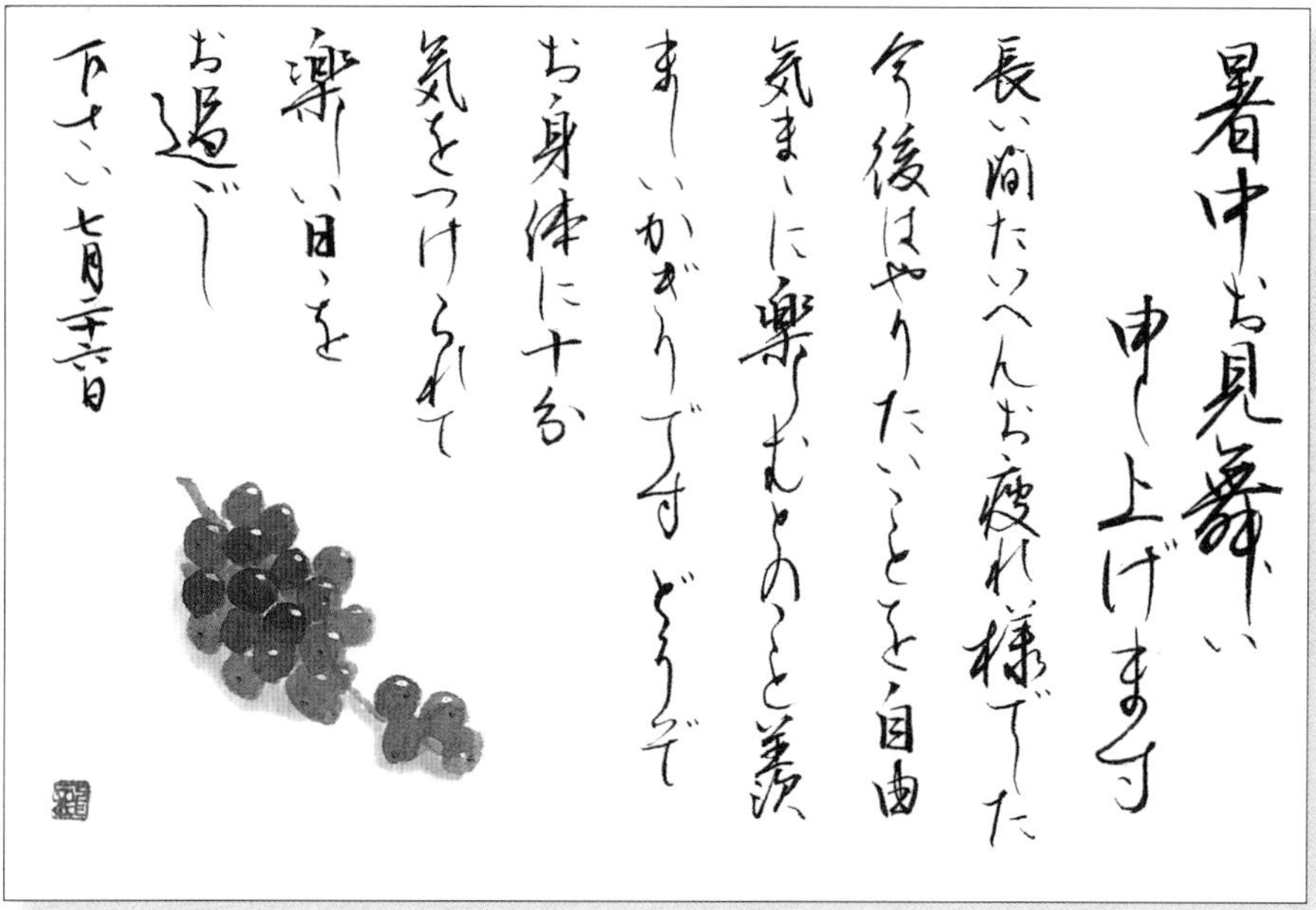
暑中お見舞い
申し上げます
長い間たいへんお疲れ様でした
今後はやりたいことを自由
気ままに楽しむとのこと羨
ましいかぎりです　どうぞ
お身体に十分
気をつけられて
楽しい日々を
お過ごし
下さい　七月二十六日

【全体構成】絵柄が生きるように、印は小さめを使いました。この文章の中に「お葉書有り難うございました」を書けませんでしたので、表の住所印の脇に書いて投函しました。


【文面】

「暑中お見舞い申し上げます。長い間たいへんお疲れ様でした。今後はやりたいことを自由気ままに楽しむとのこと、羨ましいかぎりです。どうぞお身体に十分気をつけられて楽しい日々をお過ごし下さい。七月二十六日」

　退職された教授から暑中見舞いを兼ねた近況報告のはがきが届きました。儀礼的な返事にしました。長年、教育・研究に携わって無事定年退職され、今後は自由気ままに楽しむとの事でしたので、その事に触れた文章です。


【絵柄】

カットはブドウです。

# お中元のお礼

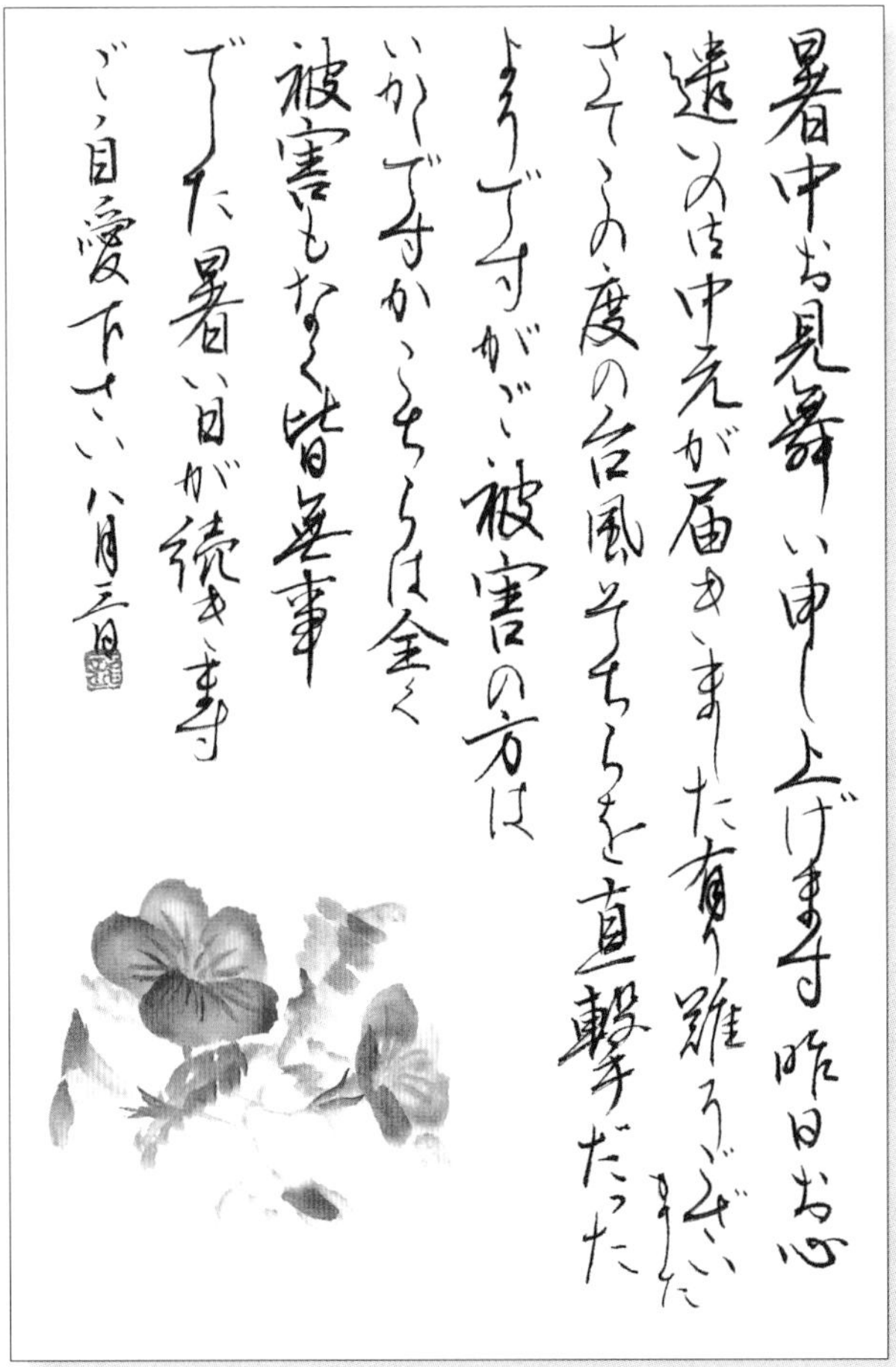
暑中お見舞い申し上げます 昨日お心
遣いの中元が届きました有り難うございました
さてこの度の台風そちらを直撃だった
ようですがご被害の方は
いかがですかこちらは全く
被害もなく皆無事
でした暑い日が続きます
ご自愛下さい 八月三日

【全体構成】 カットが大きいので、字数の都合上、八行書きよりもむしろ九行書きの方がすっきり入ったかもしれません。又はカットをもう少し小さなものにしたら、スッキリとした構成になったかもしれません。

【文面】
「暑中お見舞い申し上げます。昨日お心遣いの御中元が届きました。有り難うございました。さて、この度の台風、そちらを直撃だったようですが、ご被害の方はいかがですか。こちらは全く被害もなく皆無事でした。暑い日が続きます。ご自愛下さい。八月三日」

　娘婿の実家から届いたお中元へのお礼状です。二日の夕方に台風5号が九州に上陸し、三日には山陰方面へ抜けていましたが、台風の中心が大分市を通りましたので、被害がなかったか心配でしたのでその事に触れました。

【絵柄】
カットはノウゼンカズラです。

# お志へのお礼

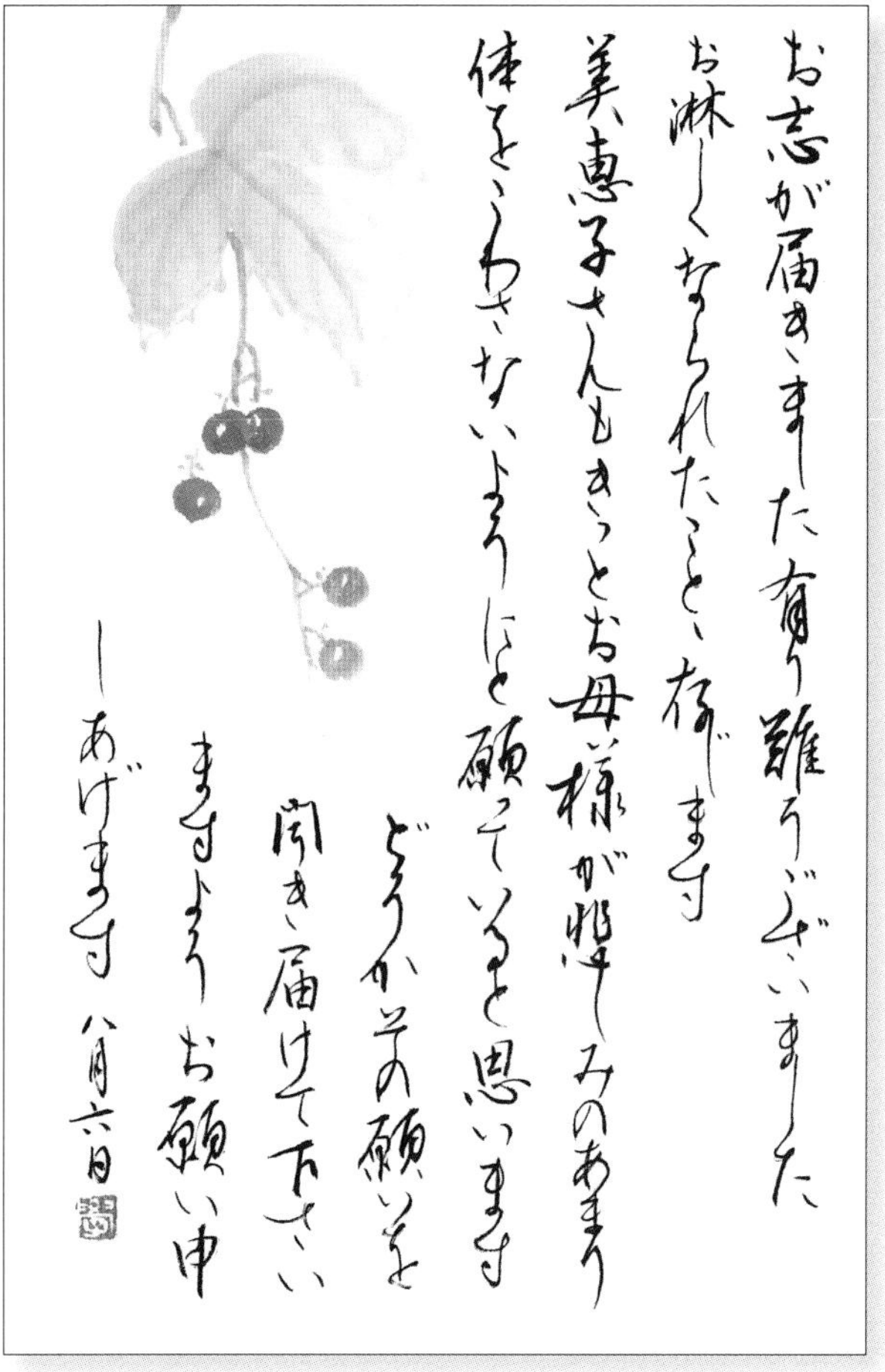
お志が届きました有り難うございました
お淋しくなられたことと存じます
美恵子さんもきっとお母様が悲しみのあまり
体をこわさないようにと願っていると思います
どうかその願いを
聞き届けて下さい
ますようお願い申
しあげます　八月六日

【全体構成】二行目の下がかなり空きましたが、人の名前は行の半分以上、上に書くのが礼儀にかなっていますので、仕方がありません。二行目の「存じます」を「存じ上げます」とすると行の長さをかせげると思います。

【文面】
「お志が届きました。有り難うございました。お淋しくなられたことと存じます。美恵子さんもきっとお母様が悲しみのあまり体をこわさないようにと願っていると思います。どうかその願いを聞き届けて下さいますようお願い申しあげます。八月六日」

以前会員だった生徒さんが亡くなったので、お通夜に出席していました。その返礼のお志が届きましたので、その礼状です。

【絵柄】
カットは野ブドウです。お悔やみ状と同じように、カットは派手にならないようにします。ここではブルーを基調にした穏やかな表現にしました。

# 写真を頂いたお礼

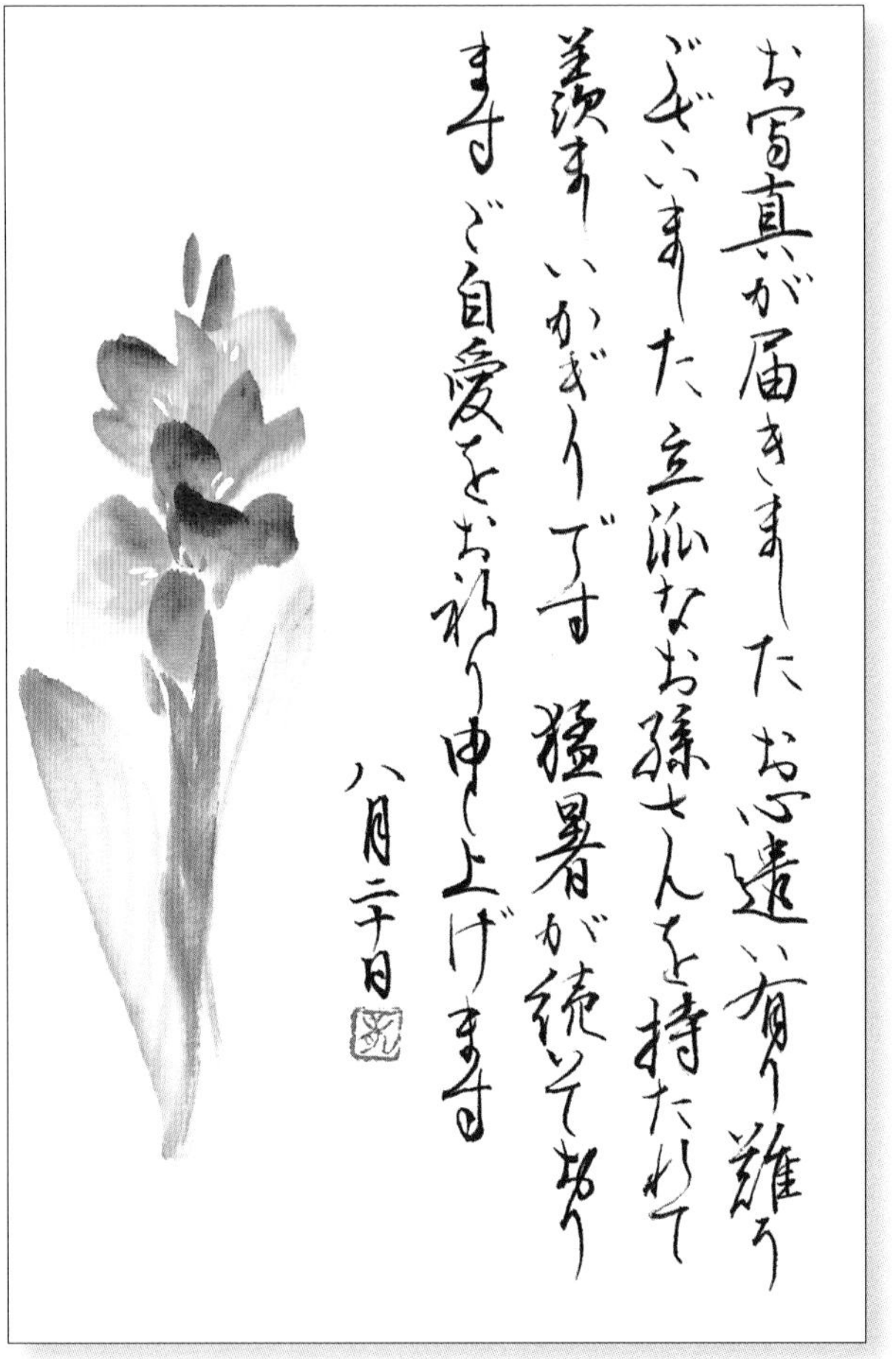
お写真が届きました お心遣い有り難う
ございました 立派なお孫さんを持たれて
羨ましいかぎりです 猛暑が続いており
ます ご自愛をお祈り申し上げます
八月二十日

【全体構成】 日付の八月二十日と印の位置はこの様に少し上気味にして下の空間を空けた方がゆとりがあってよい構成になります。

【文面】

「お写真が届きました。お心遣い有り難うございました。立派なお孫さんを持たれて羨ましいかぎりです。猛暑が続いております。ご自愛をお祈り申し上げます。八月二十日」

　私のファンで福岡の方です。わざわざ作品展を見に来られ、発表会の時のいろんな場面の写真を送っていただいたのでその礼状です。その封書に入れてあった手紙に、お孫さんのことが詳しく書かれてありましたので、その事について少し触れた文面にしました。


【絵柄】

カットはカンナです。

# 内祝いのお礼

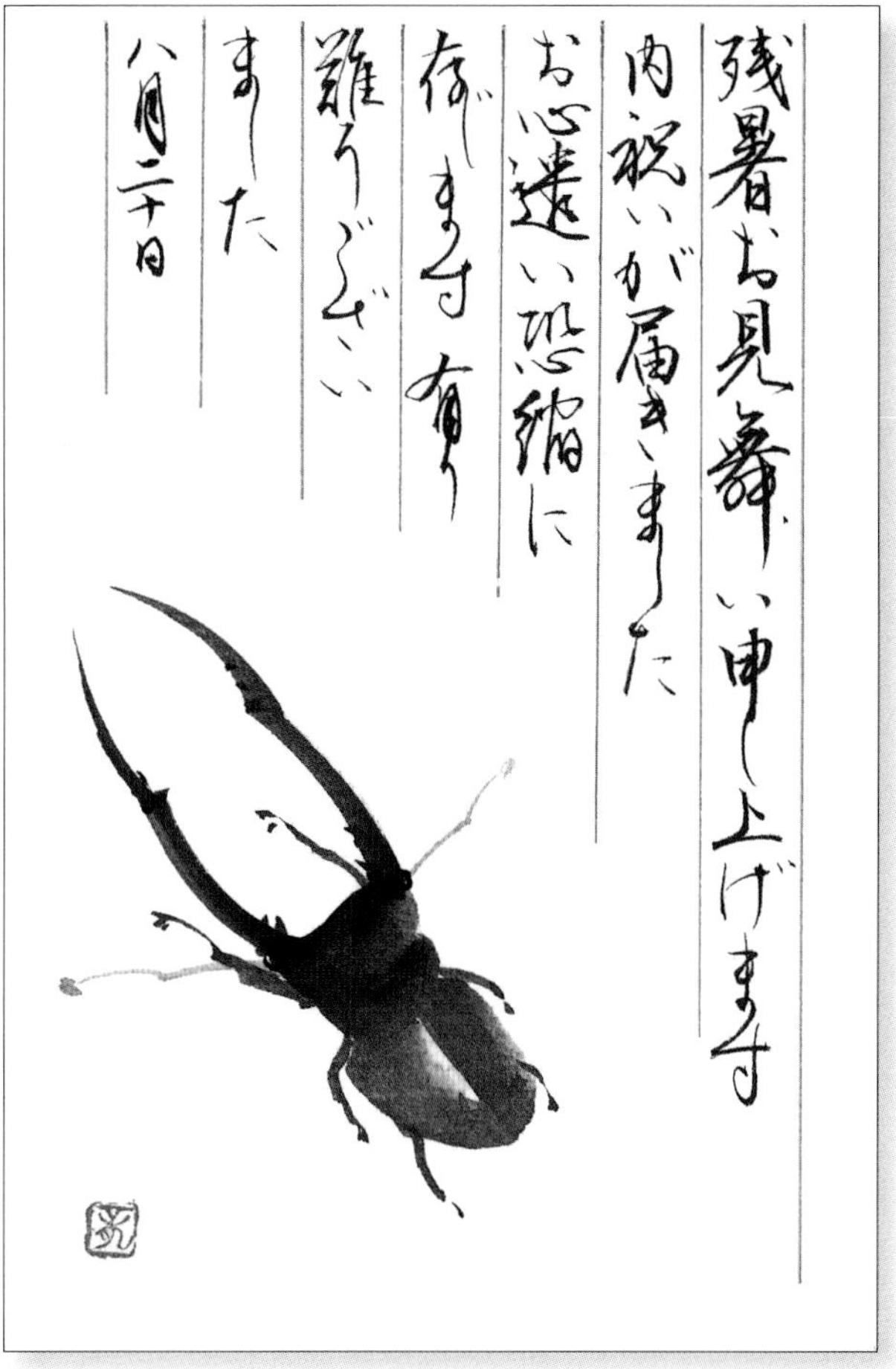


【全体構成】赤い罫線を引くことにより、作品が明るくなりました。印の位置を日付の下にするかどうかで迷いましたが、結局この位置になりました。

【文面】

「残暑お見舞い申し上げます。内祝いが届きました。お心遣い恐縮に存じます。有り難うございました。八月二十日」

　西日本工業大学卒業生でテニスのキャプテンをしていた教え子が半年ほど前に結婚していました。やっと生活が落ち着いたのか、内祝いと結婚式の写真を送って来ました。その返礼です。

　本来はひと言コメントを入れるのですが、忙しくて余裕が有りませんでしたので、お礼だけの文面になりました。


【絵柄】

カットはクワガタです。

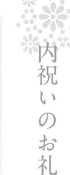

# 贈り物（果物）を頂いたお礼

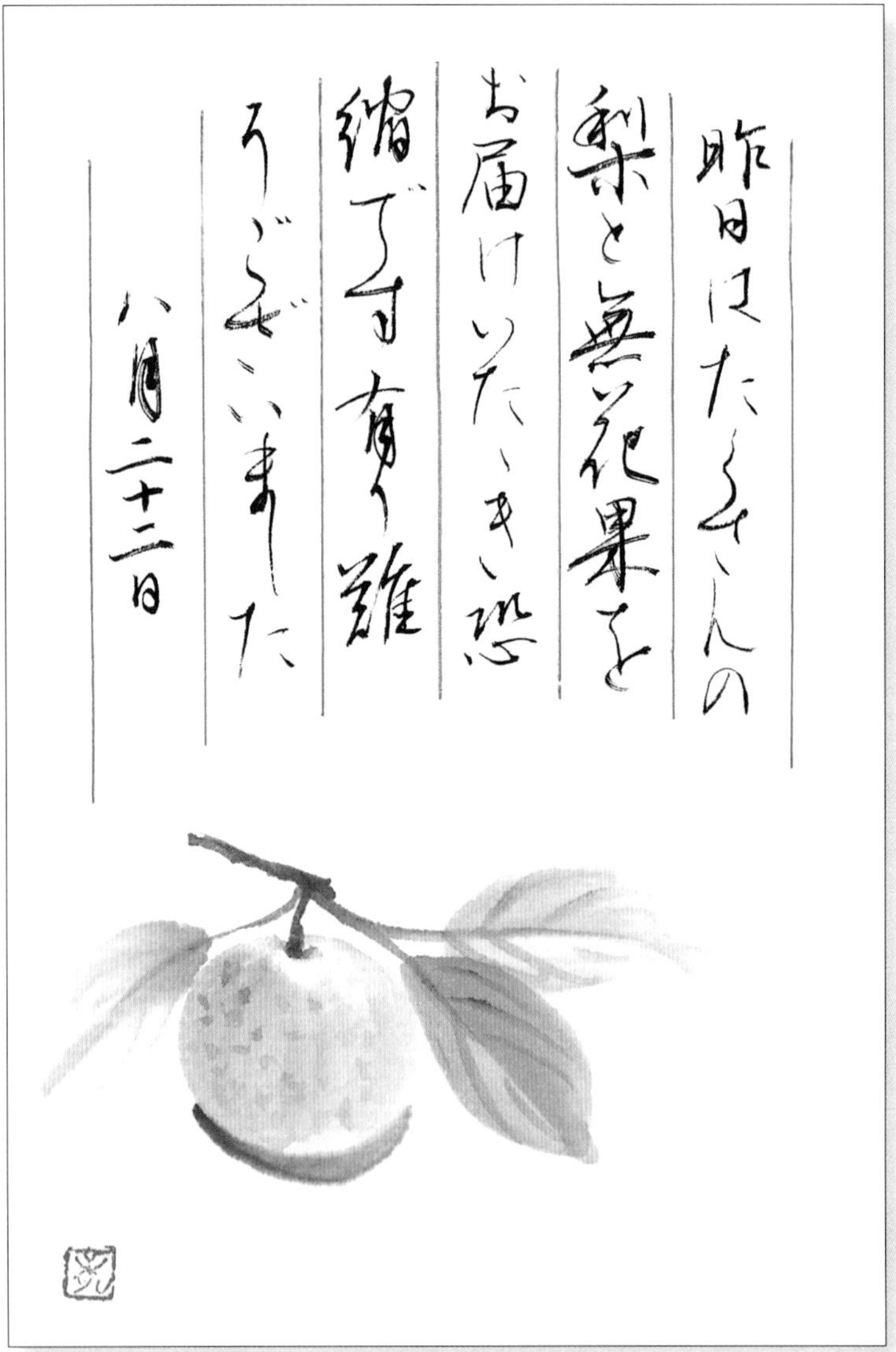
昨日はたくさんの
梨と無花果をと
お届けいただき恐
縮です有り難
うございました
八月二十二日

【全体構成】 作品を明るくするために赤色の罫線を引いて書きました。いただいたはがきはずっと取っていたいと思うような仕上がりにしたいものです。

1.
基本の筆づくり（穂先にいくに従って黄緑色＝緑色と黄色の混色）をしておき、果実の左側面から描きはじめ、数筆で形を整えます。

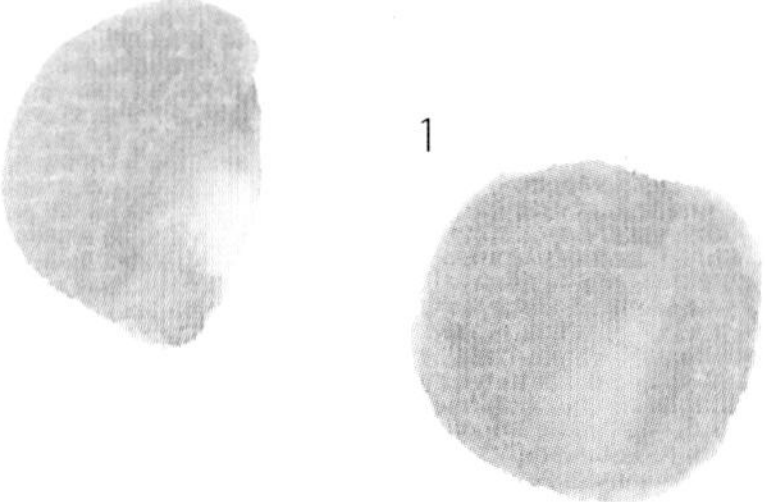

1

2.
緑色に少しだけ茶色を混ぜた色合いで枝と茎を描きます。次に果実に小さな点をうちます。

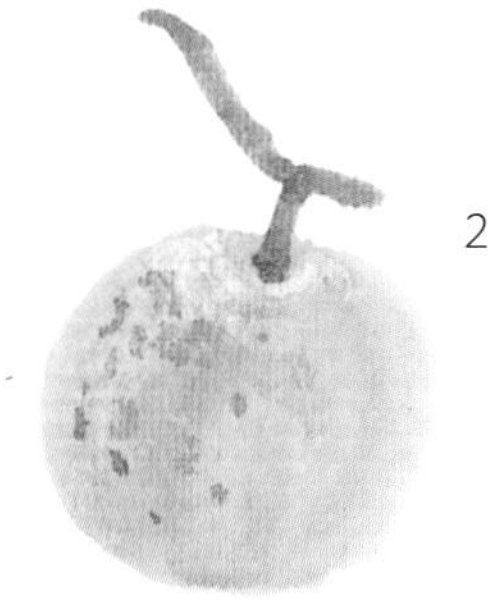

2

3.
基本の筆づくり(穂先にいくに従って濃緑色)をしておき、二筆で一枚の葉を描きます。ここでは三枚描きます。梨は葉の茎の部分が長いのでそのように表現します。

4.
淡墨で影を入れます。

3～4

【梨の描き方】使用した絵の具。緑色はアカンサスグリーン（アクリラ）又はオキサイドオブクロミウム。茶色はライトブラウン（アクリラ）又はマースバイオレット。白色はチタニウムホワイト（アクリラガッシュ）。使用した紙は和画仙紙「にじみ弱」。使用した墨は油煙墨。

【文面】
「昨日はたくさんの梨と無花果をお届けいただき恐縮です。有り難うございました。
八月二十二日」

個人的な用事で私の家に来駕された方が、自宅にできた無花果と梨を持ってこられましたので、その礼状です。いただいた果物を味わったのであれば、その感想を書いて送るのが礼にかなっています。本礼状は味わった後ではないのでコメントしようがありませんでした。その事は後日報告することにして、貰ったお礼だけに止めました。

【絵柄】
カットは梨です。

# はがきを頂いたお礼

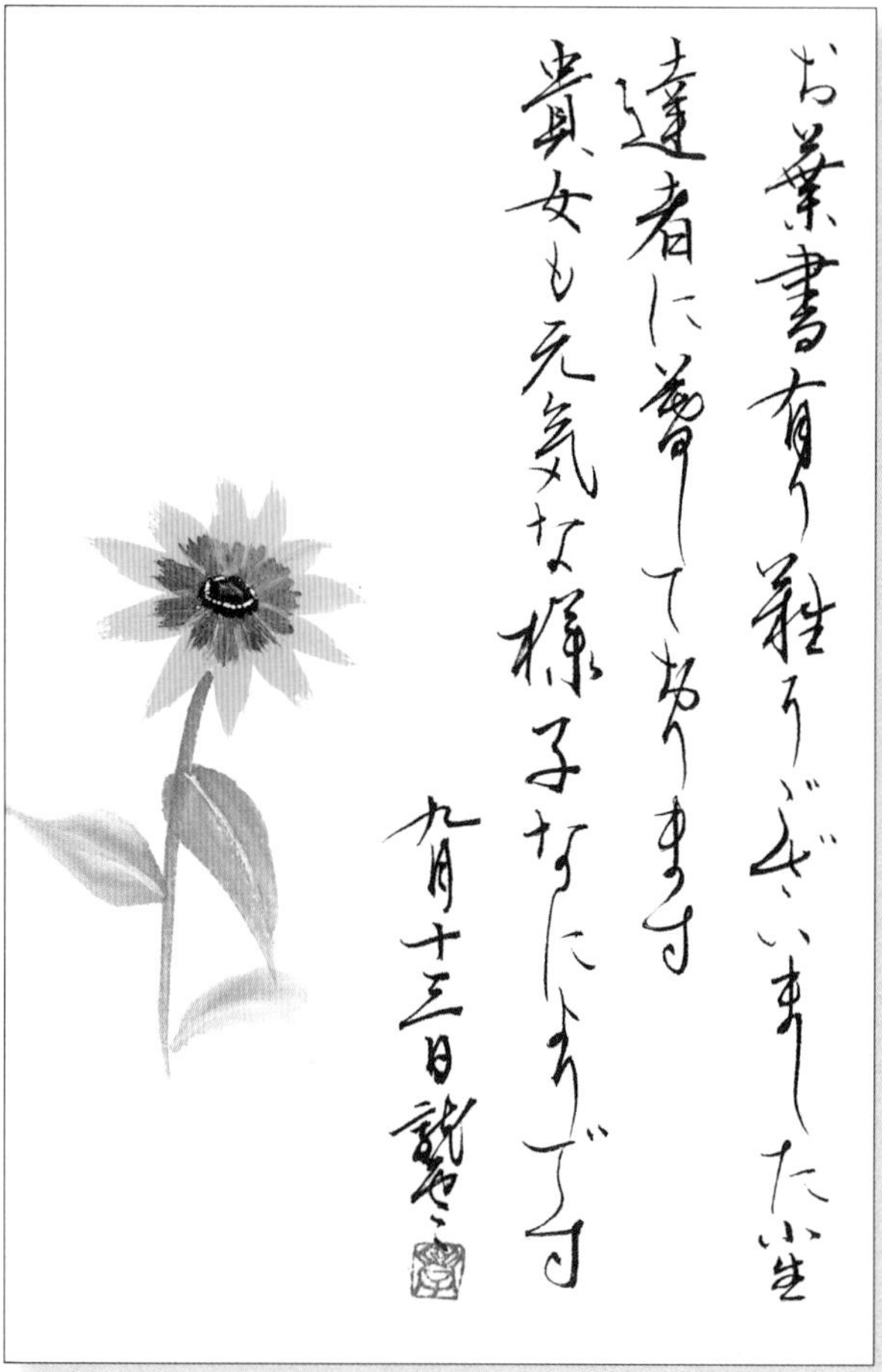
お葉書有り難うございました小生
達者に暮しております
貴女も元気な様子なによりです
九月十三日

【全体構成】白い紙に黄色で花を描くのは難しものです。ガッシュの絵の具を使うと、少しだけそのむずかしさも緩和されます。


【文面】

「お葉書有り難うございました。小生達者に暮しております。貴女も元気な様子なによりです。九月十三日龍雲」

　私のファンの方から、はがきが届きましたので、その返礼です。「返事は必ず書く」というのが私の信条です。直ぐに書いて出しました。はがきの交換はキャッチボールと同じで、「元気ですかー」と問われれば「元気だよー」と直ぐに投げ返す楽しさを味わえます。


【絵柄】

カットはグロリオサデージーです。

# 出産の内祝いを頂いたお礼

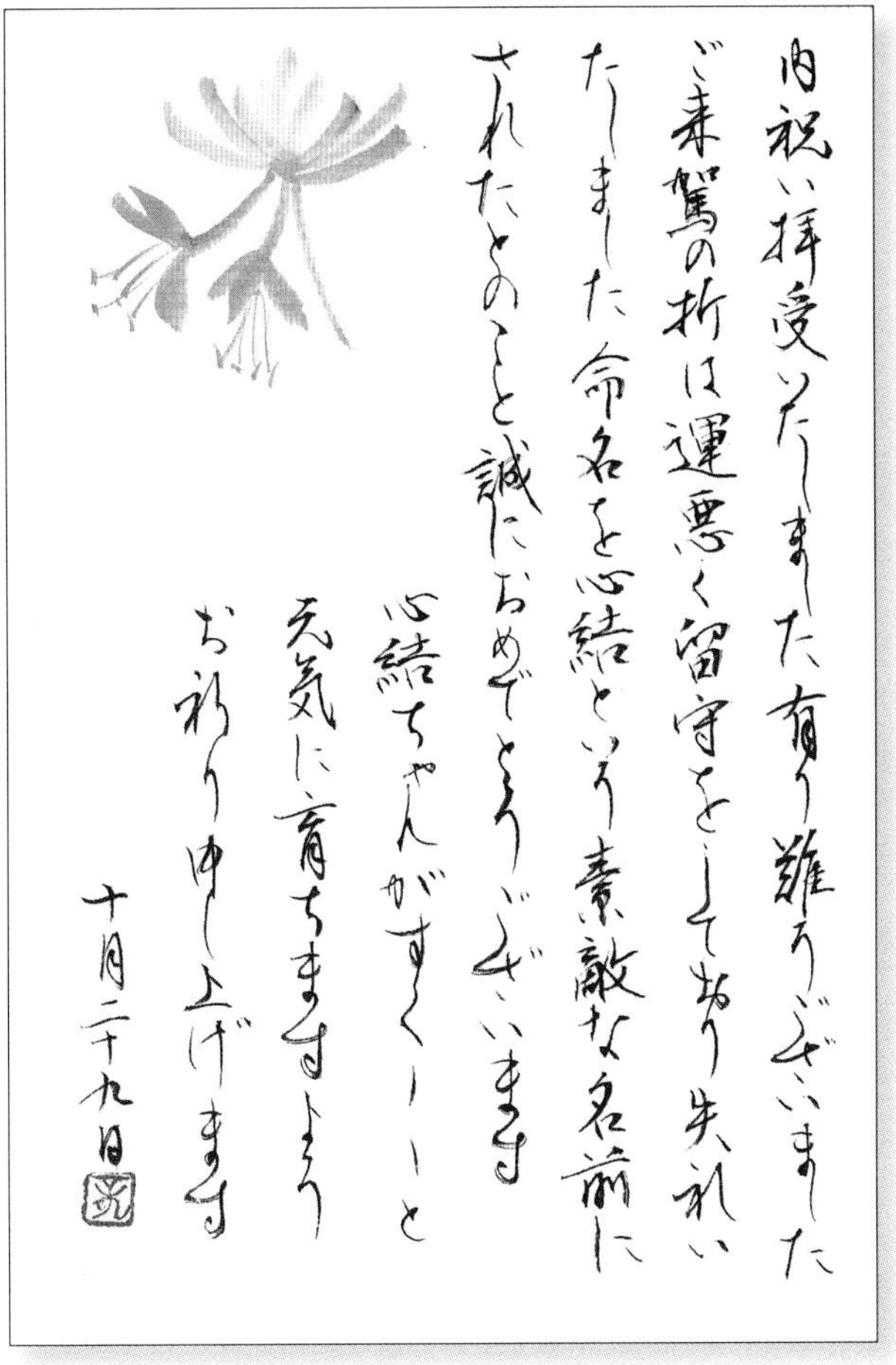
内祝い拝受いたしました有り難うございました
ご来駕の折は運悪く留守をしており失礼い
たしました命名を心結という素敵な名前に
されたとのこと誠におめでとうございます
心結ちゃんがすくすくと
元気に育ちますよう
お祈り申し上げます
十月二十九日

【全体構成】全体をながめたときに、行の流れと左右の字の響きが大切です。字の大きさと詰め加減に気を付けて書くようにします。少し詰め加減にすると流れが出やすくなります。

【文面】
「内祝拝受いたしました。有り難うございました。ご来駕の折は運悪く留守をしており失礼いたしました。命名を心結という素敵な名前にされたとのこと、誠におめでとうございます。心結ちゃんがすくすくと元気に育ちますようお祈り申し上げます。十月二十九日」

遠い親戚の方より出産の内祝いをいただいたのでその礼状です。命名札には「心結」と書かれてありましたので、そのことに触れた文章です。今回は妻も私も外出中で直接受け取れなかったので、礼状にしました。

【絵柄】
カットはツキヌキニンドウ。

# 写真を受け取ったお礼

お写真届き
ました早速送っ
ていただき有り
難うございました
皆さんに配布
いたします
十一月八日

【全体構成】字数が少ないので2カットにしました。全体をながめて、必要最小限でなお用を達している文章が大切だし、また、手に取った時に美しさを感じるように構成を考えることも大切です。

【文面】

「お写真届きました。早速送っていただき有り難うございました。皆さんに配布いたします。十一月八日」

バスハイクを催した際に、集合記念写真を撮ってくれた会員が全員へ配るため、写真を焼き増しして送ってくれました。無事に届いたという礼状です。その封書には写真だけで添え書きが有りませんでしたので、料金はどうするべきかわかりませんでした。手紙とは、相手にこの様なことを考えさせないように、プレゼントか、料金がいるのか、必要最小限のことは書き添えて送りましょう。

【絵柄】

カットは落ち葉。

# ワインを頂いたお礼

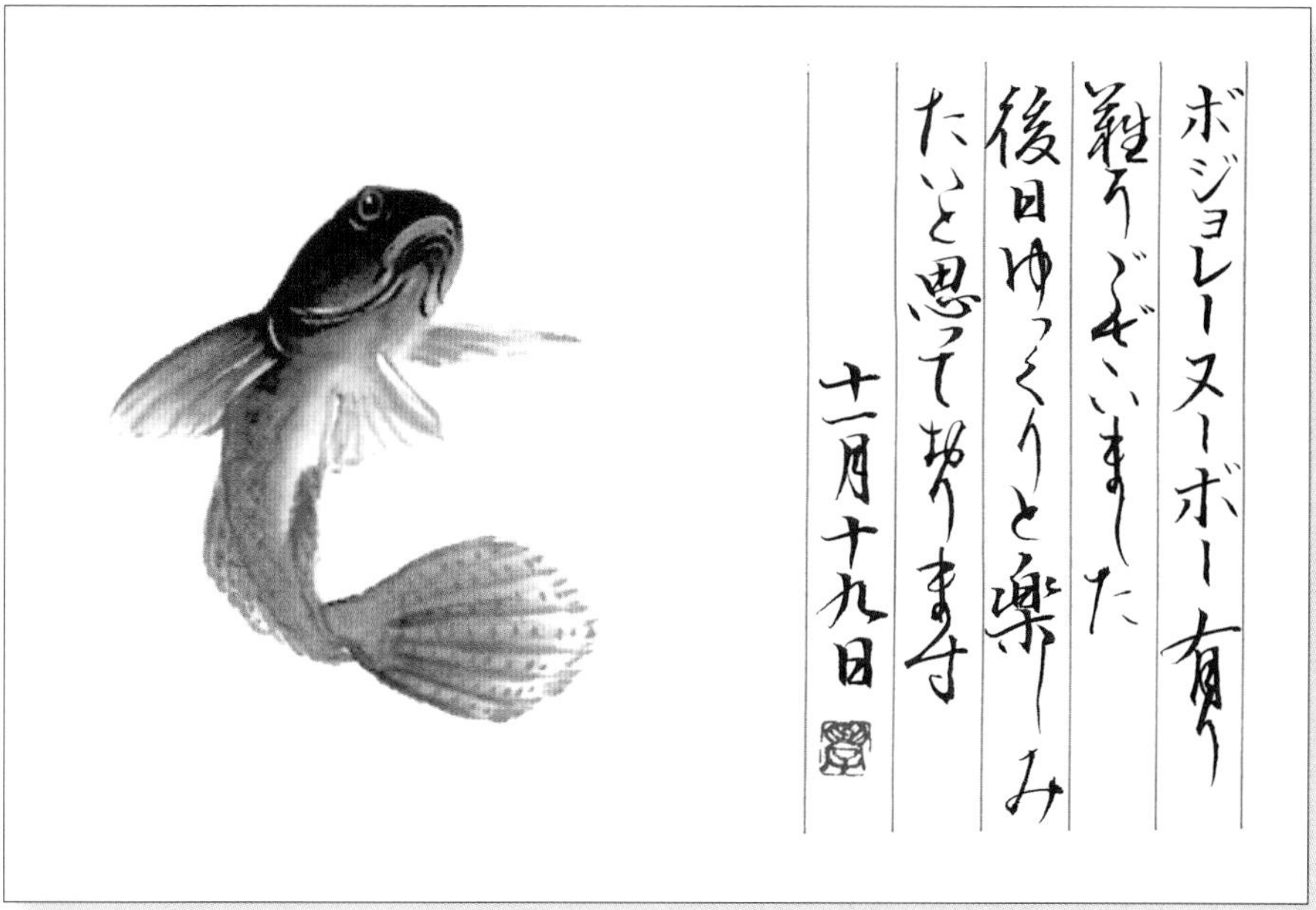
ボジョレーヌーボー有り
難うございました
後日ゆっくりと楽しみ
たいと思っております
十一月十九日

【全体構成】墨絵のカットなので、明るさを出すために赤色の罫線を使いました。文字数も少ないので、フレーズごとに分散して書きました。それにより間が持つ構成になりました。


【文面】

「ボジョレーヌーボ有り難うございました。後日ゆっくりと楽しみたいと思っております。十一月十九日」

　ボジョレーヌーボが解禁になったのでと、二本持って来てくれました。それをいただいた礼状です。本来ならば直ぐに飲んで、その味の感想を書くのがいいのですが、飲む機会がなかったので書けませんでした。後日飲んだ感想を書いて送りますが、取りあえずいただいた礼状だけは書いておきました。


【絵柄】

カットはハゼ。

# 喪中はがきへの返礼

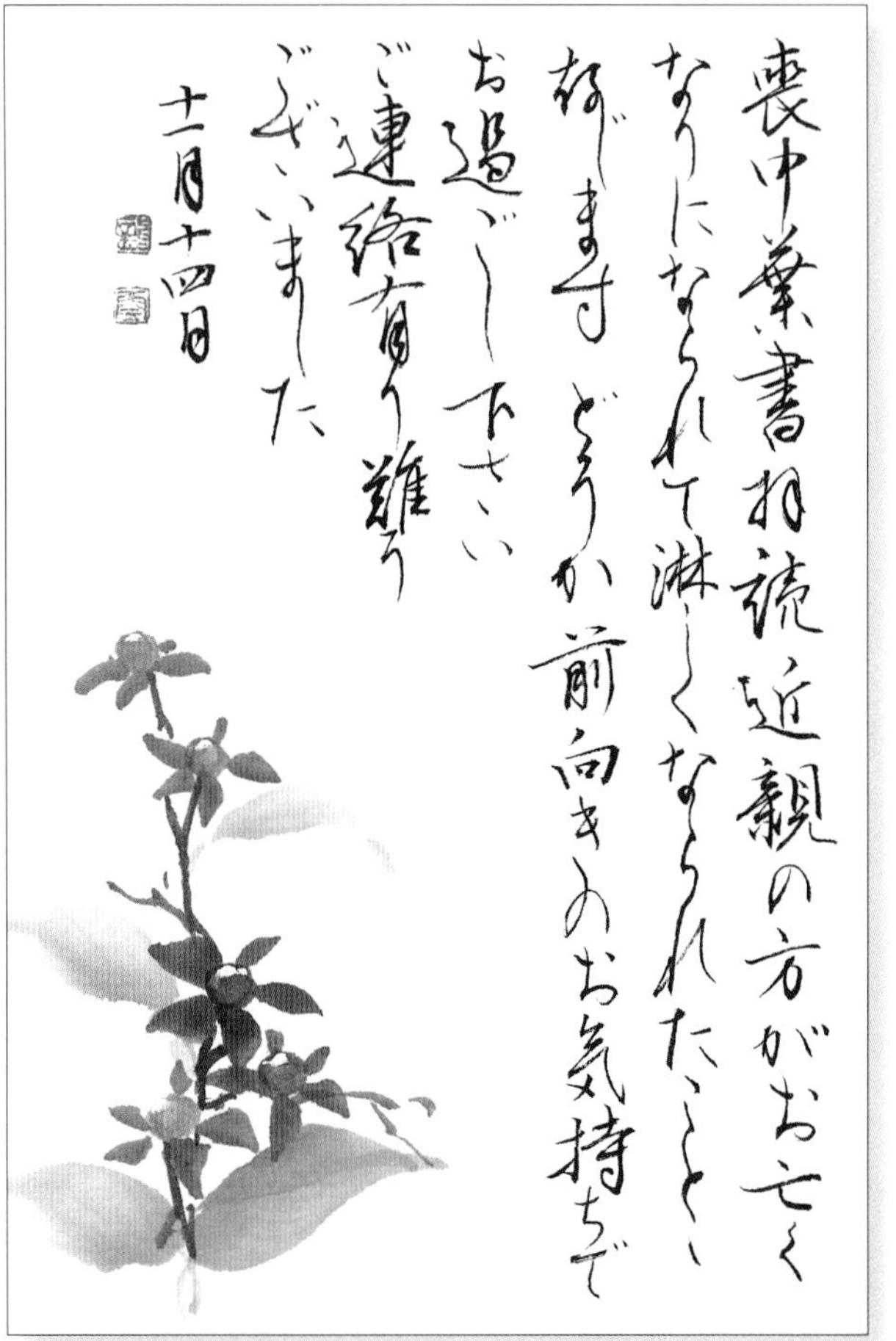
喪中葉書拝読 近親の方がお亡く
なりになられて淋しくなられたことと
存じます どうか前向きのお気持ちで
お過ごし下さい
ご連絡有り難う
ございました
十一月十四日

【全体構成】 喪中はがきの返事ですので、相手は悲しみに沈んでいるかもしれませんので、あまり派手な絵柄は慎みたいところです。一般的にはブルー系の色か、淡い色合いのものを使うと無難だと思います。

【文面】
「喪中葉書拝読。近親の方がお亡くなりになられて淋しくなられたことと存じます。どうか前向きのお気持ちでお過ごし下さい。ご連絡有り難うございました。十一月十四日」

今年の春にトルコ旅行した折りお付き合いが始まり少し親しくさせていただいた方より、喪中のはがきが届きましたので、その返礼です。

【絵柄】
カットはクサギの実。

# 喪中はがきへの返礼

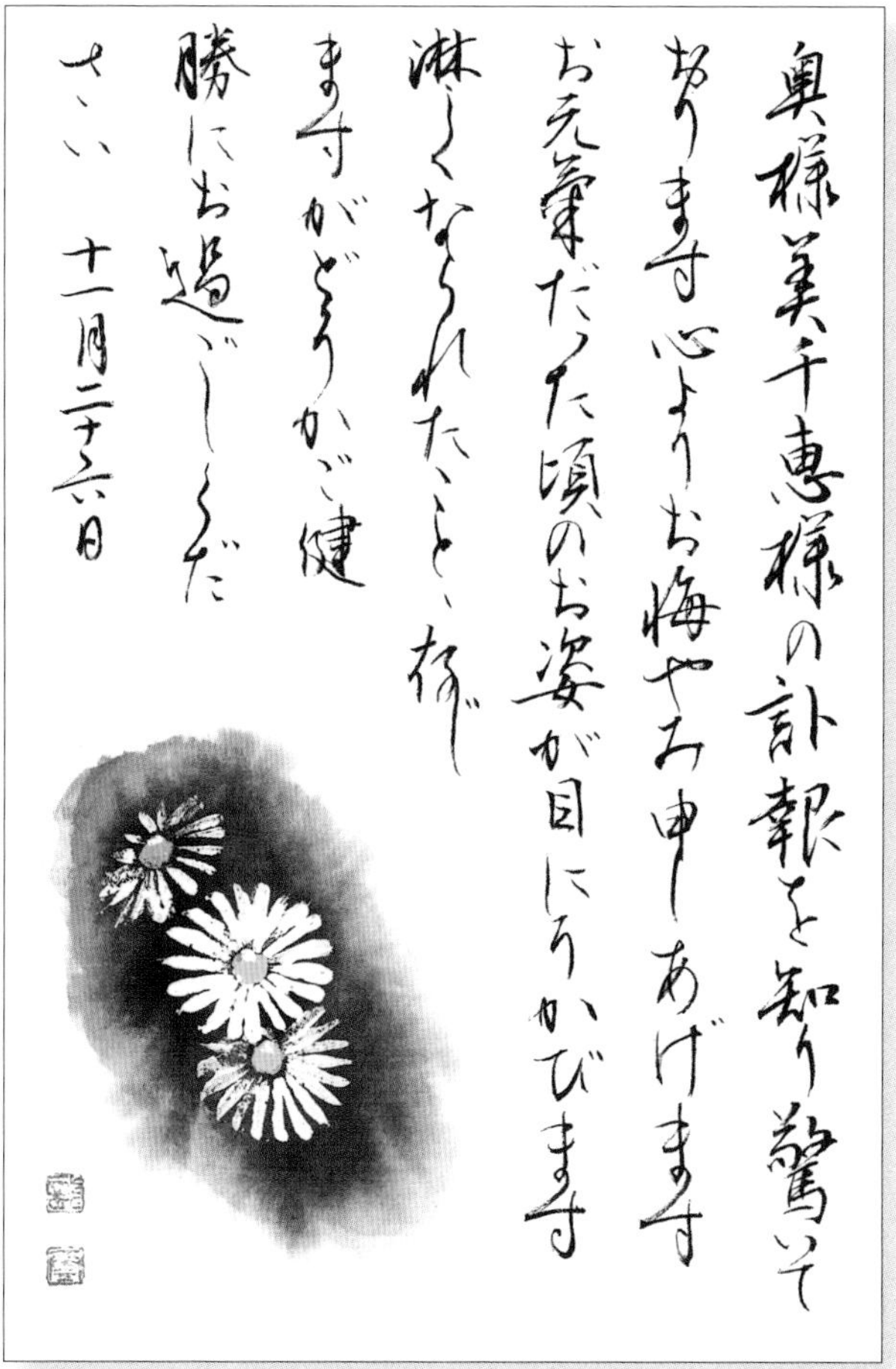
奥様美千恵様の訃報を知り驚いて
おります心よりお悔やみ申しあげます
お元気だった頃のお姿が目にうかびます
淋しくなられたこと、存じ
ますがどうかご健
勝にお過ごしくだ
さい　十一月二十六日

【絵の描き方】お悔みのはがきですので、派手にならないように、少し地味なカットを使いました。

【文面】
「奥様三千恵様の訃報を知り驚いております。心よりお悔やみ申しあげます。お元気だった頃のお姿が目にうかびます。淋しくなられたこと存じますが、どうかご健勝にお過ごし下さい。十一月二十六日」

以前に書道を習っておられた方のご主人から「家内が今年の3月に亡くなった」という喪中のはがきが届きました。ここ十年あまり年賀状だけのお付き合いでしたので、今回はじめて知りました。せめてひと言だけお悔やみをお知らせするべきだと思い返礼を書きました。

【絵柄】
カットは菊。

# 旅行みやげのお礼

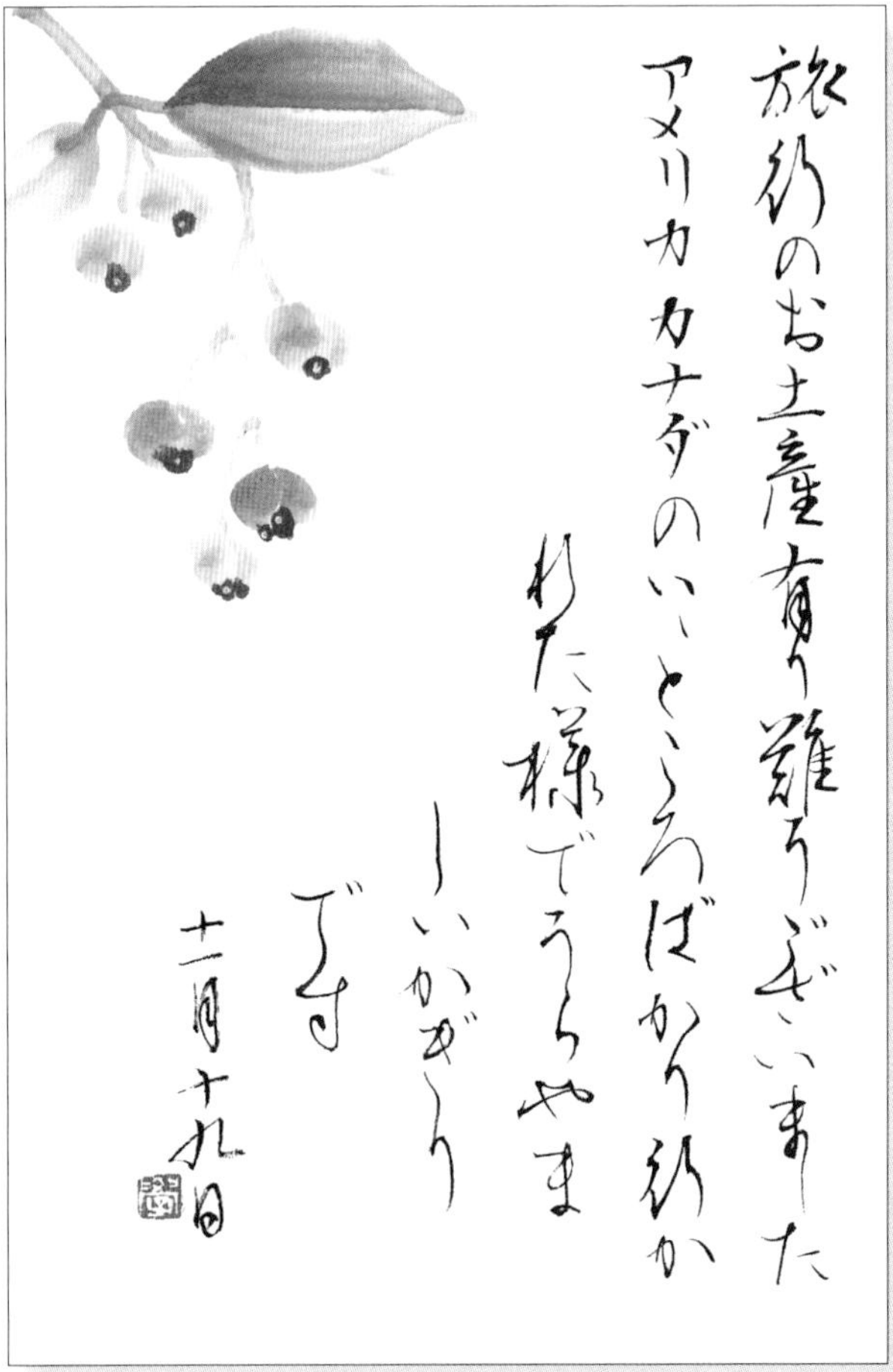
旅行のお土産有り難うございました
アメリカカナダのいいところばかり行かれた
様でうらやま
しいかぎり
です
十二月十九日

【全体構成】　実が下へ伸びている方が絵の表ですから、そのあたりは広く空間を空けておきます。絵と字の調和を第一にして構成します。

【文面】

「旅行のお土産有り難うございました。アメリカ・カナダのいいところばかり行かれた様でうらやましいかぎりです。十二月十九日」

　娘さんがニューヨークにおられて、そこへしばらく行かれていた生徒さんから旅行のお土産をいただきましたので、その礼状です。アメリカとカナダにまたがって旅行されたそうで、行ったところの話を少し聞きました。そのことにふれた文章です。まだそこには旅行していないので行ってみたいと思っていましたので、うらやましい思いを素直に表現しました。


【絵柄】

カットはマユミです。

# お歳暮のお礼

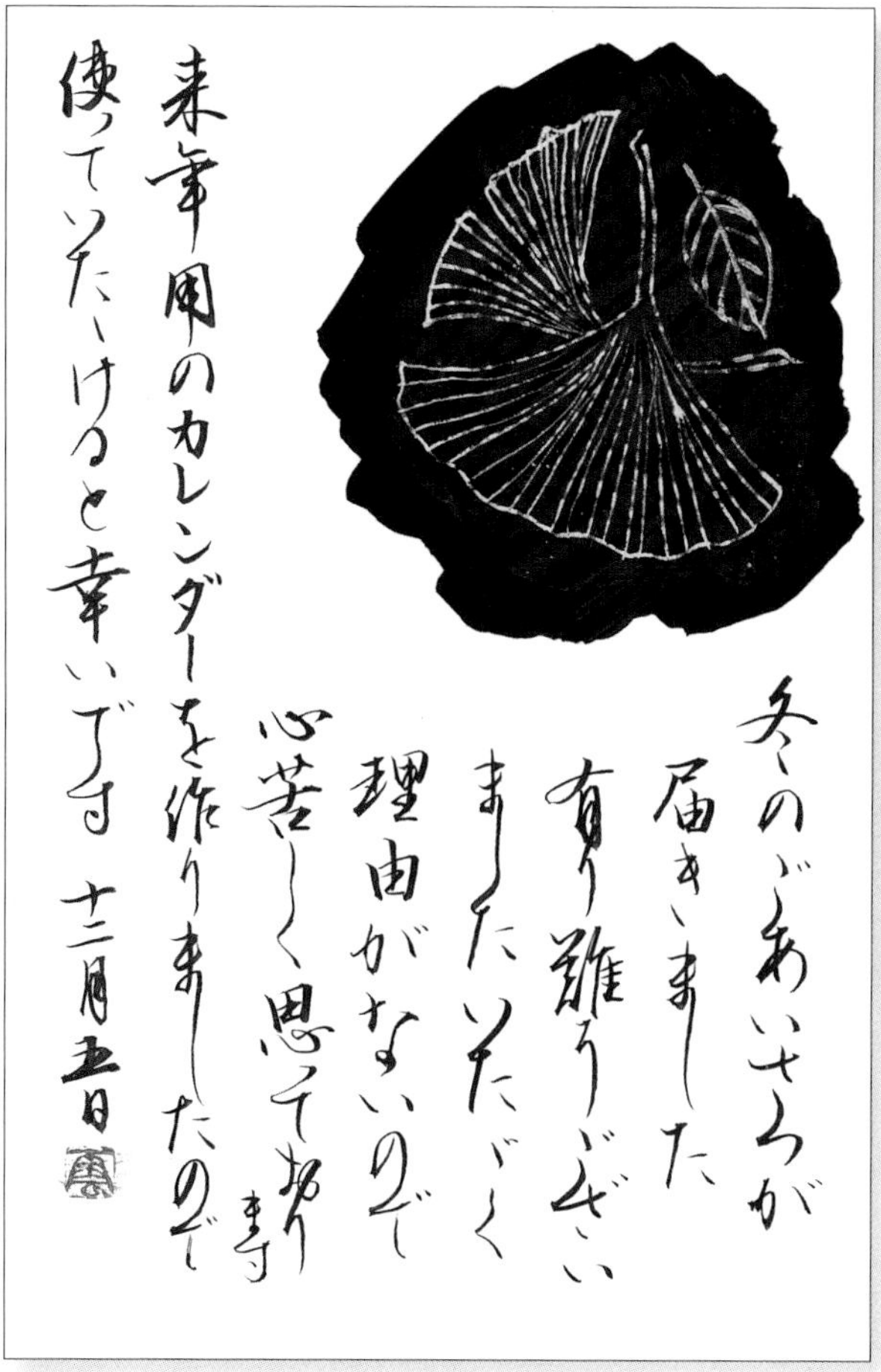
冬のごあいさつが
届きました
有り難うござい
ました いただく
理由がないので
心苦しく思っており
ます
来年用のカレンダーを作りましたので
使っていただけると幸いです
十二月五日

【全体構成】６行目の文末の「ます」はできるかぎり文頭に書かない方がいいのでこの位置に小さく入れました。大きく書くと次の行に影響しますので気をつけるようにします。

【文面】

「冬のごあいさつが届きました。有り難うございました。いただく理由がないので心苦しく思っております。来年用のカレンダーを作りましたので使っていただけると幸いです。十二月五日」

同じ社中の兄弟弟子の方から、お歳暮が届きましたので、そのお礼状です。別に特別に面倒をみたわけではないので、頂くこと自体が心苦しく思い、お返しをしなければと思っていたところ、丁度来年用のカレンダーが仕上がってきましたので、それを差し上げることにしました。それに添えたはがきです。

【絵柄】

カットはイチョウの葉です。

# お歳暮を頂いたお礼

めんたいが届きました
皆に見せない
ようにして楽
しみたいと思って
おります有り
難うございました
十二月三日

【全体構成】大きめのカットを使いましたので、字の大きさは小さくなりました。実際に送った作品はもっとポップス調の書きぶりにして、喜びを表現した文字にしました。ここでは読者が書きやすいような字形にしました。

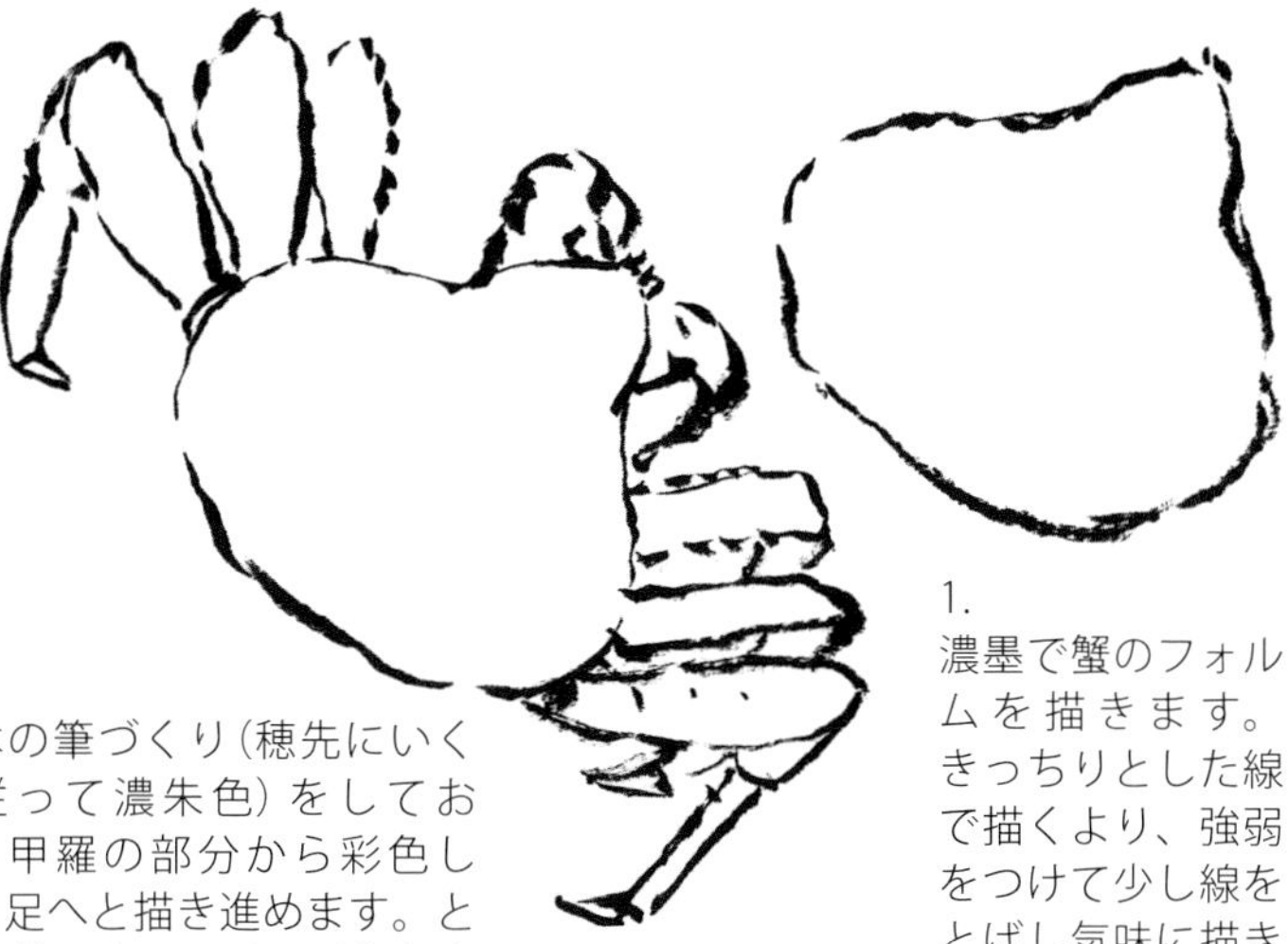

1.
濃墨で蟹のフォルムを描きます。きっちりとした線で描くより、強弱をつけて少し線をとばし気味に描きます。

2.
基本の筆づくり（穂先にいくに従って濃朱色）をしておき、甲羅の部分から彩色して、足へと描き進めます。ところどころ、ハイライトを表現する意味で、描き残しを作ります。

3.
画面が濡れている間に、濃墨でとげの表現をします。

4.
青色で影を描きます。

【鱈場蟹の描き方】使用した絵の具。朱色はフレームレッド（アクリラ）又はナフトールレッドライト。青色はウルトラマリンブルー（アクリラ）。使用した紙は和画仙紙「にじみ弱」。

【文面】
「めんたいが届きました。皆に見せないようにして楽しみたいと思っております。有り難うございました。十二月三日」

ごくごく親しい生徒さんからお歳暮でめんたいが届けられましたので、そのお礼状です。たいへん親しい間柄ですので、少しユーモアーを盛り込んだ文章にしてみました。うれしい思いが伝わるような文章にしたいところです。贈った人がめんたいを贈って良かったと思われるように書くと喜ばれます。

【絵柄】
カットは鱈場蟹です。

# 喪中はがきの返礼

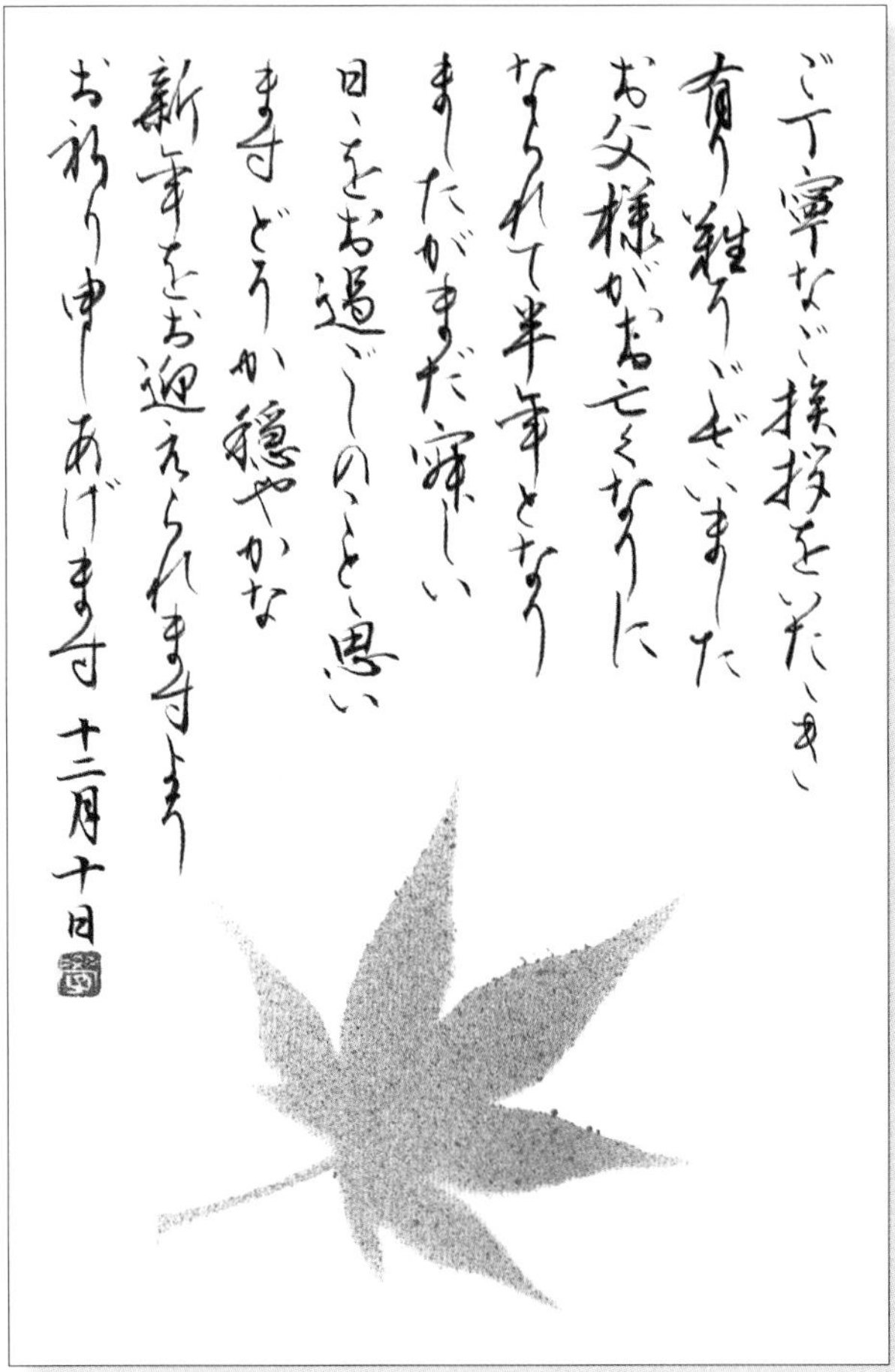
ご丁寧なご挨拶をいただき
有り難うございました
お父様がお亡くなりに
なられて半年となり
ましたがまだ寂しい
日々をお過ごしのことと思い
ます どうか穏やかな
新年をお迎えられますよう
お祈り申しあげます 十二月十日

【全体構成】時期的なカットとしてモミジのブラッシングを使いました。もう少し薄くブラッシングしておけば、地模様として、字を全体に書けると思います。今回は少し濃いめだったので、地模様とはしませんでした。

【文面】
「ご丁寧なご挨拶をいただき有り難うございました。お父様がお亡くなりになられて半年となりましたが、まだ寂しい日々をお過ごしのことと思います。どうか穏やかな新年をお迎えられますよう、お祈り申し上げます。十二月十日」

知人のお父さんがお亡くなりになられて、喪中のはがきが届きましたので、その返事です。相手の気持ちを思いやる文面をひと言書いておくことをおすすめします。

【絵柄】
カットはモミジのブラッシングです。日本画用のボカシ網とボカシバケで、モミジの型の上からキリブキする技法。

# 頂き物のお礼

たくさんの豚肉の
詰め合わせが届きました
お心遣い恐縮に存じます有り難うございました
向寒の折からご自愛をお祈り申し上げます
十二月十一日

【全体構成】絵柄が大部分を占めていますので、布字が難しいところです。絵の雰囲気を壊さないためにも、それぞれの文字の線質をスリムに書きます。線質にボリュームが有ると全体の調和を損ねてしまいます。


【文面】

「たくさんの豚肉の詰め合わせが届きました。お心遣い恐縮に存じます。有り難うございました。向寒の折からご自愛をお祈り申し上げます。十二月十一日」

以前の生徒さんから豚肉の詰め合わせが送られてきましたので、その礼状はがきです。今は生徒さんでもないので、特にいただくような理由がありませんので、思いがけないお届け物だったので、恐縮という言葉を使いました。


【絵柄】

カットは晩秋の雑木林です。

# クリスマスカードのお礼

【全体構成】一般的に印の位置は日付の辺りですが、今回は絵の裏側、左下がベストの位置です。目立ちすぎず引っ込みすぎずといったところです。

【文面】
「クリスマスカード有り難うございました。今年も一年たいへんお世話になりました。年末は寒くなるそうです。ご自愛のほどお祈り申し上げます。十二月二十五日」

生徒さんからクリスマスカードが届きましたのでその返事です。一年間お世話になった方なのでその総括りとしての言葉を書きました。それだけでは見栄えがしませんので、少しコメントを足したいところですが、無い場合もあります。その様な時は季節の言葉で締めくくってまとめると、行も埋まり見栄えがします。

【絵柄】
カットはツワブキ。

# 力添えをして頂いた方へのお礼

【全体構成】花の咲いている向きが絵の表です。文字の行頭を下へずらしつつ書いたことにより花の表の部分の空間が確保でき、見た目に印象的なはがきになります。

【文面】
「お手数をおかけして申し訳なく思っております。しばらくは今のところで頑張っていくことにします。有り難うございました。二月八日　龍雲」

福岡で新規に講座が開けるかどうか、バックアップをしていただいた方へのお礼状です。結果的には今は開く予定がないということだったので、しばらくは今のところでやっていく決意を書きました。電話で用が足りていたのですが、自分の方針「丁寧に生きる」として、はがきでお礼を伝えたいと思い書くことにしました。

【絵柄】
カットはヤブツバキ。

# チケットを貰ったお礼

【全体構成】 文章を書いてから朱色の罫線を描きました。手書きの良さが出たと思います。空いた空間は様々な表情を持っているので、構成のしっかりした見応えのあるものとなりました。

1.
基本の筆づくり（穂先にいくに従って濃赤色）をしておき、手前、横、奥の順に花びらを描きます。

2.
続いて横の花、その他の花やつぼみを配置します。

3.
濃墨で花を連絡し、ヘタを描きます。

3.
白色でしべを描きます。しべの先端は、黄色と金色を使って彩色します。

【紅梅の描き方】使用した絵の具。赤色はチャペルローズ（アクリル）又はナフトールレッドディープ。金色はゴールド（アクリルガッシュ）。白色はチタニウムホワイト（アクリルガッシュ）。黄色はイエロー（アクリルガッシュ）。使用した紙は和画仙紙「にじみ弱」。使用した墨は油煙墨。

【文面】

「チケット有り難うございます。家内と見に行かせていただきます。一月二十五日」

　小倉のカルチャーセンターの支配人から絵画鑑賞の招待券を人づてにいただきましたので、その礼状です。この手の人づてに戴いた物については必ず礼状を出すことが大切です。差し上げた方は無事に相手に届いたかどうか心配しているものですので、無事に届きましたよと連絡するのが礼儀にかなっています。


【絵柄】

カットは紅梅。

# 雛祭りにお裾分けをいただいたお礼

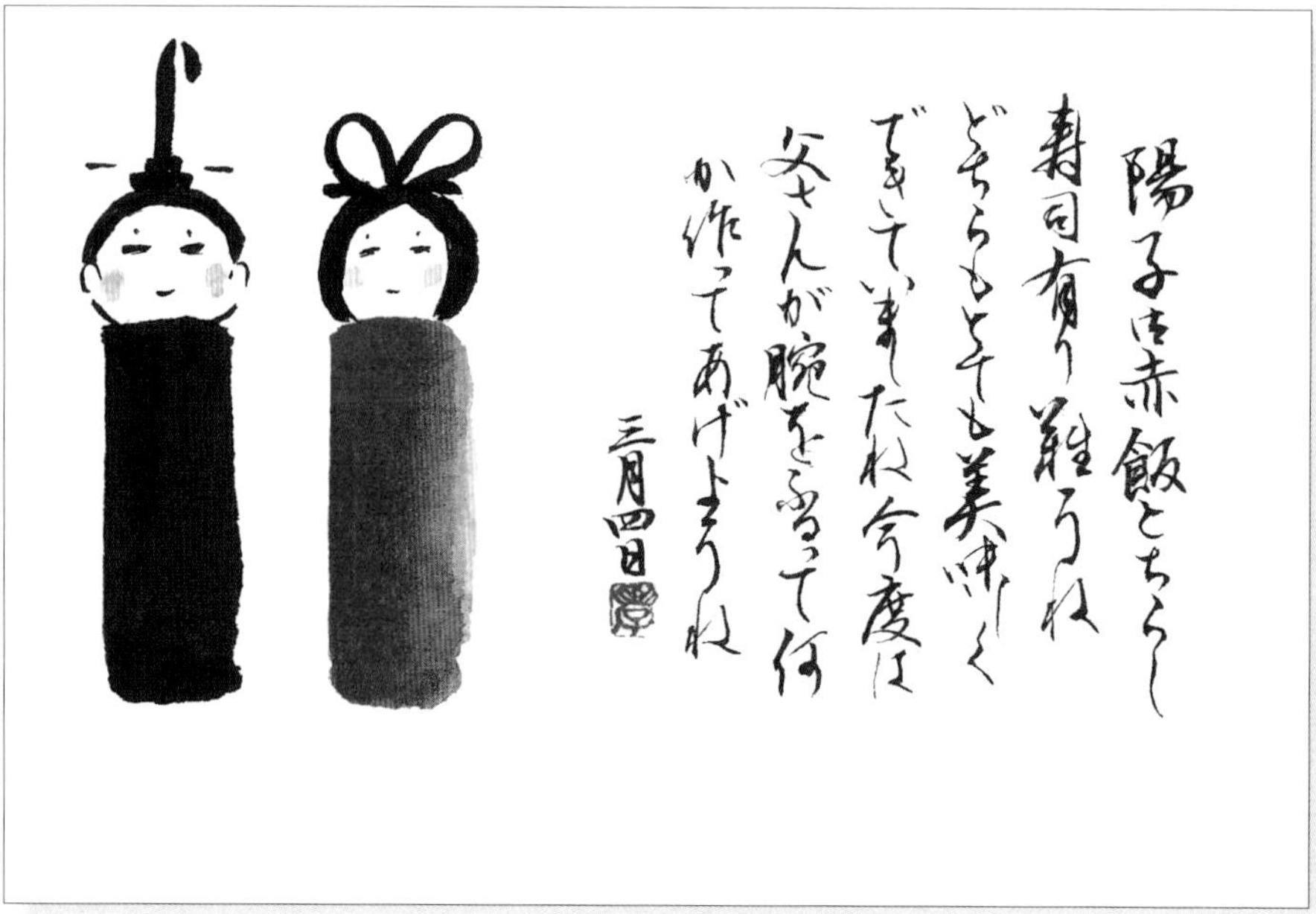
陽子は赤飯とちらし
寿司有り難うね
どちらもとても美味しく
できていましたね今度は
父さんが腕をふるって何
か作ってあげようね
三月四日

【全体構成】文字の行頭を湾曲にして少し変化をつけてみました。


【文面】

「陽子　御赤飯とちらし寿司有り難うね。どちらもとても美味しくできていましたね。今度は父さんが腕をふるって何か作ってあげようね。

三月四日」

　車で十分位のところに嫁いだ娘が、ひなまつりだからといってお赤飯とちらし寿司を持ってきてくれたので、それを食べた感想を書いて出しました。


【絵柄】

カットはひな人形。

# 食事会のお礼

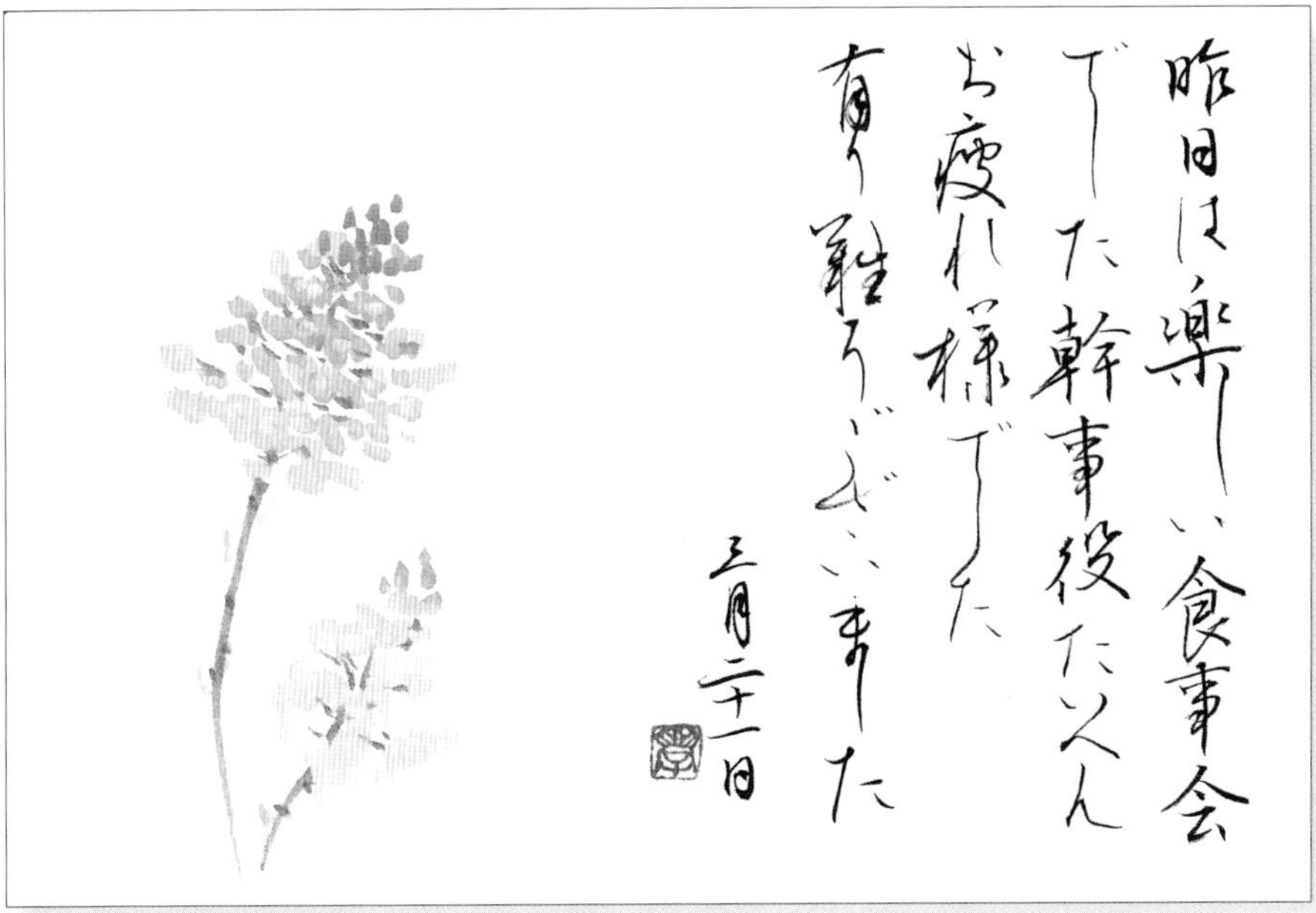
昨日は楽しい食事会
でした幹事役たいへん
お疲れ様でした
有り難うございました
三月二十一日

【全体構成】花の咲いている上の方が絵の表になります。この手紙の文章は短めですので、比較的大きな文字で書きました。一般的に印の位置は日付の下あたりに捺すのですが、今回は左側に広い空間がありましたので、その空間を狭くするために左にずらしました。


【文面】

「昨日は楽しい食事会でした。幹事役たいへんお疲れ様でした。有り難うございました。三月二十一日」

　卒業式の後で、今年度で職場を去る方を囲んで、食事会がありました。その折りに幹事役をされた方への礼状です。どの様な会の催し物でも、幹事役はたいへんです。うまくいって当然だし、悪ければ文句を言われて、割に合わない役ですので、この様な礼状を一枚書いておくと、今後のお付き合いがグッとうまく行きますから、書くことにしています。


【絵柄】

カットはライラック。

# 来場のお礼

本日は遠路のところ拙い発表会にご来場
いただいた上に作品もたくさんお買い上げ
いただき誠に有難うございました

三月二十一日

【全体構成】 左半分がカットの領域で右半分が字の領域と考えて構成すると間違い有りません。ですから、字の領域にどれくらいの字数を入れるかで、行数も決めます。今回は字数が少ないので三行に納めることにしました。

1.
基本の筆づくり（穂先にいくに従って濃青紫色＝青色と紫色の混色）をしておき、手前の花びらを描きます。

2.
順に横の花びら奥の花びらを描きます。

3.
花びらに縞模様を描き、中心は黄色で彩色します。

4.
淡墨でグラスの輪郭を描きます。

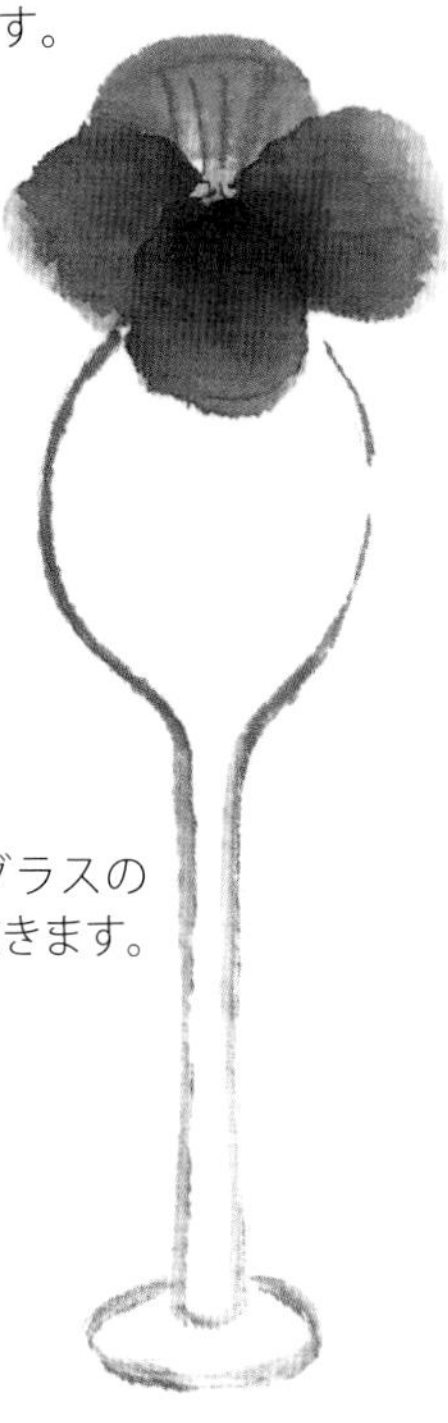

5.
光の加減で暗い部分は濃墨で描きます。グラスにも陰影をつけます。ここでは淡青色を使ってみました。

【グラスにパンジーの描き方】使用した絵の具。青色はウルトラマリンブルー（アクリル）。紫色はバイオレット（アクリル）又はジオキサジンバイオレット。黄色はイエロー（アクリルガッシュ）。使用した紙は和画仙紙「にじみ弱」。使用した墨は油煙墨。

【文面】

「本日は遠路のところ拙い発表会にご来場いただいた上に、作品もお買い上げいただき、誠に有り難うございました。三月二十一日」

　チャリティー展に娘婿の勤め先の社長夫人が、遠路わざわざ見学に来られ、作品も多く買ってくださったので、特別に礼状を書きました。

【絵柄】

カットはグラスにパンジー。

# 快気祝いを頂いたお礼

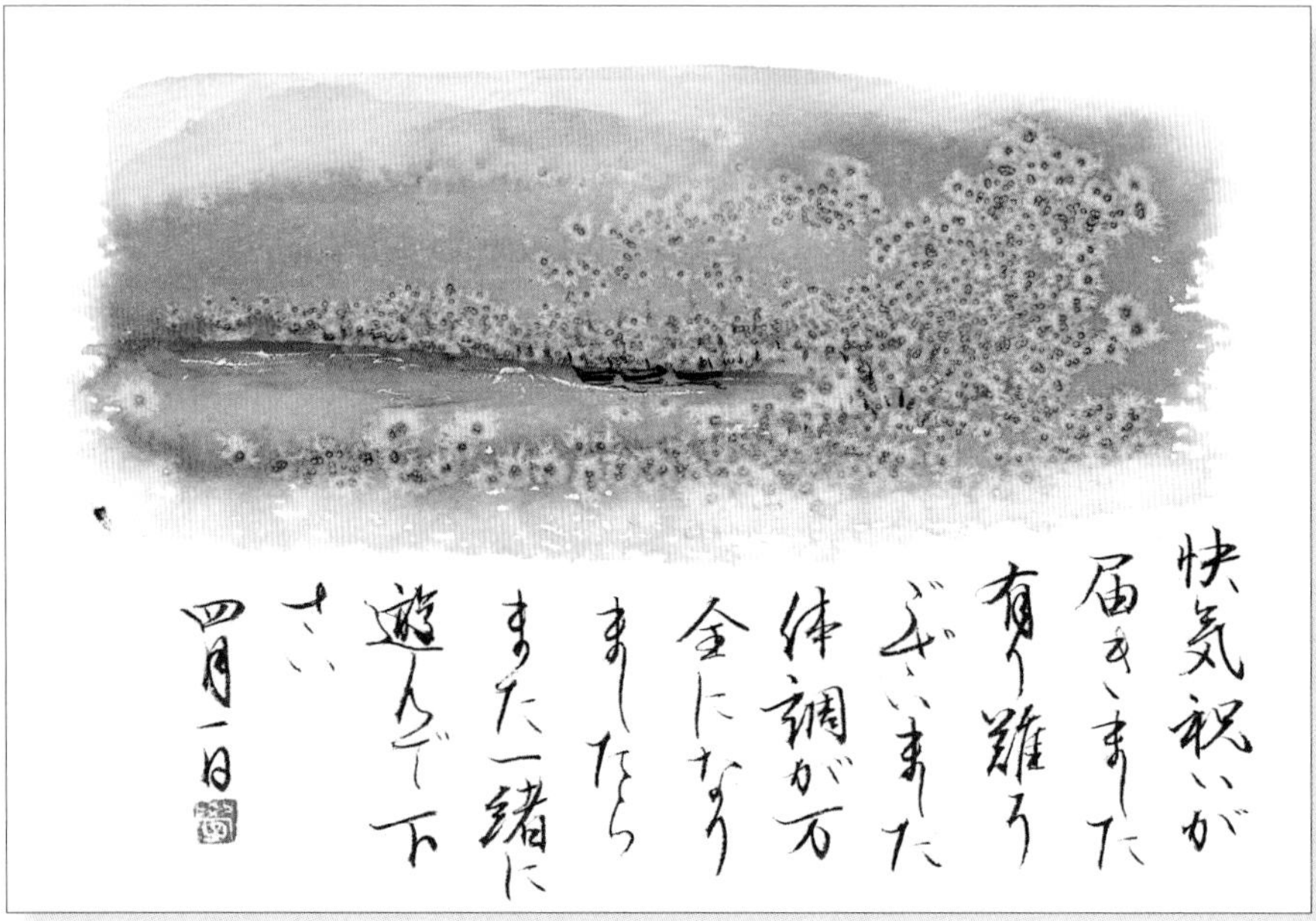
快気祝いが
届きました
有り難う
ございました
体調が万
全になり
ましたら
また一緒に
遊んで下
さい
四月一日

【全体構成】おめでたいので少し派手目のカットを使っても構わないと思います。

【文面】

「快気祝いが届きました。有り難うございました。体調が万全になりましたら、また一緒に遊んで下さい。四月一日」

病気で入院していた方より快気祝いが届きましたので、その礼状です。本来ならばご退院おめでとうございます、と書く方がいいのですが、もうすでにその事は知っていたので、ここでは快気祝いが届いた礼状だけに的を絞って書きました。もし、退院をこの快気祝いで知ったとしたら、「ご退院おめでとうございます」を必ず入れたいところです。

【絵柄】

カットは桜のある風景。

# 見舞いを頂いて

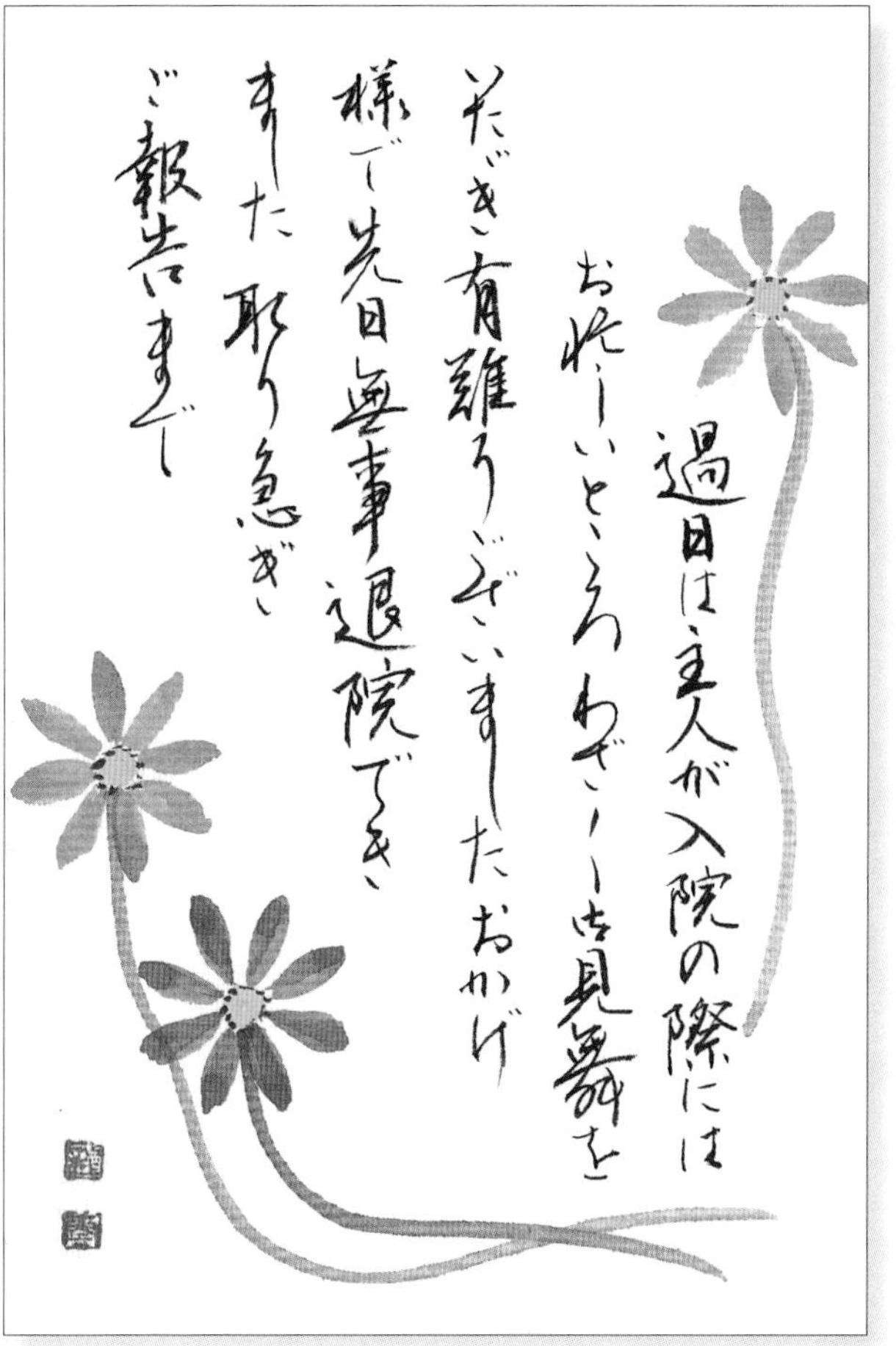


【全体構成】 意識的に中心を空けたカットです。 絵柄に付かず離れずに字を書くと印象的な葉書になります。

【文面】
「過日は主人が入院の際にはお忙しいところわざわざ御見舞いをいただき有難うございました。 おかげ様で先日無事退院できました。 取り急ぎご報告まで」

◉注意点　病気やケガの見舞いの礼状ではその後の経過を明るく伝えることが大切なので、 カットを入れる場合も、 それを意識して描いた方がよいと思います。

【絵柄】
カットはガーベラです。

# 快気祝いを頂いたお礼

ご退院誠におめでとうございます
昨日快気祝いが届きました有り
難うございました健康あっての
人生です今しば
らくはご養生専
一にされますよう
願っております

【全体構成】見た目にいちばん美しく感じる行数は、七行だと思いますが、字数が多いときは八行でも構いません。カットと字の位置関係が付かず離れずといった構成がベストです。ボールペンで書いた作例です（149頁まで）。

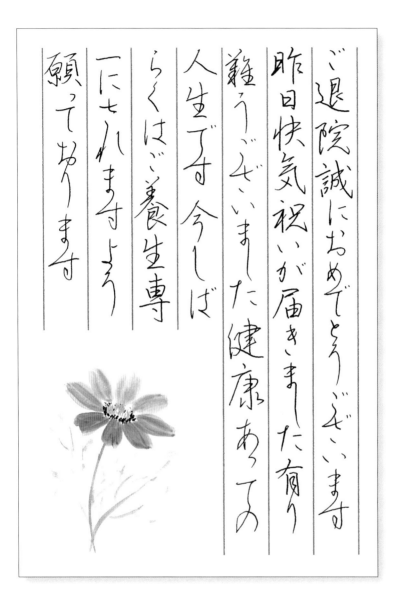

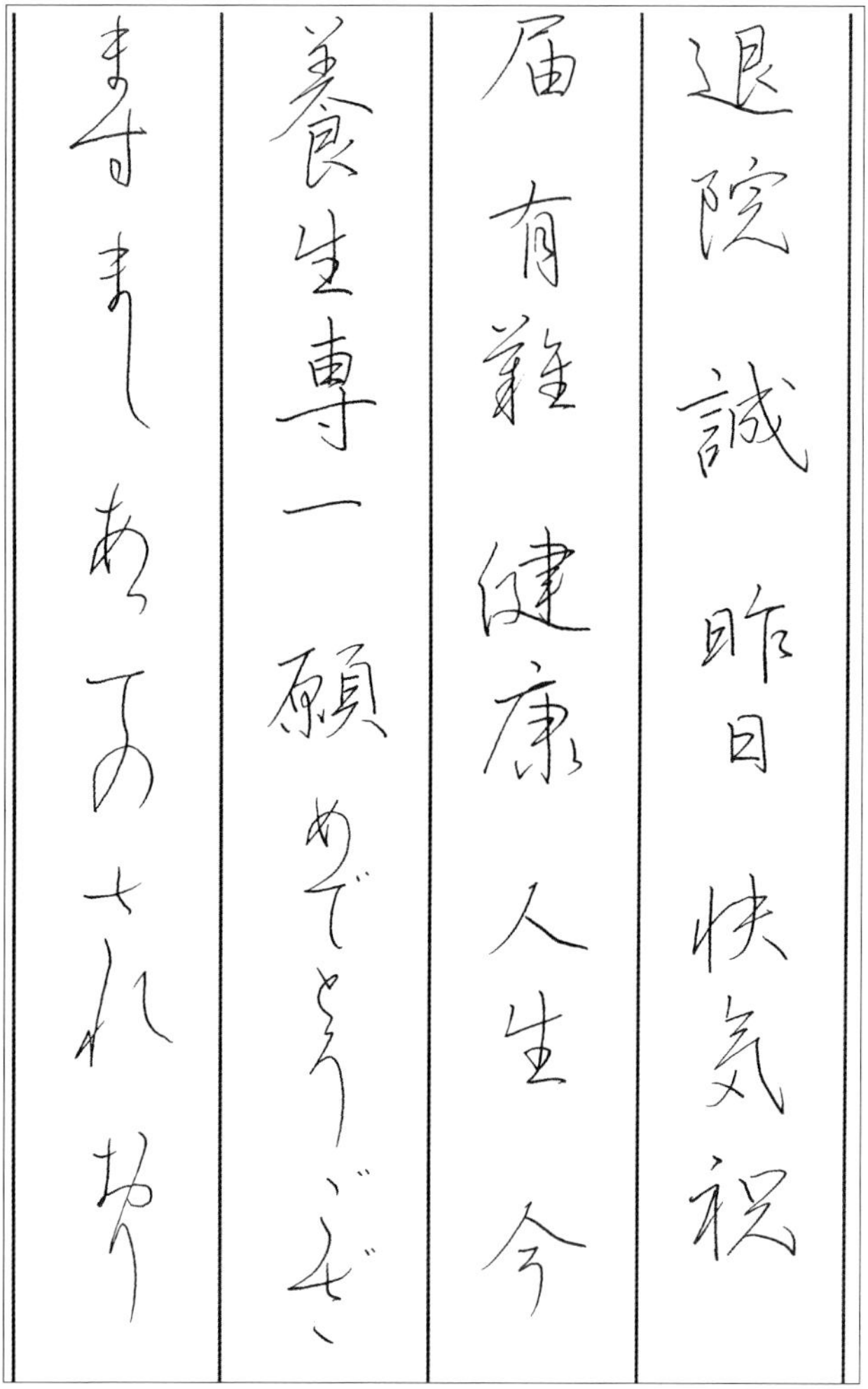
退院誠昨日快気祝
届有難健康人生今
養生専一願めでとうござ

【書の書き方】楷書で書くと時間もかかり、一枚かくのに30分もかかる場合がありますので、手早く書くには楷行書くらいがよいと思います。自然体に見えてゆっくりと歩いている姿勢の書きぶりがいいでしょう。

【文面】
「ご退院誠におめでとうございます。昨日快気祝いが届きました。有り難うございました。健康あっての人生です。今しばらくはご養生専一にされますよう願っております。」

　どのような時でも誠実な心で、共に喜び、共に悲しんであげる心で書くことが大切です。たった一枚のはがきですが、丁寧に優しい気持ちをのせて送るとき人の心は磨かれると思われます。そのことだけを考えて書いていると、時に詩人にさえなるように思われます。「電話ではなくはがきで」をモットーに実践しましょう。

【絵柄】
カットはコスモスです。

# お志を頂いたお礼

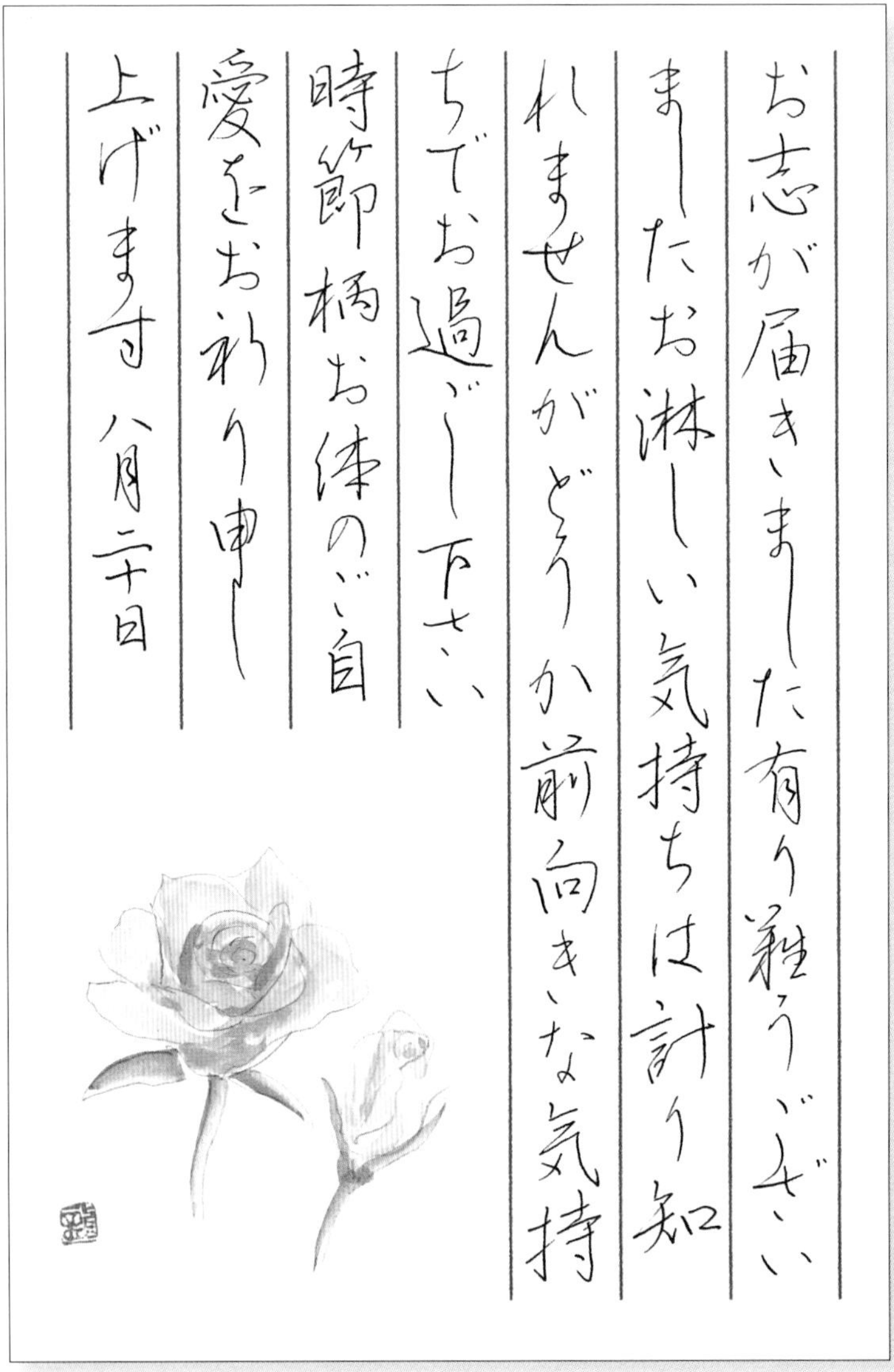
お志が届きました有り難うござい
ましたお淋しい気持ちは計り知
れませんがどうか前向きな気持
ちでお過ごし下さい
時節柄お体のご自
愛をお祈り申し
上げます
八月二十日

【全体構成】あまり奇抜な画面構成はしない方が無難です。手に取って読んだ時にホッとするような文章とカットでありたいところです。

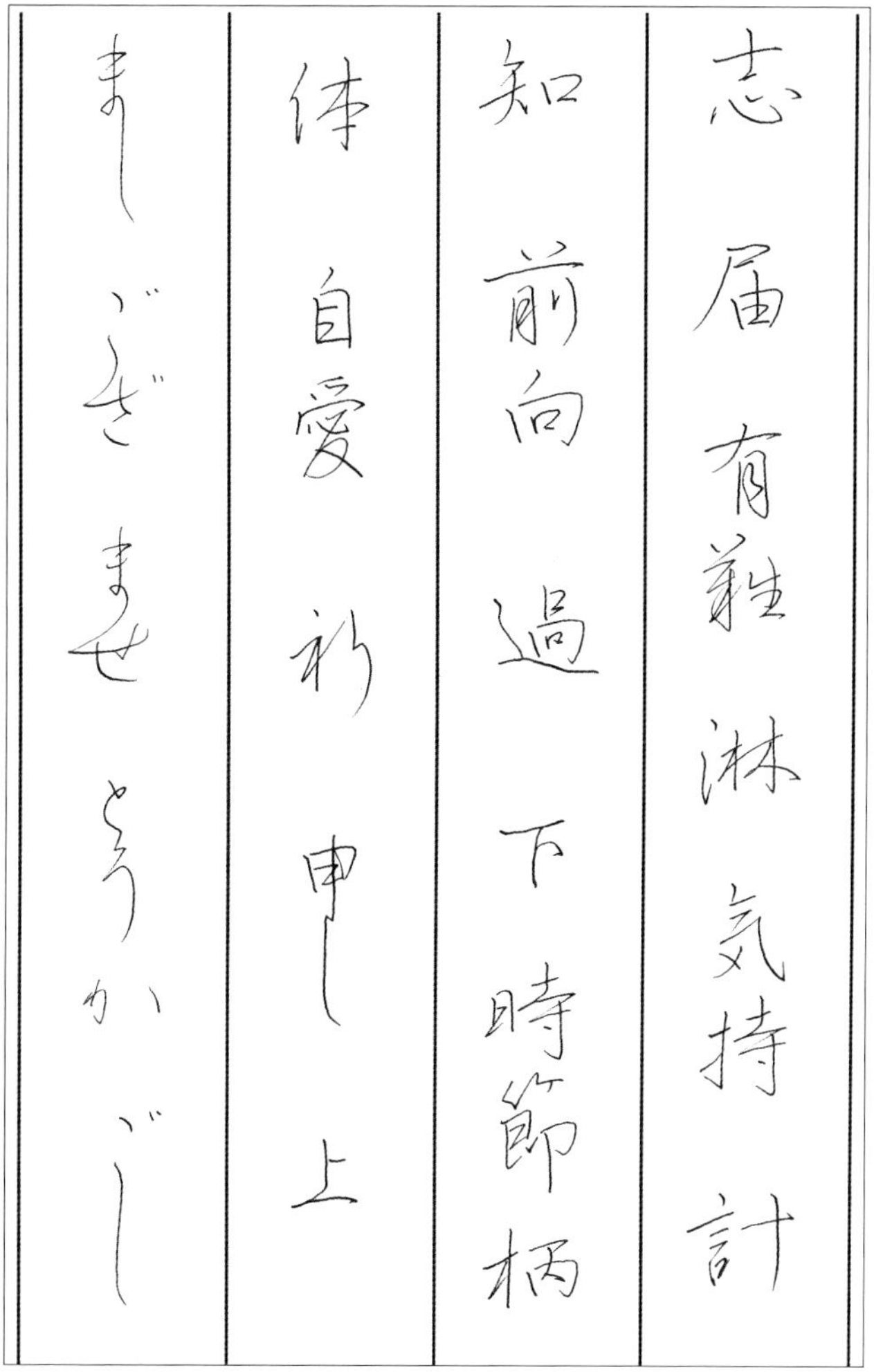


【書の書き方】ボールペンで書いたはがきです。毛筆で書く書き方と全く変わりません

【文面】

「お志が届きました。ありがとうございました。お淋しい気持ちは計り知れませんが、どうか前向きな気持ちでお過ごし下さい。時節柄お体のご自愛をお祈り申し上げます。八月二十日」

四十九日をすぎた頃がいちばん寂しい気持ちになるそうですので、その事を思い、ひと言お悔みの言葉を添えるとよいでしょう。また、カットはあまり派手な色合いのものは避けるようにします。罫線も赤系よりも青系のものを使うのがベストです。

【絵柄】

カットはバラです。

# おみやげを頂いたお礼

ご旅行先の名菓をいただき有り難う
ございました一度賞味してみたいと
思っておりましたので楽しみです
よく小旅行をされ
ているようでいつも
羨ましく思って
おります　十月三日

【全体構成】 字を構成する場合、漢字ばかりだとつめ加減になりますので、ひらがなの「し」や「り」などの 縦長の字を使って息抜きの場所を作りながら書くとメリハリのきいた書きぶりになります。

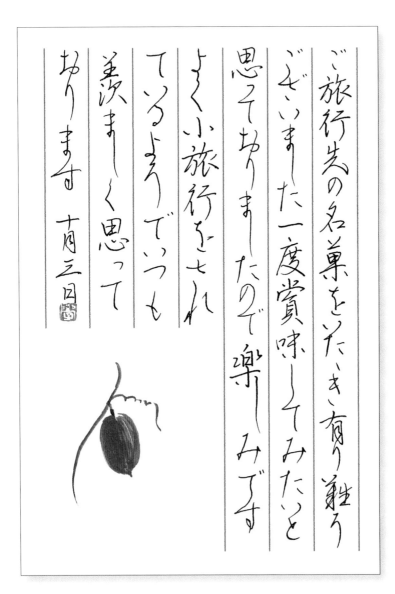

旅行先　名菓　有難

一度賞味思楽し羨

いたゞきましており

のです　よくされます

【書の書き方】かなの連綿は、つなぎやすいところをつなぐが原則です。何度も繰り返し練習してください。薄い紙をお手本の上に置いて、なぞり書きするのも、いい練習方法です。


【文面】

「ご旅行先の名菓をいただき有り難うございました。一度賞味してみたいと思っておりましたので楽しみです。よく小旅行をされているようで、いつも羨ましく思っております。　十月三日」

　拙速といっても、返事は直ぐに「矢を射るがごとく」出すのがおすすめです。とりあえず、届いたという文面を書いておき、後日だす礼状に味わった感想を書きます。


【絵柄】

カットはカラスウリです。

# 内祝いを頂いたお礼

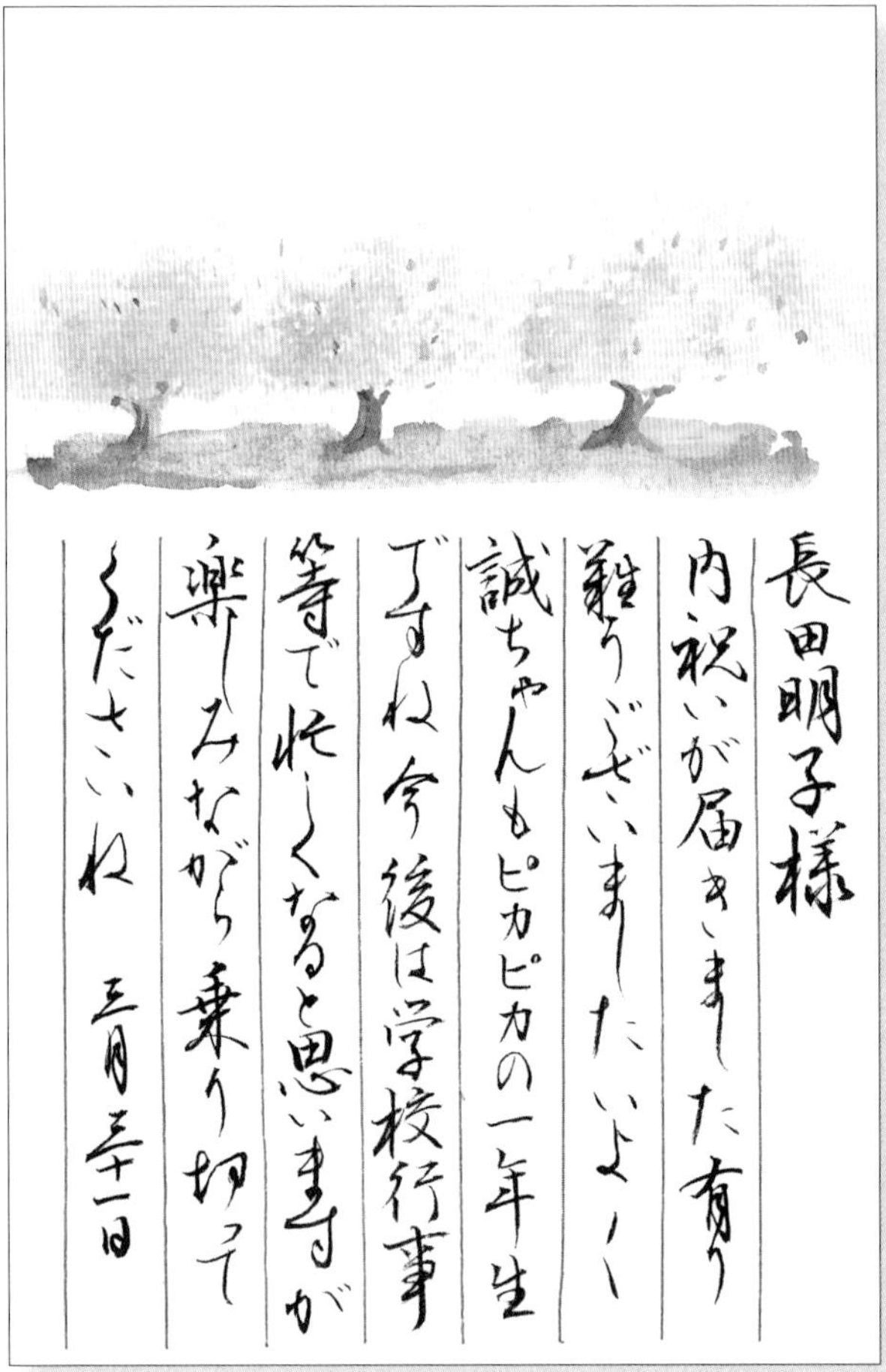
長田明子様
内祝いが届きました有り
難うございましたいよいよ
誠ちゃんもピカピカの一年生
ですね今後は学校行事
等で忙しくなると思いますが
楽しみながら乗り切って
くださいね　三月三十一日

【書の書き方】漢字を10としたら、かなは7位に書くとまとまりが良くなります。また、「よ・め・る・こ・と・も・ら」等のかな文字は小さく書くとよいです。

【文面】

「長田明子様　内祝いが届きました。有り難うございました。いよいよ誠ちゃんもピカピカの一年生ですね。今後は学校行事等で忙しくなると思いますが、楽しみながら乗り切ってくださいね。三月三十一日」

内祝いなどはデパートから届くことが多いので、頂いたら必ずお礼状を書いて出す事が大切です。今度会ったらお礼を言おうと思っていても、つい忙しさに紛れてしまうことがありますので、はがき一枚出しておけば後悔もなく、信用も積み重ねることができます。

【絵柄】

カットは桜並木です。

# はがきを頂いたお礼

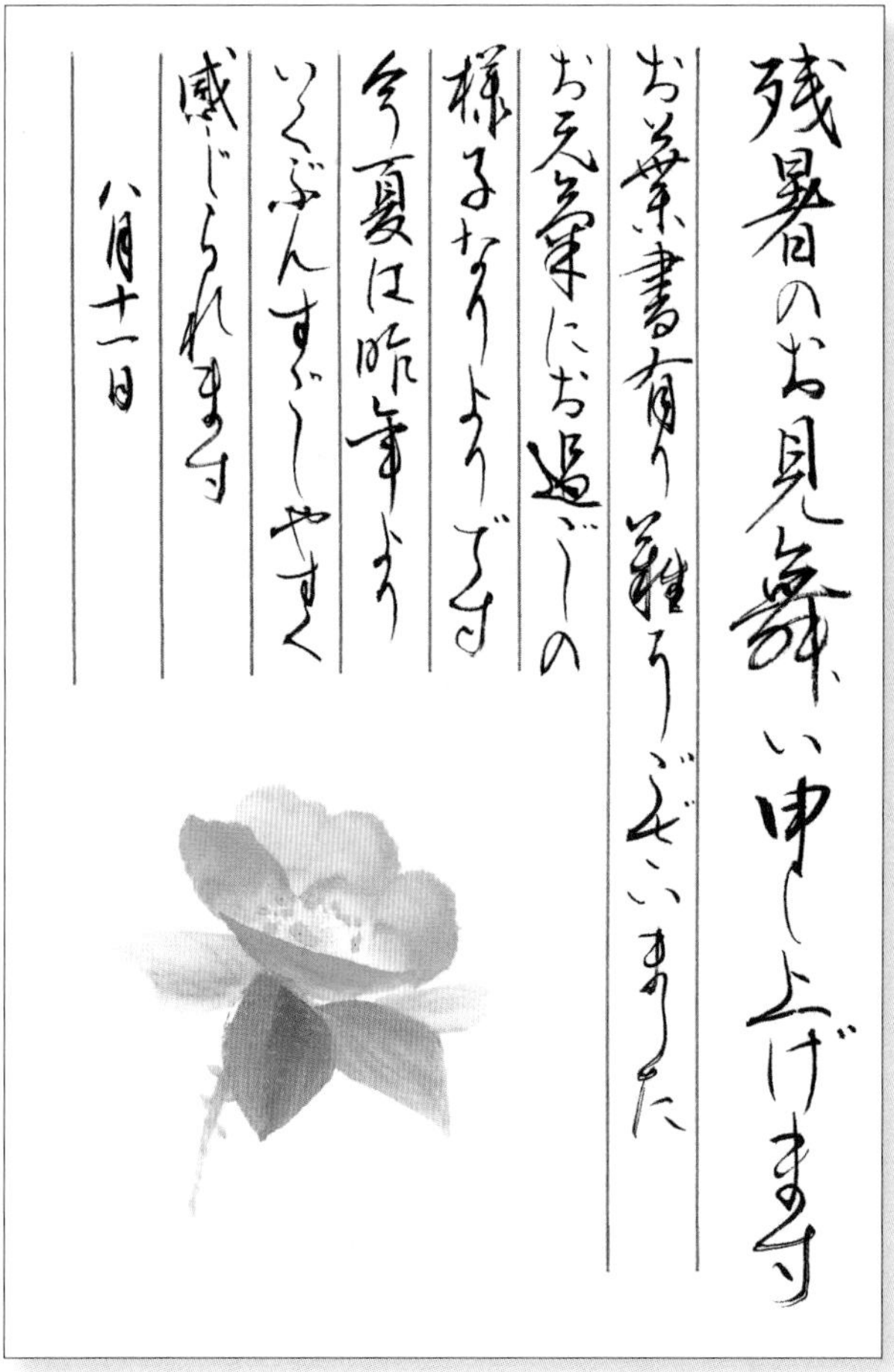
残暑のお見舞い申し上げます
お葉書有り難うございました
お元気にお過ごしの
様子なによりです
今夏は昨年より
いくぶんすごしやすく
感じられます
八月十一日

【書の書き方】相手の名前や年賀、暑中見舞いなどの枕詞は本文より少し大きめに書きます。

【文面】
「残暑のお見舞い申し上げます。お葉書有り難うございました。お元気にお過ごしの様子なによりです。今夏は昨年よりいくぶんすごしやすく感じられます。八月十一日」

　お便りをもらったら必ず返信することを心がけたいと思います。何も書くことがなくて困ると思っている人には今回の書き方を覚えてもらうとよいでしょう。先ずお礼を言って、相手が元気でいることが何よりだと書けばそれで十分で、また、近況報告することがあればその事を簡潔に書きましょう。

【絵柄】
カットは一重のバラです。

# 薦められた本への感想

朝倉千恵子様

人に薦められて貴女の「セールストークの秘密」を一気に拝読しました　特に第三章のセールストークとヒント集は興味深かったです人との会話に役立ちますご縁に感謝します　有り難うございました

八月二十四日

【全体構成】本来は、日付は文面の最後にしますが、今回の場合は名前も書きましたので、一行目になりました。もし、この面に書けない場合は表書きの、切手の下あたりに書きます。

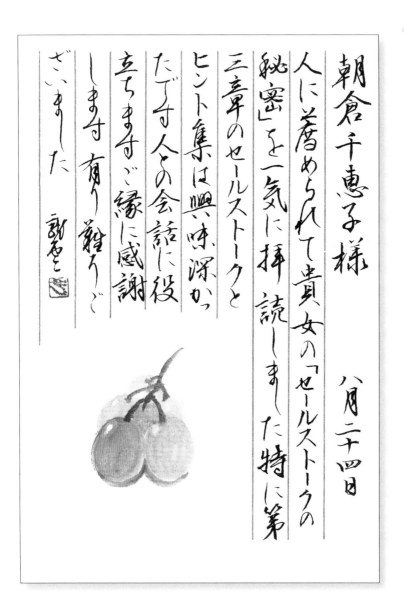

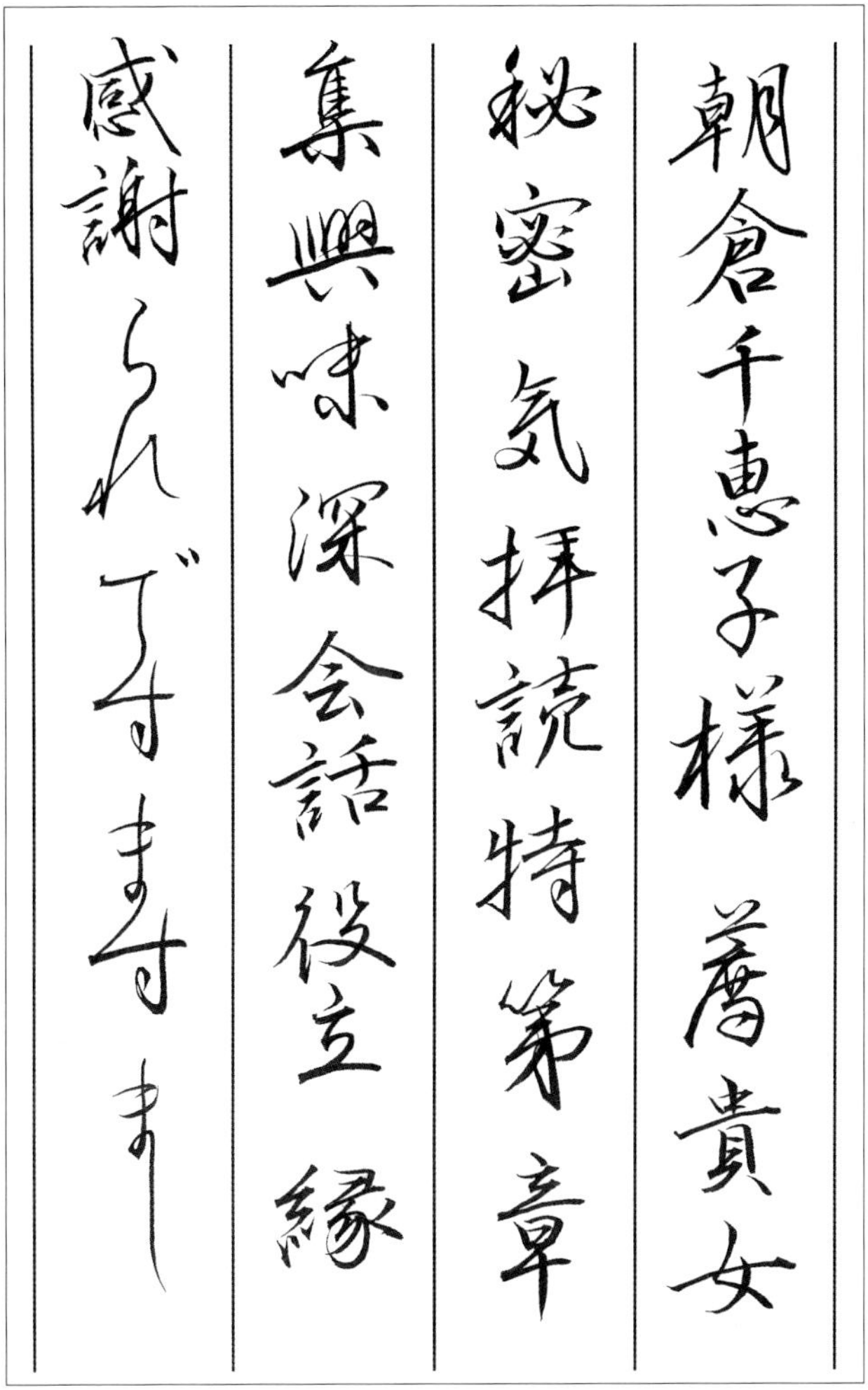
朝倉千恵子様　薦貴女
秘密気拝読特第章
集興味深会話役立縁
感謝

【書の書き方】相手が読みやすく書くというのが大原則です。丁寧な書きぶりに気を付けましょう。

【文面】
「朝倉千恵子様　人に薦められて貴女の『セールストークの秘密』を一気に拝読しました。特に第三章のセールストークとヒント集は興味深かったです。人との会話に役立ちます。ご縁に感謝します。有り難うございました。龍雲」

　本の著者にはがきを書くときは、先ず相手の名前を書いておきます。何処がどの様に良かったかを具体的に書きます。最後は感謝の言葉で締めくくると間違い有りません。

【絵柄】
カットはぶどうです。

# ご縁を頂いた方へ、四十九日前のはがき

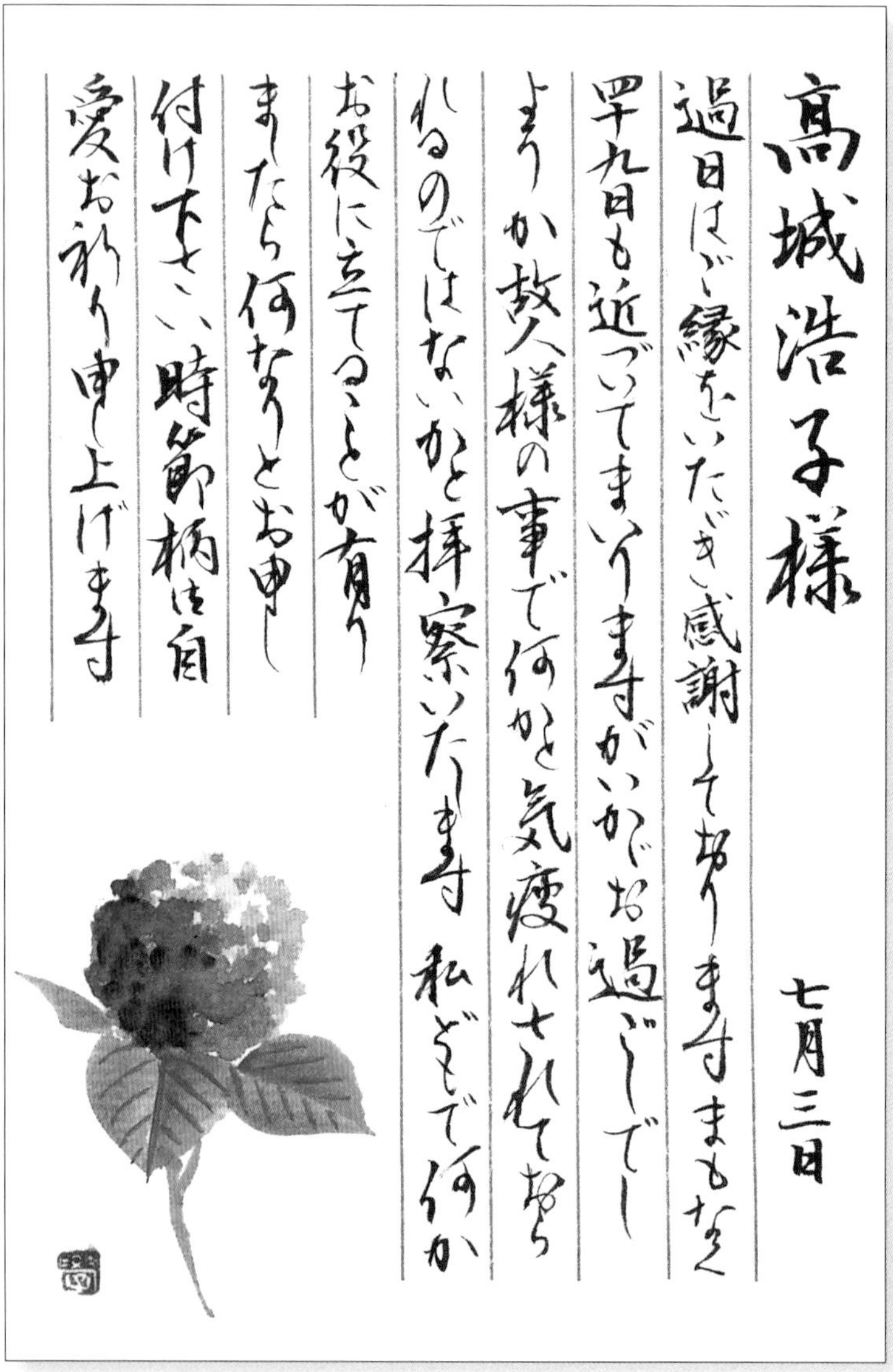

高城浩子様

過日はご縁をいただき感謝しております まもなく四十九日も近づいてまいりますがいかがお過ごしでしょうか 故人様の事で何かと気疲れされておられるのではないかと拝察いたします 私どもで何かお役に立てることが有りましたら何なりとお申し付け下さい 時節柄ご自愛お祈り申し上げます

七月三日

【全体構成】 相手様の名前は大きく正確に書くことが基本です。大きく書くことで全体が締まって見えます。印の位置は絵の裏側に捺すのも基本です。絵柄の大きさを考えて、印の大きさも変えます。

過日縁有難近故人
事何気疲拝察
私役時節柄自愛祈
いりされではあり

【書の書き方】前述しましたが、葬祭業の場合、利用してくれて有り難う。また使ってくださいとは書けませんので、「ご縁をいただき、有り難うございます」よりも「ご縁をいただきました。感謝しております。その後いかがお過ごしでしょうか・・・」という、言い回しの方がいいでしょう。


【文面】

「髙城浩子様　過日はご縁をいただき感謝しております。まもなく四十九日も近づいてまいりますが、いかがお過ごしでしょうか。故人様の事で何かと気疲れされておられるのではないかと拝察いたします。私どもで何かお役に立てることが有りましたら何なりとお申し付け下さい。時節柄ご自愛お祈り申し上げます。七月二日」

　四十九日前にはがきを出すとしたら…。葬儀の後は各方面の手続きもあり、何かと気ぜわしく、疲れるものです。相手の健康を思う文章にすることが大切です。


【絵柄】

紫陽花は地味な色合いにて。

# 喪中はがきの返礼

喪中葉書拝受いたしました
今冬は少し淋しい年の瀬かと
拝察いたしますどうかご健勝に
お過ごし下さいます
ようお願い申し上
げますご連絡有り
難うございました

【全体構成】 罫線無しでも構いませんが、罫線を描く場合は、落ち着いた色合いにします。薄いグレー やここで使っているブルーなどがよいでしょう。

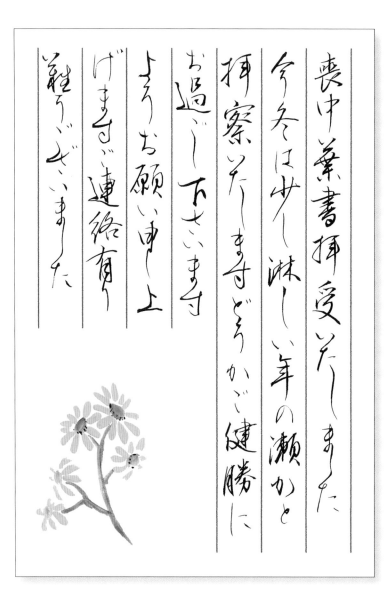

喪中葉書拝受 今冬
少淋年瀬察 健勝過
願申上連絡有難たし
ようますございました

【書の書き方】昔は、お悔み状を認めるときは、うす墨で書くものとされていました。少し気を使うならば、油煙墨よりも、松煙墨で書くことをおすすめします。人目が気になるような文面であれば、書いた葉書を封筒に入れて出します。


【文面】

「喪中葉書拝受いたしました。今冬は少し淋しい年の瀬かと拝察いたします。どうかご健勝にお過ごし下さいますようお願い申し上げます。ご連絡有り難うございました。」

　日付が書けない場合は、表の切手を貼る位置の直ぐ下に書きます。このはがきは目上の方へのものです。目下、同輩なら少しラフな文面でも構いません。喪中のはがきを頂いたら必ず返礼を書くようにしましょう。お悔み系のはがきは自分勝手なくずし字でなく丁寧な書きぶりで読みやすくします。


【絵柄】

派手なカットにならないよう。

# 快気祝の返礼

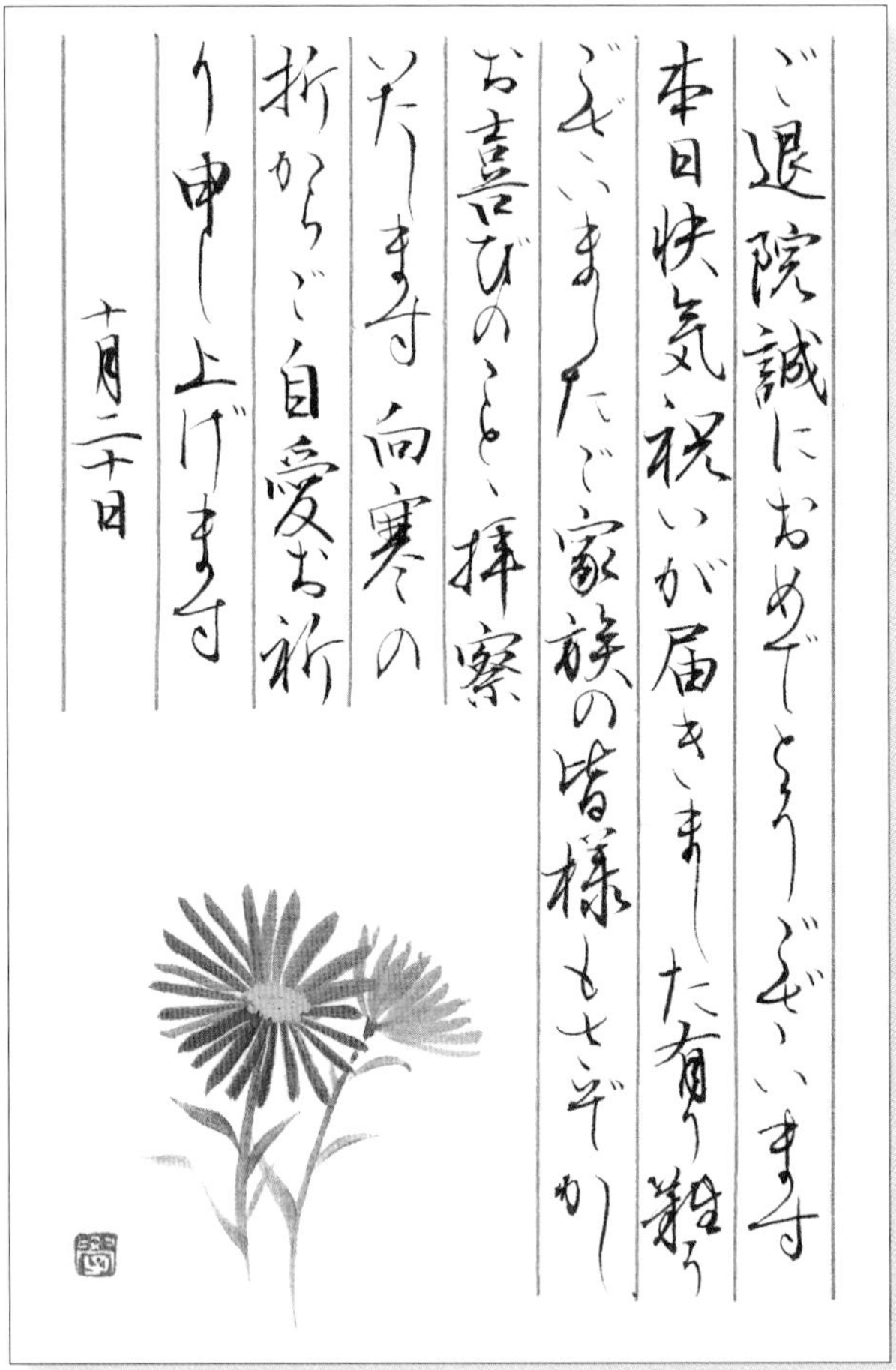
ご退院誠におめでとうございます
本日快気祝いが届きました有り難う
ございましたご家族の皆様もさぞか
お喜びのことと拝察
いたします向寒の
折からご自愛お祈
り申し上げます
十月二十日

【書の書き方】罫線は明るい色を使います。また罫線があると、隣に来る字の響きをあまり気にせずに書けますので、書くことに慣れていない人には使い勝手がいいと思います。


【文面】

「ご退院誠におめでとうございます。本日快気祝いが届きました。有り難うございました。ご家族の皆様もさぞかしお喜びのことと拝察いたします。向寒の折からご自愛お祈り申し上げます。十月二十日」

最近、快気祝いなどの贈り物は百貨店からが多いようです。何時、ちゃんと届いたかが送り主の気になるところです。必ず、届いたという知らせを送るようにしましょう。電話の方が早いのは確かですが、受領書代わりにもなるはがきがベストです。絵柄は明るい色を使いましょう。


【絵柄】

カットは松葉菊です。

# 喪中はがきの返礼

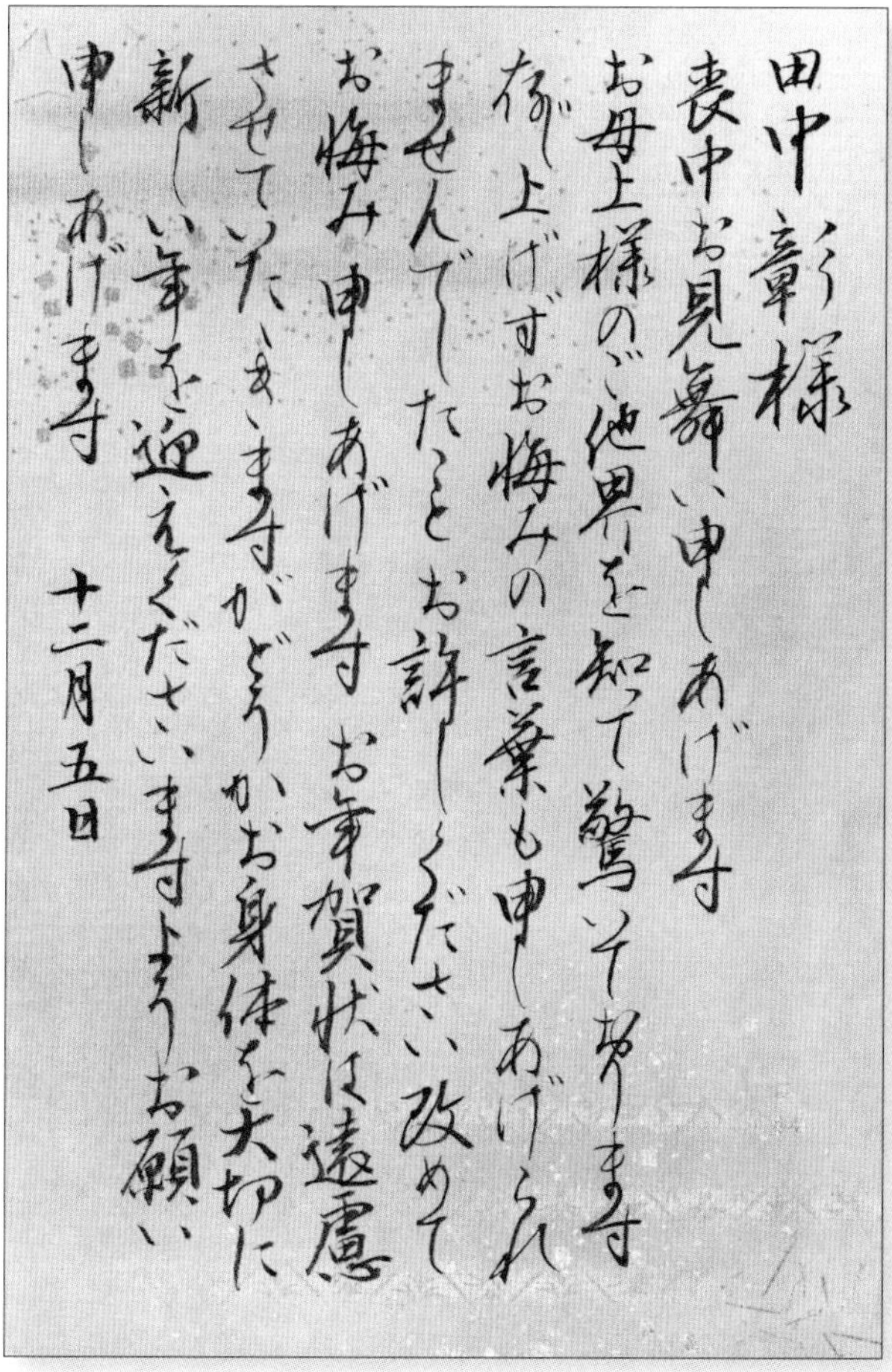
田中彰様
喪中お見舞い申しあげます
お母上様のご他界を知って驚いております
存じ上げずお悔みの言葉も申しあげられ
ませんでしたことお許しください　改めて
お悔み申しあげます　お年賀状は遠慮
させていただきますがどうかお身体を大切に
新しい年を迎えてくださいますようお願い
申しあげます
十二月五日

【書の書き方】ゆったりと、丁寧な書きぶりをしてください。気ぜわしく書いても、ゆったりと書いても書きあがる時間は１、２分くらいしか変わりません。

【文面】
「田中彰様　喪中お見舞い申しあげます。お母様のご他界を知って驚いております。存じ上げずお悔みの言葉も申しあげられませんでしたこと、お許しください。改めてお悔み申しあげます。お年賀状は遠慮させていただきますが、どうかお身体を大切に新しい年を迎えてくださいますようお願い申しあげます。十二月五日」

喪中はがきを受け取ったとき、多くの人は返事を書かないかもしれません。だからこそ、返礼のはがきは年賀状以上に効果があるように感じられます。

【絵柄】
仮名料紙プリントです。

**浅倉龍雲**◆あさくらりゅううん
昭和二十六年　北九州生まれ　書画家
彩滴会（書道／葉書記絵）主宰
著作『新装版 漢字のくずし方ハンドブック』（日貿出版社）他多数
（現住所）〒八〇〇－〇三四四
福岡県京都郡苅田町新津六三一－一六三
電話／FAX　〇九三〇（二三）九六二八



**新装版《しんそうばん》**
# お礼状《れいじょう》・季節《きせつ》のご挨拶《あいさつ》・お見《み》舞《ま》いの書《か》き方

●定価はカバーに表示してあります

2016年5月27日　初版発行
2024年5月1日　新装版第1刷発行

著　者　浅倉龍雲《あさくらりゅううん》
発行者　川内長成
発行所　株式会社日貿出版社

東京都文京区本郷 5-2-2　〒113-0033
電話（03）5805-3303（代表）
FAX（03）5805-3307
振替　00180-3-18495

印刷　三美印刷株式会社
装丁　茨木純人


ISBN978-4-8170-4117-3　http://www.nichibou.co.jp/